Bordel de mode

Bordel

Cay Bond

KLÄDER SOM KULTUR OCH PERSONLIGT UTTRYCK

Omslagsfoto: Sarah Moon
Grafisk form: Annika Lyth
Inlagan är satt med Indigo 11/17 samt Rotis Sans Serif.
Tryckt hos Brepols N.V., Turnhout, Belgien 2002
ISBN 91-46-18038-9

»Mode föds ur väsentligheter, strömningar i tiden eller till och med politik, aldrig ur försök att skapa små veck eller volanger, bjäfs, kläder som är lätta att kopiera eller genom att man kortar eller förlänger en kjol.«

Elsa Schiaparelli
Shocking Life, 1954

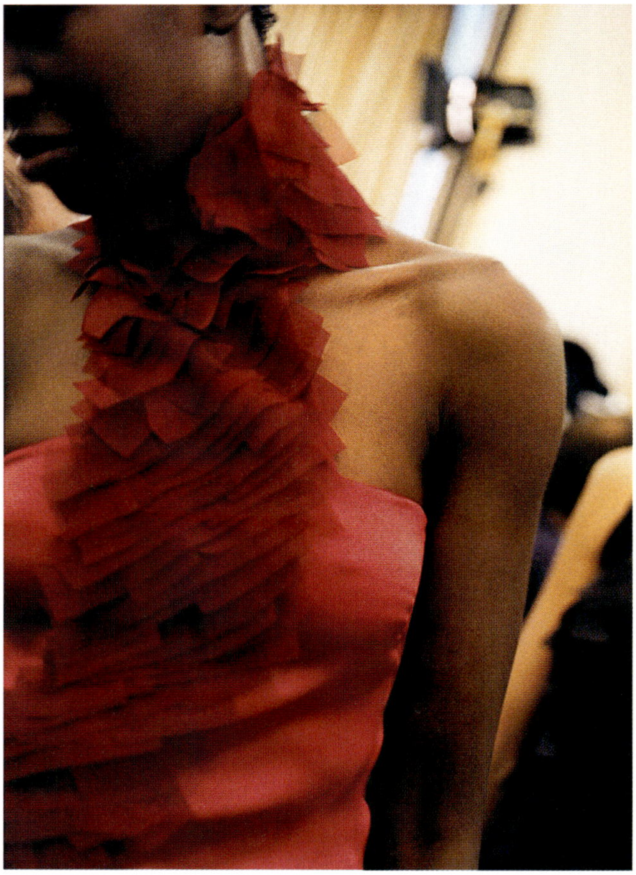

Innehåll

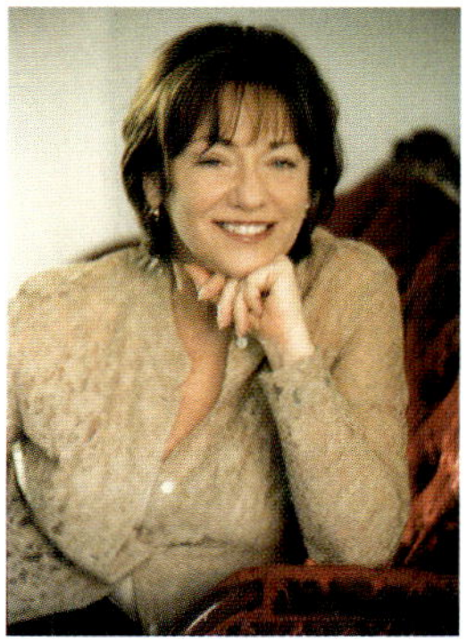

Mitt arbete är att analysera trender och leta influenser. Det är en spännande process att bevaka omvärlden och hitta de spår i samtiden som inspirerar kreatörerna när de skapar nya moden. Många har säkert förundrat frågat sig var de får allt ifrån, eller hur i all sin dar någon lyckats komma på en så förskräcklig stil. Vem påverkar vem och vad påverkar vad? Varför ser det ut som det gör?

Modet speglar sin tid. När den som nu är kaotisk och ter sig som en salig röra kan man i franskan använda uttrycket *bordel*, som alltså utöver sin mer uppenbara betydelse även signalerar en röra, ett virrvarr. Det franska (kraft)uttrycket BORDEL DE MODE talar om denna röra och mångfald, kärleken till modet eller avskyn inför detsamma. Mode kan vara spektakulärt och färgglatt eller reserverat och sobert, tidlöst klassiskt, lättsinnigt förgängligt, smaklöst chockerande, medvetet bekräftande, överraskande passionerat. Människan väljer som hon behagar. Mode är kultur och en konstart. Mode är en fråga om förändring – och förändring är framtid.

Cay Bond

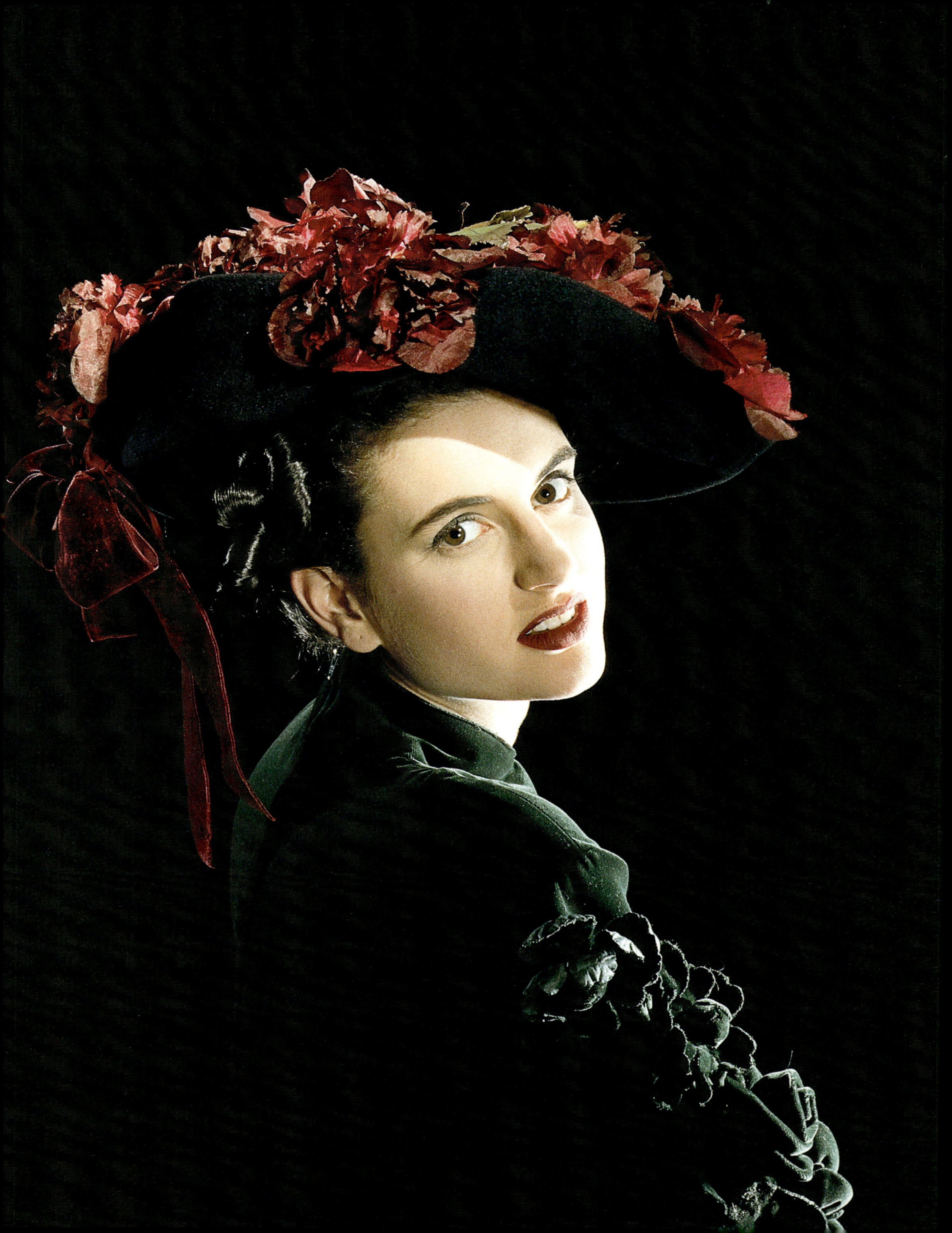

Kläder är kultur

»En populär företeelse«

Människor har i alla tider haft behov av skönhet och flärd. Klädedräkten har utvecklats och förändrats i samspel med människans omgivning, och förutom sina rent praktiska funktioner, som att värma och skydda människokroppen, har kläderna kommit att laddas med en rad symboliska innebörder. Redan tidigt gav kläder uttryck för manligt och kvinnligt men de hade också magisk och religiös betydelse. Dessutom kom kläderna att spegla bärarens makt och status, sociala ställning och klasstillhörighet.

I nutida svenska ordböcker brukar »mode« åtföljas av synonymer som »stil« och »smak«, eller definieras som »en populär företeelse vid en viss tidpunkt« *(Svensk ordbok)*. Ordet kom via franskan från latinets *modus*, som i sin absoluta betydelse står för »rätt mått«, »föreskrift«, »regel« men som också helt enkelt kan betyda »sätt« eller »bruk« (som i *modus vivendi*, »levnadssätt«). Så användes *mode* också först i franskan och engelskan, men efter hand utvidgades betydelsen så att ordet även kom att stå för »det som ligger i tiden«. Omkring 1650 började uttrycket *à la mode* att tas i bruk i Frankrike och England, och vid denna tid uppträder också ordet »mode« i det svenska språket. Redan tidigare hade franskans *façon*, »manér«, »snitt«, »fason«, och verbet *façonner*, att utforma eller modellera fram någonting, lånats in av engelskan och blivit *fashion*. På 1600-talet började också detta ord att användas i betydel-

Historia och nutid möts i denna bild som visar en modern hattskapelse av fransmannen Philippe Model till en sammetsklänning med applikationer av Rei Kawakubo (Comme des Garçons). Foto: Roland Beaufre.

sen »förhärskande smakriktning«. Det var först på 1800-talet som detta ord kom till Sverige i form av »fashionabel«.

Som vi kan se har människans olika modeyttringar i alla tider fascinerat samtidens uttolkare. Dock var det först i takt med industrialiseringen som filosofer, konstnärer, författare och socialantropologer på allvar började att analysera modet och dess betydelse.

Under lång tid var begreppet mode en företeelse förknippad med välstånd. Hoven med sina kungligheter och furstar representerade en manlig fåfängans marknad, och det var där skådespelet som handlar om stil, etikett, utsmyckning och design uruppfördes. Man kan se hur allt hängde ihop redan från början: arkitekturen/sceneriet, inredningen, möblerna och kläderna. Det var alltså samma fenomen som vi talar om i dag, med den viktiga skillnaden att modet och dess växlingar då enbart var tillgängligt för de välbärgade. Allmogen klädde sig enkelt till vardags men i folkdräkt till högtid och fest, och just folkdräkten skulle kunna ses som ett svar på aristokratins klädteater.

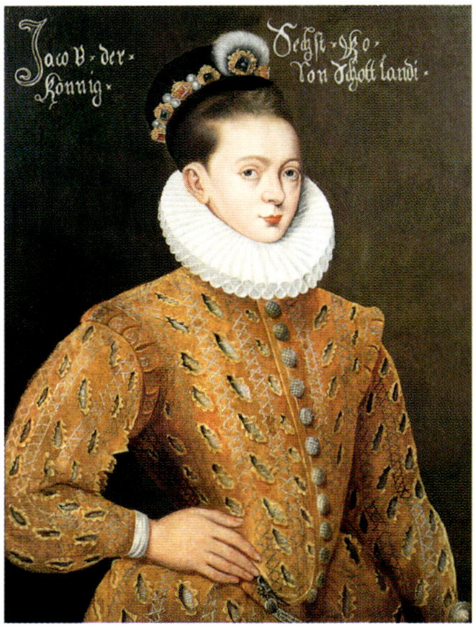

Vid 1800-talets mitt instiftade den brittisk-franske Charles Frederick Worth den parisiska haute couturens regler och blev därigenom den förste egentlige modeskaparen (se vidare s. 71 f.). Alltsedan dess har den högre skrädderikonsten i Frankrike överlevt med ett litet men bestående antal uppskattande kunder runt om i världen. Och ända fram till 1960-talet, med avbrott under två krig, var modenyheter något som var förbehållet skrädderikonstnärerna att presentera.

Dagens modekreatörer låter sig gärna influeras av tidigare epoker, inte minst på grund av det minutiösa hantverk, den skicklighet i mönstervävning och bro-

Ovan: Jakob I av England och Jakob VI av Skottland (1566–1625). Detta porträtt, som tillskrivs målaren Adrian Vanson (1580–1601), lär ha skickats som friargåva till prinsessan Anne av Danmark. Hon blev tydligen imponerad av hans utstyrsel eftersom hon tackade ja till frieriet – paret gifte sig 1589. Philip Mould, Historical Portraits Ltd, London, UK/Bridgeman Art Library.
T.h.: Den legendomspunna skådespelerskan Louise Brooks slog igenom som Lulu i G.W. Pabsts film *Pandoras box* (1929). Hennes korta frisyr blev mycket berömd och återkommer sedan dess ständigt och jämt i modet.

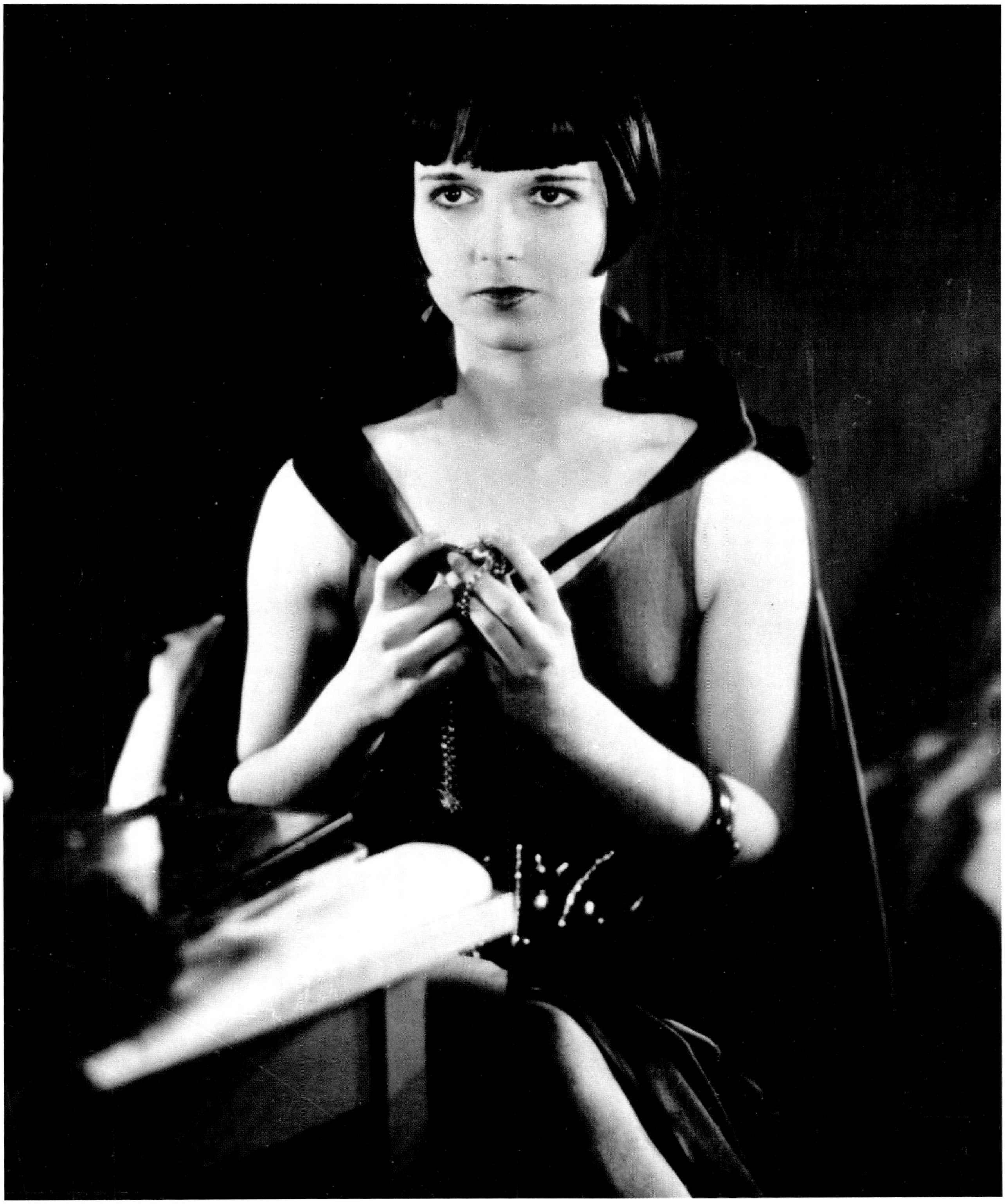

derier och fingerfärdighet som då fanns. Man hämtar alltså inspiration inte bara från stilriktningar som renässans, barock och rokoko utan också från tider längre tillbaka i historien. Sedan söker man egna lösningar och utvecklar tidiga tekniker och moden till aktuella och gångbara uttryck. En av de numera väl beprövade färdigheterna inom skrädderikonsten, draperingen, var till exempel i bruk redan i det forntida Egypten, där man använde det rektangulära tygstycket direkt som det var när det kom ur vävstolen och formade det efter kroppen.

Första världskriget – korsetten faller

Under första världskriget kastades hustrur, mödrar och döttrar ofrivilligt ut i arbetslivet för att ersätta männen, och kvinnornas tillvaro förändrades därmed för alltid. Plötsligt agerade kvinnorna i det som tidigare hade varit männens värld. De utgjorde arbetskraften som såg till att arbetet fortgick på företagens kontor och vid fabrikernas löpande band, och det var de som vårdade de krigsskadade. Livet måste gå vidare. Genom serietillverkningen av uniformer och skyddskläder utvecklades den maskinella tekniken och de praktiska behoven gjorde dessutom att synen på klädernas form förändrades.

För ökad rörlighet krävdes nu en kortare kjol som plötsligt visade ankeln, vilket tidigare hade varit otänkbart. Och det var nog knappast heller någon som reflekterade över hur snabbt kvinnor bakom maskinerna i fabrikerna och vid de

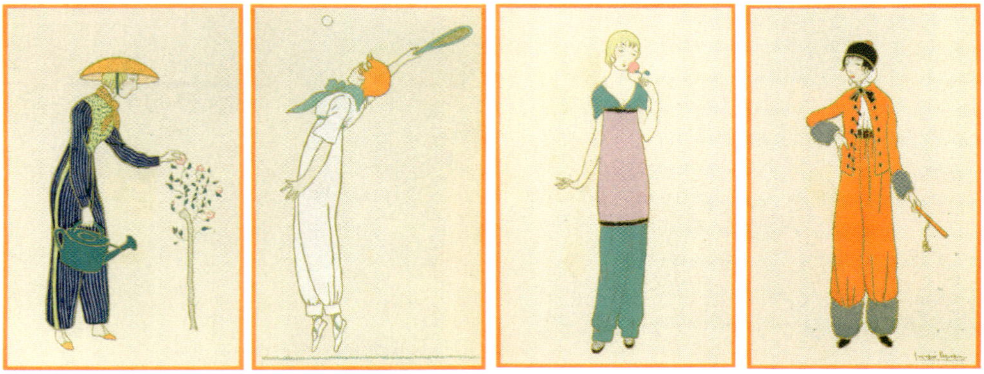

Så tidigt som 1906 presenterade kreatören Paul Poiret ett revolutionerande mode för kvinnor: kläder som skulle bäras utan korsett. Inspirationen kom från Orienten. Illustration från 1911 av Georges Lepape.

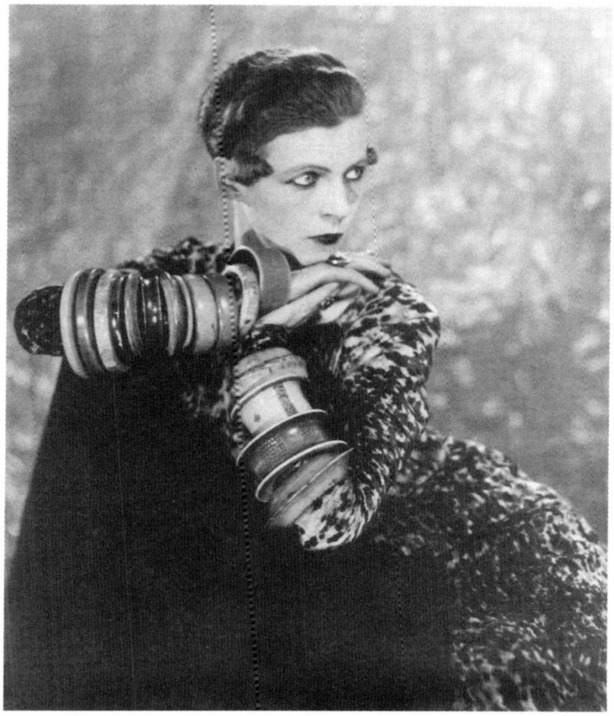

rullande banden emanciperades genom att börja klä sig i traditionellt manliga plagg, som skjorta och byxor, för att kunna arbeta bekvämt.

De hemvändande männen måste ha blivit minst sagt chockade över den snabba förändringen av den kvinnliga klädedräkten, vilket också hade påverkat kvinnornas attityd. Redan detta att de bar »manskläder« innebar ju en ny rörelsefrihet för dem. Kvinnorna lät korsetten falla; de vande sig vid enklare kläder, klippte håret kort och började till och med att sporta. En naturlig frigörelse utan protester från männen! Kvinnorna blev medvetna om de klassiska basplaggens betydelse, basplaggen som nu tack vare maskinerna dessutom kunde tillverkas i stora serier.

Redan före första världskriget hade designern Paul Poiret introducerat en ny och ledigare kvinnlig klädstil, inspirerad av den sena 1700-talsstilen »Direc-

Nancy Cunard (1896–1965), poet, journalist, förläggare och medborgarrättsaktivist. Hon kom från en förmögen redarsläkt, växte upp i England, Tyskland och Frankrike och började umgås med det parisiska avantgardet på 1920-talet. Med sin personliga stil, de sotiga ögonen och raderna av tunga armband, har hon blivit en symbol för »les années folles«. Här fotograferad av Man Ray toire«, med dess högt skurna midja, och av det orientaliska sättet att drapera tyger. Efter att ha börjat som anställd hos Worth öppnade han sitt eget modehus 1904. Han arbetade också fram fantastiska tygmönster tillsammans med konstnären Raoul Dufy. Paul Poiret var på många sätt en föregångare, men på 1920-talet hamnade han i ekonomiska svårigheter och fick se sig omsprungen av en ny generation klädskapare.

Från 1920-tal till Diors New Look

Haute couturen följde med in i den »moderna tiden«; den överlevde alla förändringar, till och med 1920-talets dekadens och gränsöverskridningar, och fann sitt klientel bland mellankrigstidens filmstjärnor, författare och kreatörer. Det var en tid som påminner om vår och det skifte vi i dag befinner oss i. Man prövade på det ljuva livet – man influerades av jazzen och kinematografen, man for på kryssningar till exotiska länder – och ingen ville blicka tillbaka. Kvinnornas frigörelse speglades genom modets pojkaktiga, raka silhuett men också av den traditionella herrkostymen som fräckt anpassad togs över från männen. Den senare upplevdes som både provocerande och spännande.

De få modeskapare som fanns under konfektionsindustrins första år kom oftast från haute couture-skolan där hantverket varit dominerande. Nu tvingades dessa dock att lära sig att även arbeta tillsammans med maskiner. Men det skulle dröja innan massproduktionen kom igång på allvar. Under 1940- och 50-talen låg den fortfarande i sin linda, och det var då som det mode som, enligt min mening, är det hittills allra mest spännande skapades. Det var under denna tid, närmare bestämt 1947, som Christian Dior öppnade sitt modehus och lanserade »the New Look«. Det var ett mode som kom att bli helt omdanande, ja, epokgörande. New Look är själva urbilden för det som sedan dess har kallats för *la mode parisienne*, den stil man brukar referera till som »parisisk elegans«. Däremot var den nya stilen inte någon praktisk lösning på kvinnors klädbehov, såsom det funktionella och bekväma modet med tillhörande bastanta skor dessförinnan hade varit.

En absolut favoritbild av 1950-talsmodet. Christian Diors »New Look«, av Voguefotografen Clifford Coffin. Det går inte att ta miste på kvinnligheten. I min garderob har jag en liknande kavaj designad av Myrène de Prémonville, som lyckats med samma passform.

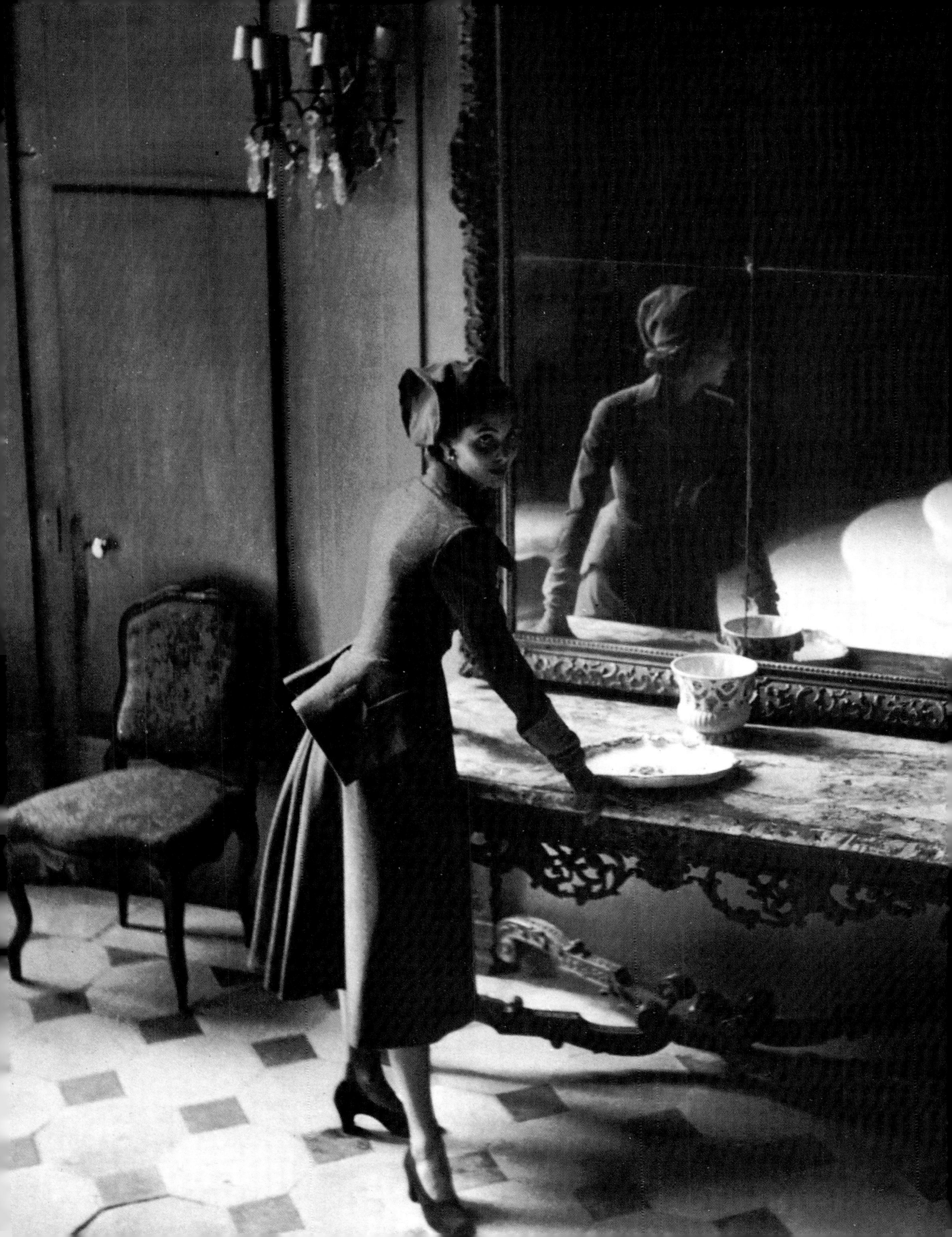

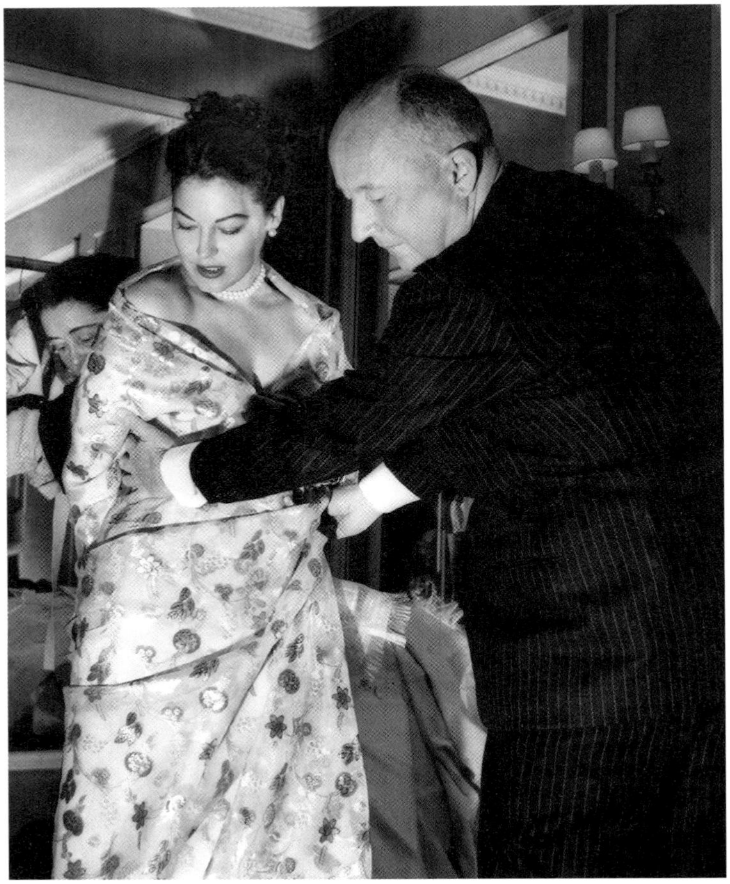

Christian Dior skapade kläder till Hollywoodstjärnorna. Här med Ava Gardner 1957.

Diors feminina, skulpturala snitt fick sitt namn när en av den tidens mest berömda modejournalister, Carmel Snow från New York-magasinet Harper's Bazaar, vid presentationen utbrast: »Dear Christian, your dresses have such a new look.« En ny kvinna hade alltså fötts, och dagen var den 12 februari 1947. Hon skulle ha en nästan trådsmal midja, hög och generös byst, små och avrundade axlar och bära en kjol som slutade trettio centimeter från golvet. Vardagsklänningarna hade rundskurna och omfångsrika, kanske något hindrande, kjolar. Cocktailklänningarna var korta och vida och aftonklänningarna långa och majestätiska. Trots att New Look upplevdes som en total nyhet, skulle man kunna säga att den var lite av en nytolkning av 1860-talsmodet med dess accentuerade midja och axlar. Diors feminina silhuett varade fram till 1954, då han lanserade H-linjen. Denna stil, som också kallades »the Flat Look«, frigjorde åter midjan och blev om möjligt ännu mer omdanande än sin föregångare.

Den »goda« smaken

Med den ökade levnadsstandarden i väst har alltfler invecklade livsstilar och konsumtionsbeteenden sprungit fram, och med dem nya koder kring klädedräkten. Människan visar sin tillhörighet genom sitt sätt att klä sig, vare sig hon är medveten om det eller ej, och vi har lärt oss att bedöma andra vid första anblicken, att avläsa den klädda ytan. Det är ett mänskligt beteende, men det avslöjar också våra fördomar.

Föreställningen om vad som är god eller dålig smak har sin grund i personliga värderingar. Bland flera nutida klädskapare finns till och med uppfattningen att mode är dålig smak. För mig handlar smak om kunskap och träning i ett estetiskt seende. Mode anser jag bör vara överraskande och glädjefyllt, samtidigt som jag förväntar mig att det ska chockera. Mode kräver mod! Det är helt enkelt meningen att mode som nyhetsbegrepp *ska* störa och beröra, och det är därför som det också ständigt ifrågasätts.

Mode är ett socialt fenomen, och vill man snabbt skaffa sig en uppfattning om ett samhälle kan man studera dess modeuttryck. Det vi ser i dag är ingen entydig bild. Många olika stilar presenteras samtidigt, och det är inte lätt för konsumenten att avgöra vad som egentligen är nytt och aktuellt. Detta är typiskt för vår tid. Men så utgörs modet inte heller längre av ett diktat som slaviskt efterföljs av en liten, intresserad grupp, utan det har snarare blivit en fråga om personliga val bland den mångfald som presenteras i butikerna. Det har blivit både enklare och mer komplicerat.

För den som har tränat sin smak och känsla för design har den här utvecklingen skapat en utmärkt grogrund för så kallad *vintage*, vilket betyder »av fin årgång«, »av hög kvalitet«, och för tankarna till samlingar och samlande. Amerikanska Vogue gav i oktober 2000 en definition av begreppet: en modekultur som har kommit för att stanna och som handlar om vackra, dyrbara originalkläder som fått ett högt samlarvärde. Tidningen beskriver bland annat hur en fantastisk klänning som bars av Ava Gardner vid en Oscarsgala på 1950-talet sedermera gick i arv till Liz Goldwyn, filmproducenten Samuel Goldwyns barnbarn. Med andra ord: den som spar hon har och klarar därmed även detta mode – allt som behövs är några nya, kompletterande, och förstås helst unika, plagg eller accessoarer.

Den som inte har förmånen att äga äldre designerplagg får i stället leta hos Myrorna eller i andra second hand-butiker. De attraktiva originalen är naturligtvis svåra att finna, men i städer som London, Paris och New York finns det numera butiker som har specialiserat sig på andrahandscouture. Annars återstår att jaga de gamla välkända namnen, som uppdaterats till bristningsgränsen genom nya kollektioner och ny marknadsföring: Gucci, Pucci, Chanel, Courrèges ...

Och det är precis vad som pågår: ett hysteriskt shoppande i jakten på att vara »rätt«. Vilket jobb! När rätt dessutom är helt fel och av modeeliten till och med anses vara »dålig smak«, ja, då är det inte lätt att veta vad som gäller. Det är synd om människan.

Om man som jag upplevt den stora ungdomsrevolten på 1960-talet, då alla borgerliga mönster skulle rivas och då uppmärksamheten på ett helt nytt sätt riktades mot den unga generationen, förstår man hur svårt det är för dagens unga modeskapare att hitta på något som faktiskt är »nytt«. Nyhetsbegreppet är verkligen relativt, och man kan kanske tycka att det inte borde vara så relevant längre, men tyvärr, modebranschens inköpare är ständigt på jakt efter just »nyheter«.

Tonårsmodets triumfer

Det amerikanska tonårsmodet som slog igenom efter kriget blev upptakten till en snabbare konsumtion. Och de som skulle få fart på denna konsumtion var den nya generation ungdomar, de så kallade *baby boomers*, som med sina fickpengar – även det ett nytt begrepp – utgjorde en målgrupp som i sitt sökande efter identitet gladeligen lät sig påverkas av den nya tidens kommunikation: marknadsföringen. Reklamen blev kommunikationsspråket som riktade sig till den nya tonårsgenerationen och fungerade som en protest mot det etablerade. Det var nyhetens behag som gällde. Och så har det förhållit sig sedan dess. Under 60-, 70- och 80-talen har konfektionsindustrin utvecklats i ett rasande tempo, med moden som växlar i samma takt. Mördande reklam har övertygat massorna, ja, reklamen i sig har till och med blivit mode.

Under hela den tid jag varit verksam i branschen, det vill säga sedan början av 1960-talet, har jag upplevt den svenska inställningen till mode som motsägelsefull. Å ena sidan handlar det om kläder till lägsta möjliga pris, å andra sidan kräver man en kvalitet som knappast är förenlig med lågprisplagg. Åtminstone inte om de ska tillverkas i ett land som Sverige där levnadsstandarden är så hög att de låga löner som krävs för att kläder ska kunna vara billiga inte accepteras. Det blir en ekvation som inte går ihop. Varför kan vi inte lära oss att betala rätt pris för rätt vara? Problemet är att mode aldrig har varit rumsrent i vårt land. Dess sociala betydelse ignoreras och i stället anses kläder och mode vara någonting ytligt; det sätts inte i samband med historia och kultur, ekonomi och sysselsättning, och framförallt inte med konstnärlighet.

Sverige är ett litet land med begränsade försäljningsmöjligheter, vilket kan vara en av orsakerna till att detaljhandeln tidigt föll offer för det amerikanska tonårsmodet och nästan enbart riktade in sig på att sälja ungdomsanpassade kläder i stora serier. Billiga modenyheter faller ju i första hand yngre människor i smaken. Ungdomskulturen har fått mycket djupgående och långvariga konsekvenser i Sverige – mer än i något annat land utanför USA – och man kan med bestämdhet säga att det är ungdomars konsumtionsvanor som dikterat det totala svenska klädutbudet. Inte ens våra skandinaviska grannländer, som trots allt också är små, har sett samma utveckling. Där har tonårsmodet i stället levt sida vid sida med kläder av mer bestående värde som uppfyllt andra generationers krav på kvalitet. Det amerikanska slit-och-släng-beteendet har däremot i hög grad smittat av sig på svenskarnas sätt att konsumera kläder. Den kritiserade likriktningen av klädsortimentet hos varuhusen här hemma beror också delvis just på konsumenternas krav på låga priser. Kläder ska helt enkelt vara funktionella, konventionella – och billiga.

Musik, stjärnkult och gatumode

Samtidigt med tonårsmodet lanserades rock- och popmusiken, som sedan dess har haft stort inflytande på ungdomars klädval. Tänk bara på ABBA:s klädsel när de framförde »Waterloo« vid Eurovisionsschlagerfestivalen 1974! Än i dag finns modeförebilderna bland musikens stora namn – David Bowie, Michael Jackson, Madonna, Björk, eller för den delen svenska The Ark, som bara är några exempel. I och med att musiken blivit mer och mer beroende av den visuella presentationen är design och stil numera av avgörande betydelse för en artist. Det är nästan lika viktigt som musiken! Med hjälp av stjärnkulten som odlas inom musik- och filmindustrin rullar försäljningen av alla sorters modeprodukter på och nyheter skapas i en rasande takt.

Under 1960-talet blev »Swinging London« centrum för det personliga uttryck som följde i ungdomsrevoltens spår – *antimodet* var plötsligt ett faktum. Den engelska popmusikscenen inspirerade klädskaparna, och uppmärksamheten riktades mot det mode som uppstod på gatan. Särskilt känd blev Carnaby Street, som fungerade som det individualistiska gatumodets egen catwalk. Med protesterna mot Vietnamkriget 1968 tog dock *flower power* och hippiekulturen över. Blickarna vändes mot San Francisco, där intresset för etniska och folkliga traditioner influerade modet och musiken och där unga människor sökte nya former för samlevnad och bildade små kreativa samhällen eller kollektiv för fritt skapande och fri kärlek i en fri natur. Män och kvinnor skulle dela på allt, och därmed uppstod också *unisexmodet.*

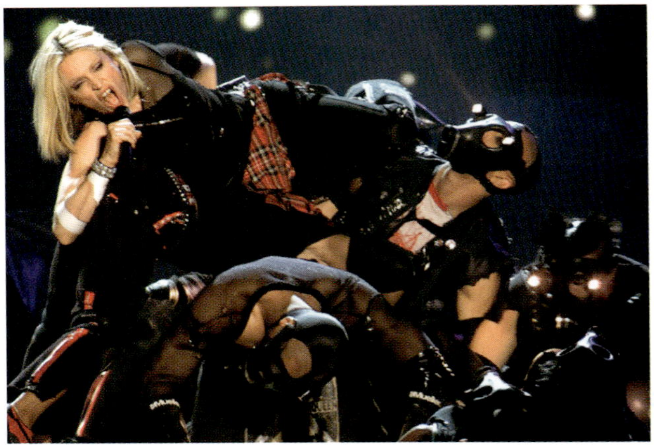

Stockholms svar på Carnaby Street var det nu legendariska Gul & Blå, som sålde kläder till hög musik i sin första butik i Birger Jarlspassagen. Gul & Blå förde även märket Fiorucci, som skapats av italienaren Elio Fiorucci, en av de första designers som plockade upp antimodet i sina brokiga och varierade kollektioner. Alla som under 1970-talet köade för att köpa V-jeans och andra snab-

Madonna har betytt mycket för modeindustrin. Hon har gjort sig känd för att byta klädstil allteftersom hon gör nya album. Hon återkommer ständigt med skapelser från Jean Paul Gaultier och Dolce & Gabbana och är ofta hedersgäst vid modevisningarna i Paris, där hon hämtar inspiration. Här i punkinspirerat mode vid en konsert i Milano, juni 2001.

ba moden på Gul & Blå minns säkert fenomenet, som kan förefalla ganska speciellt i dag, när så många stilar lever parallellt.

Ett av mina roligaste uppdrag under denna tid var när Maria och Lars Knutsson, som grundade Gul & Blå, bad mig att göra en spektakulär modevisning som förlades till biografen China i Stockholm. Lokalen gav mig möjlighet att ha maffiga filmsekvenser som bakgrund till de olika modestilarna. Jag använde mig av en rad aktuella musik-, sport- och filminfluenser i en klädshow som byggdes upp kring olika dansscener. Bland annat hade vi fått tillstånd att använda filmsekvenser ur *Grease*, som ännu inte hade haft svensk premiär, och de dansande modellerna kom in på scenen i kläder liknande dem i filmen.

H&M är ett av de svenska företag som i dag säljer sitt mode med hjälp av förebilder som ligger i tiden. De har hittat sin profil, vilket inte enbart handlar om tilltalande priser, utan också om att hålla en hög modegrad. Eftersom de riktar sig till en bred och nyfiken publik som följer modets svängningar och som är medveten om sambandet mellan kläder, film, musik, grafisk design och konst, blir prislappen snarast en överraskning. Att priserna är låga avhåller inte kunderna från att också handla märkeskläder från Prada, Gucci, Louis Vuitton eller Burberry. Det är väl snarare tanken, antar jag.

Andra modekedjor gör helt rätt i att hitta andra affärsidéer, som KappAhl som vänder sig till spännande, mogna kvinnor och MQ som satsar på svenska designernamn som Monica Sjöberg Olsson, Nygårds Anna Bengtsson och Linnéa Braun. Det folkliga varuhuset Åhléns har låtit sig inspireras av den svenska musikmiljön och hade vid pressvisningen av höstkollektionen 2001 till och med lyckats få schlagerfestivalens stjärnor att presentera modenyheterna på catwalken. Men så hör musik och mode också ihop. Och vad vore musikvideor och scenframträdanden utan klädfantasi?

När den mytomspunna sångerskan Björk intervjuades av franska Elle (16 oktober 2000) efter att ha fått pris för sin roll i *Dancer in the Dark* fick hon frågan om vilket mode hon, som alltid har samarbetat med de mest avantgardistiska designers och stylister, egentligen faller för. Hennes svar löd: »Jag tycker inte om det faktum att mode associeras med makt och rikedom. Som om man skulle bli en viktig person bara för att man bär kända designernamn. Jag uppskattar kreativiteten och glädjen i modet, möjligheten att uttrycka sig med kläder. Jag är uppvuxen i en familj där man har fått göra allt själv: jaga för att äta, reparera maskiner och sy alla kläder. Klänningarna jag har valt ut till galan i Cannes är signerade Alexandre Matthieu, och bakom det namnet står två unga klädskapare, den ena har jag känt länge.«

Den svenska upplagan av Elle delar årligen ut pris till Sveriges bäst klädda man respektive kvinna, utmärkelser som oftast tillfaller personer som står i rampljuset. År 2000 gick priset i den kvinnliga kategorin till sångerskan Nina Persson från The Cardigans. Hon inser att det är viktigt vad hon har på sig och slår gärna ett slag för unga svenska klädskapare – som personlig favorit uppgav hon designern Marina Kereklidou.

För en ny modekreatör betyder det oerhört mycket att få klä en etablerad artist. Mycket snabbt snappas klädsignalerna från scenen och tv upp av den unga publiken som på så sätt också skaffar sig större kunskaper om design.

Ny ungdomsrevolt sluter cirkeln

Modet är en tidsspegel som plockar upp trender och influenser och förändras i takt med samhällets utveckling. Det befinner sig i ständig rörelse, är nyckfullt, svårt att följa och ibland näst intill omöjligt att urskilja. Ju mer vi konsumerar, desto svårare blir det, och i dag används modet också för att lansera produktnyheter utan beständigt värde. Syftet är snarare att stimulera själva konsumtionen än att befrämja nya konstnärliga idéer, vilket får till följd att modet riskerar att bli någonting banalt och innehållslöst. Detta är också vad som sker i en värld full av varumärken. Historiskt sett stod ett varumärke för hantverk och kvalitet, men i dag tenderar de att förgöra sig själva genom en alltför stor tillgänglighet som urholkar värdet hos den ursprungliga, unika produkten.

Den kanadensiska journalisten Naomi Klein, som analyserat varumärkesfenomenet i sin bok *No Logo*, pekar på att det inte längre är produkten i sig som står i fokus, i stället har budskap om tillhörighet och identitet tagit över. Vad sportmärket Nike i sin reklam »Just Do It« signalerar med sitt provokativa ungdomsspråk är snarast ett slags uppmaning till mod. Och så långt är allt väl.

I Cannes 2000 prisades Björk för sin roll i Lars von Triers film *Dancer in the Dark*. Under festivalen bar hon klänningar av designerduon Alexandre Matthieu, men också denna uppmärksammade kreation av Marjan Pejoski. Foto: Laurent Rebours.

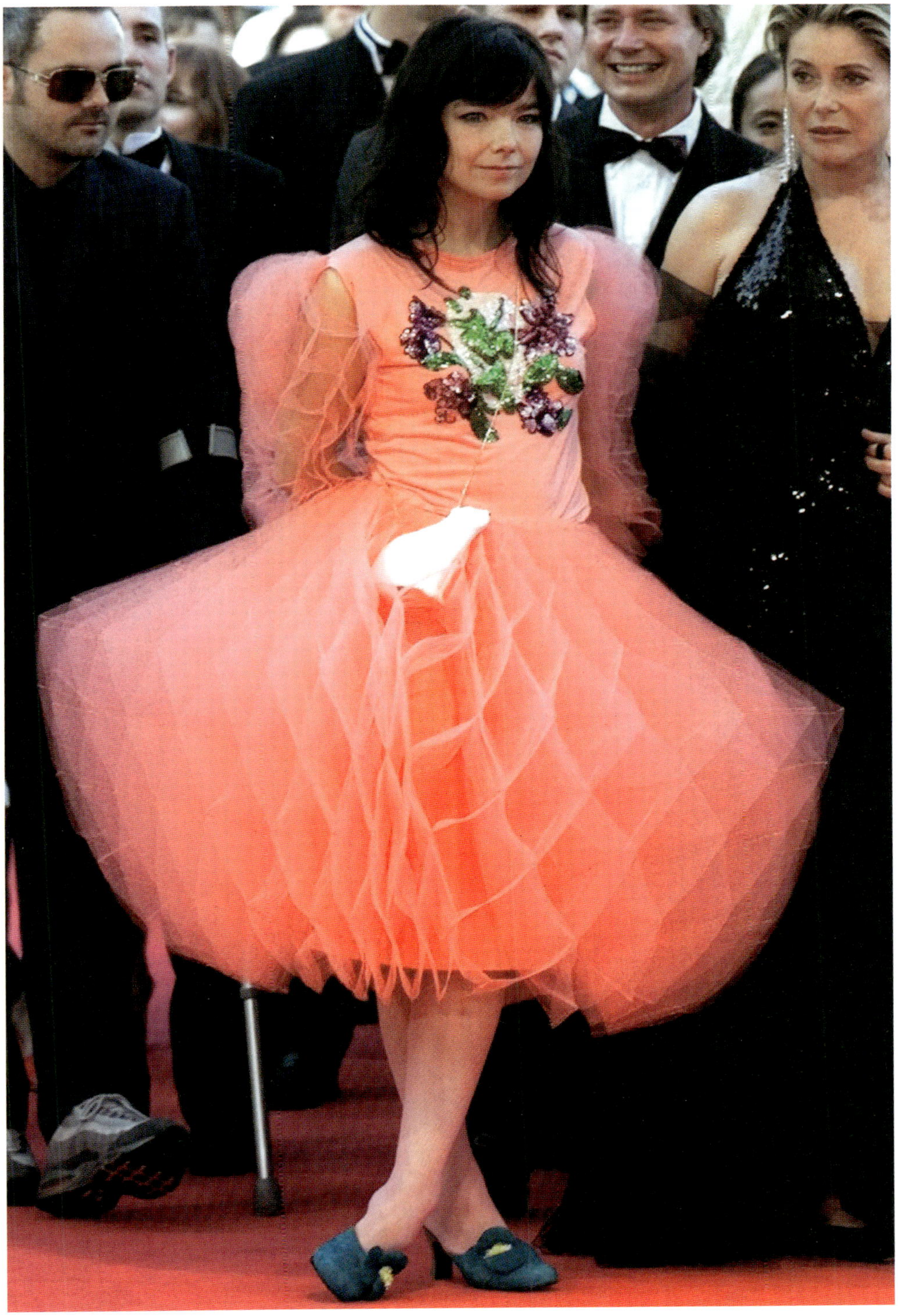

Men om produkten sedan inte kan leva upp till budskapet, ja, då faller hela idén. I den yngre generationen har också alltfler, precis som Naomi Klein, tröttnat på att bli matade med ytliga budskap och i stället börjat fråga sig var ett plagg är tillverkat och varför. Kraven ökar därmed på producenterna, och om dessa fortsätter att presentera mode utan ett avsändarinnehåll som håller vad det lovar försvinner trovärdigheten helt.

Men cirkeln håller på att slutas. Den nya ungdomsrevolten handlar om att granska det konventionella konsumtionssamhället och hitta tillbaka till ursprungliga värden. Det stora intresset för miljöfrågor är en oerhört viktig trend tillsammans med den ekonomiska fördelningsfrågan och engagemanget för mänskliga rättigheter.

Med hjälp av den nya informationsteknikens kommunikationsmöjligheter kan människor runt hela jorden i dag lära känna varandras olikheter och kultu-

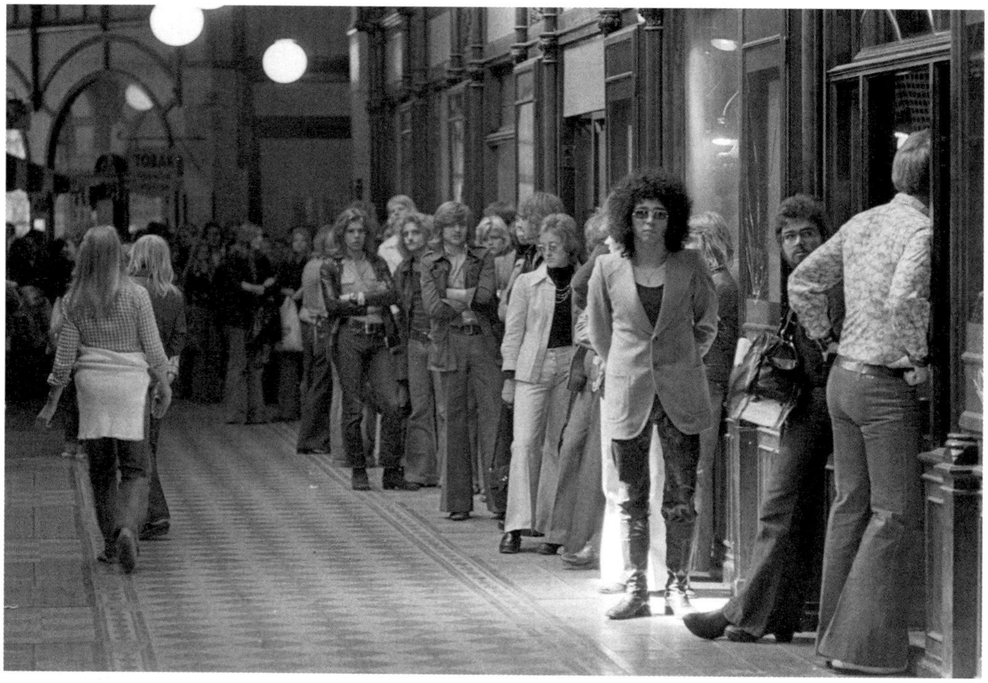

Det kan vara svårt i dag att förstå att folk verkligen köade för att köpa V-jeans hos Gul & Blå i Birger Jarlspassagen i Stockholm. Men faktum var att Gul & Blå på 1970-talet var det kanske mest kända modevarumärket i Sverige. Maria och Lars Knutsson lyckades skapa en modesmitta med inspiration från hippiekulturen, skateboard, surf, Betty Boop, musik- och filmvärlden. Foto: Hans Jakobsson.

rella skillnader. Men samtidigt som vi i väst åter har börjat söka efter »det unika«, betraktar människor i många andra delar av världen vårt kapitalistiska system som förlösande och eftersträvar den konsumistiska livsstil som vi, åtminstone i andlig bemärkelse, vänder oss bort ifrån. Det är en paradox som vi bör reflektera över innan det är för sent.

Ett nödvändigt ont?

Kläder är någonting vi inte kan vara utan. Bilar däremot skulle, med tanke på hur de används i tid och otid, kunna klassas som lyxvara i bemärkelsen överflödiga. Ändå ges bilindustrin större betydelse än textilindustrin. Trots det är det inte där som man jagar miljö- och hälsobovar utan inom klädtillverkningen. De allvarliga skador som bilarna åstadkommer på vår miljö och vår hälsa diskuteras inte lika allvarligt av medier och producenter som förekomsten av barnarbete och dålig arbetsmiljö inom textilindustrin. Kan det ha att göra med att kläder och mode främst vänder sig till kvinnor, medan bilar är något som värderas högre av män? Eller att textilindustrin främst sysselsätter kvinnor, medan bilindustrin använder sig av »riktiga« arbetare, det vill säga män? Är det ett utslag av vår patriarkaliska värld som gör att bilar och bilars utformning åsätts ett högre värde än kläder och kläders utformning?

Efter att ha arbetat i modevärlden i över fyrtio år slår det mig hur bristfälliga kunskaperna om mode egentligen är. Trots en ökad medvetenhet vad gäller trendfrågor finns det fortfarande många företag som är ovetande om den guldgruva man besitter om man satsar på design och lyckas förmedla detta till konsumenten. Jag kan till och med konstatera att »branschen« själv – det vill säga inköpare, säljare, marknadsförare och medierna, alltså de som rider på konstnären, designern – inte sällan stått för den största okunskapen här hemma. Till viss del kan detta förklaras med bortrationaliseringen av den svenska modetextilindustrin och med allmänhetens uppfattning (var den nu kommer ifrån om inte från medierna) om att mode är ytligt och att kläder bör vara så billiga som möjligt. Det är för mig ofattbart att svenska konsumenter har kunnat acceptera att textilproduktionen flyttats till fattiga länder bara för att vi anser oss ha rätt till billiga kläder. Och varför var det plötsligt bara massmarknad och lågpriskläder som gällde? Jag vill påstå att det på många sätt blev en politisk fråga som handlade om jämlikhet – alla skulle vara lika och ingen skulle sticka ut. Först skedde det med KF:s hjälp; massproduktionen i Asien försåg kooperationen med billiga varor. Sedan följde postorderföretagen, kedjorna och till slut de flesta andra svenska konfektionsföretag.

Med H&M:s framgångar började dock en ny utveckling långsamt att komma till stånd. Allteftersom företaget växte ökade också dess samhällsansvar, ett ansvar som bland annat handlar om var och hur man producerar, vilket konsumenterna ju också har blivit alltmer intresserade av. Viktiga frågor som barnarbete, utbildning och miljö hamnade på agendan. Med facit i hand kan man peka på hur den asiatiska textilindustrin ökat kunskapen och medvetenheten om arbetsmiljön, bland annat tack vare att stora klädkedjor som H&M har lett vägen, och i dag följer många andra klädföretag, till exempel KappAhl och Indiska, stränga miljöprogram som ställer krav på leverantörerna. Det är en paradoxal utveckling att den tillverkning som från början handlade om låga priser numera också har kommit att innefatta ett stort miljömässigt och socialt ansvar.

Stora klädföretag som ofta synas i sömmarna, många gånger av designokunniga analytiker, måste till varje pris skapa förtroende. Ett ypperligt exempel på hur det kan gå till visade H&M i maj 2001, då man arrangerade en genomtänkt resa till Tällberg i Dalarna för femhundra internationella journalister. En magnifik modevisning ägde rum vid midnatt i Dalhalla, en magisk musikscen som ligger i ett nerlagt kalkbrott mitt ute i skogen. Under natthimlen som aldrig blev riktigt mörk och med de höga klippfasaderna belysta av hundratals marschaller fick vi se hur höstens mode presenterades i en spektakulär omgivning till en praktfull helhet. Unika hantverkstraditioner tilläts framträda i en sagolik svensk natur. Det här var en modevisning man länge kommer att minnas i den internationella modevärlden som exotiskt svensk.

Modeforum i tiden

Först på senare år har design och mode hamnat i rampljuset som någonting som kan vara av godo för ekonomin. Samtidigt har detta lett till att det nu nästan inte finns någon urskillning alls. Trista modemässor upprepar sig själva var-

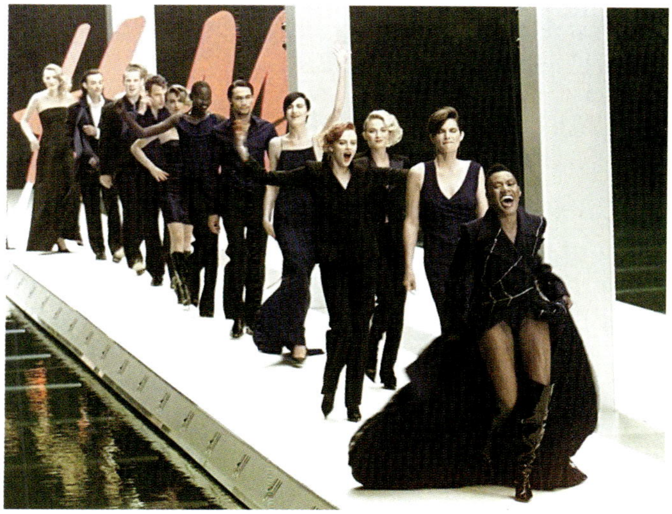

H&M:s modevisning för den inbjudna internationella pressen i kalkstensbrottet Dalhalla 2001. Kända modellstjärnor flögs in till catwalken, här ses de med Grace Jones i förgrunden.
Foto: Jessica Gow

je vår och höst. Det är en ren plåga att bevista dessa enorma handelsplatser som upphaussade till evenemang och folkfest enbart »kränger paltor«. Många aktörer tycks drivas av sin egen girighet och fullkomligt strunta i vad de säljer och varför, så länge de säljer. För att locka en lyckligt ovetande publik anordnar man också så kallade trendvisningar, där man kokar soppa på en spik. I Stockholm lade man klokt nog ner modemässan i Älvsjö i slutet av 90-talet, just på grund av dessa aktörer. Jag menar inte att det skulle vara omöjligt att skapa en handelsplats för mode, men den bör då vara reserverad för dem inom branschen som är beredda att analysera sin samtid.

Det har man klarat av i Köpenhamn, där en utbrytargrupp från den traditionella mässan i Bella Center samlat en ung generation designers som försöker anpassa sig till en ny tid och nya uttryck. Med Copenhagen Vision i Øksnehallen mitt i centrala Köpenhamn har man skapat ett modeforum som fungerar i tiden. Själva utställningshallen, en gammal industrilokal från 1901, har stor betydelse för helhetsintrycket; den arkitektoniskt intressanta byggnaden har genomgått en omfattande och pietetsfull renovering, och här finns givna regler för hur utställningsmontrarna får se ut.

Detta nya forum har lockat en rad unga skandinaviska formgivare med en ny generation kunder, och bland utställarna återfinns till exempel Munthe plus Simonsen, Filippa K, MSO – Monica Sjöberg Olsson, Anna Holtblad, Nygårds Anna Bengtsson och Day Birger et Mikkelsen.

Behovet av en enskild modemässa i Stockholm har i och med detta modeforum helt enkelt minskat. Dessutom finns Stockholms Modecenter där agenter och säljare för skandinaviska och internationella varumärken bedriver handel året om. Stockholms Modecenter anordnar även modeinformationsdagar för inköpare.

En intressant erfarenhet

Den skandinaviska marknaden är för liten för att försvara stora mässarrangemang i varje land, men svenska designers behöver ändå få tala om att de finns och visa vad de gör. Därför är intresset stort för enskilda modevisningar, dit press och inköpare bjuds in, precis som i de stora modestäderna. Fast hos oss sker det utan samordning, och det var just det som var en av anledningarna till initiativet MODESTOCKHOLM, som jag var inblandad i mellan 1998 och 1999.

Vi var en liten grupp som såg möjligheterna med att samordna svenska designers till en gemensam visning som skulle återkomma varje säsong. Det var min konkurrerande vän och kollega Henrik Mattsson och Jimmy Panagiotopoulos, marknadschef på modebranschtidningen Habit, som arbetade fram idén. Vår ambition var att sätta Stockholm på den internationella modekartan och att locka hit internationella inköpare och journalister för att visa Stockholm som designstad.

Det blev en intressant erfarenhet som varade i två säsonger. Efter att ha åstadkommit en för Stockholm mycket professionell, avancerad och uppmärksammad visning på nya Arkitekturmuseum på Skeppsholmen, där formgivarnas kläder tilläts framträda i en estetisk, arkitektonisk inramning, visade det sig att det var få designers som höll måttet. Alltför få av de deltagande insåg styrkan i ett gemensamt arrangemang där man sakta men säkert skulle kunna göra Stockholm till en intressant modestad, uppmärksammad av världspressen. Ty-

En lättblå topp med asymmetrisk halslinning och stickad blomma, ur Nygårds Anna Bengtssons höstkollektion 2002. Foto: Carl Bengtsson.

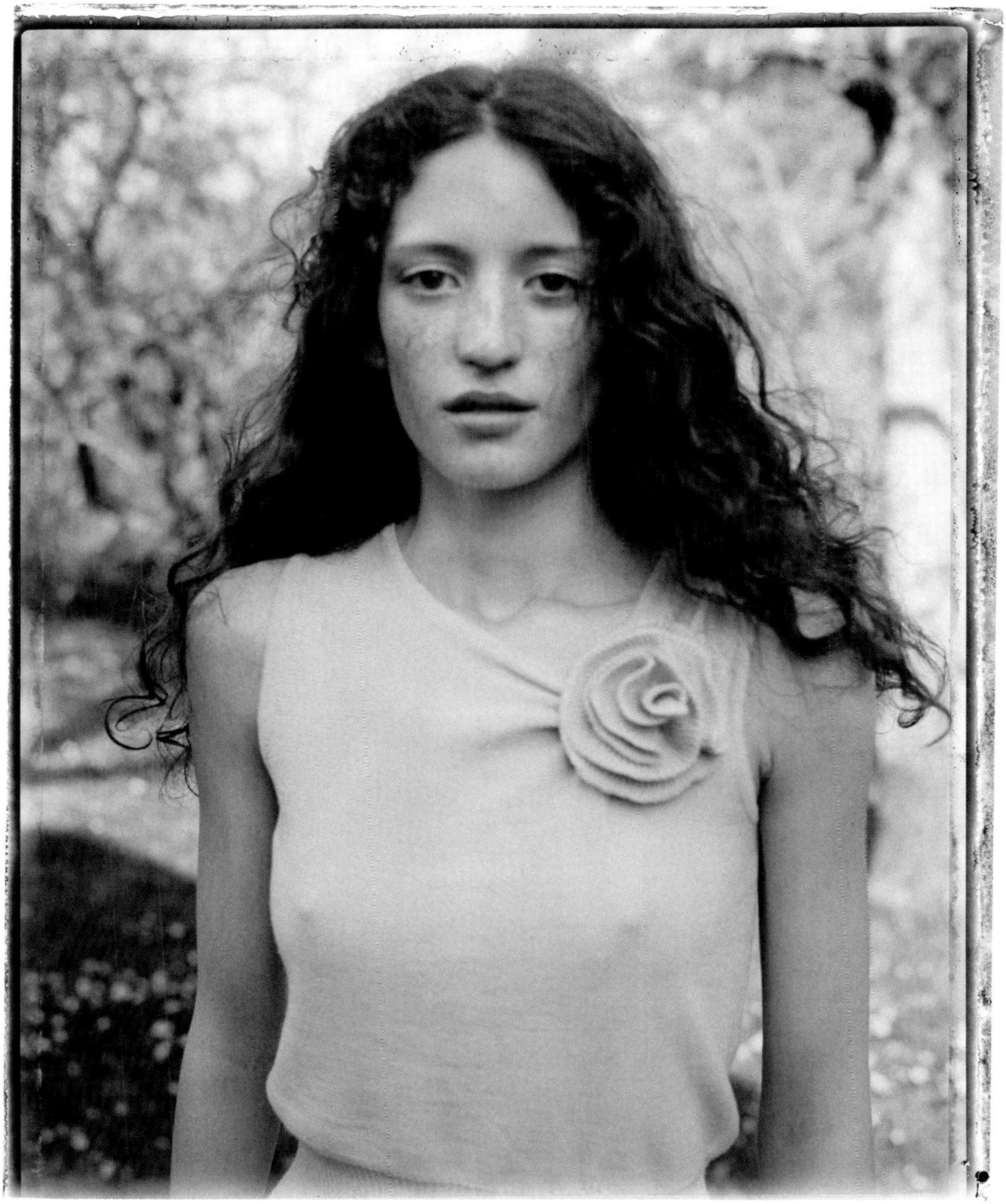

värr saknades den uthållighet och solidaritet som krävdes. Alla ville lyckas, men det skulle ske genast!

De flesta designers i Sverige är egentligen för små för att kunna bli stora. Det betyder inte att det inte finns talanger, men visionerna saknas och finansieringen är för svag. MODESTOCKHOLM sökte anslag, vilket vi kanske hade fått om vi hade insisterat, men hjälpen fanns inte till hands när vi behövde den. Inte heller pressen tycktes vara särskilt intresserad av att uppmuntra detta nya initiativ till stöd för det svenska modet.

Mode och design har sedan några år tillbaka fått allt större utrymme på kultursidorna, troligtvis därför att det är ämnen som människor vill läsa om. Tyvärr sker det dock ofta på ett ganska förutsägbart och ibland till och med fördomsfullt sätt – inte så positivt och inspirerande som den svenska publiken skulle behöva för att ledas in i en ny tid där mode är ett kulturspråk. De svenska mediernas inställning bidrar säkerligen till att många läsare, trots ett växande allmänt intresse, fortfarande ser mode som ett nödvändigt ont.

Pendeln svänger

Men det finns också tecken som tyder på att inställningen till mode håller på att förändras. Klädmodets växlingar påverkar även annan design, och det konsumenter runt om i världen i dag faller för är just formgivna produkter – design har blivit moderiktigt. Formgivaryrket seglar för närvarande i medvind och designutbildningarna har fått ett uppsving. Design har till och med blivit en viktig export- och marknadsföringsfråga. Storbritanniens premiärminister Tony Blair var förmodligen den som angav tonen genom att framhålla den ekonomiska betydelsen av British Design, och i Sverige var man inte sen att följa efter. Svensk formgivning är på väg att bli en uppmärksammad handels- och kommunikationsvara, som Svenska Institutet, Näringsdepartementet och UD numera presenterar i internationella sammanhang.

I dag är man inom många branscher lyhörd för moden och trender, men det är egentligen först nu som industriledare och ekonomer börjat inse värdet av formgivna produkter, nu när vi sakta rör oss bort från den industriella massproduktionen. Tidigare handlade lönsamhet om tillverkning av multipler – ju större serier, desto högre vinst. Det var rationellt och enkelt, men ingen tycktes tänka på att människor faktiskt inte fungerar så; vi står nämligen i längden inte ut med att göra och se ut exakt som alla andra. Människor är i stället i grunden intresserade av skapandet, det skapande som leder till ny energi och nya uttryck. »Människans andliga liv är kroppsligt«, som konsthistoriken R. Broby-Johansen uttryckte det (i *Kropp och kläder*). Och kläder är trots allt inte enbart till för att skyla kroppen.

Den industri som har längst erfarenhet av att bevaka trender är just textil- och konfektionsindustrin. Eftersom det handlar om att presentera nyheter varje säsong har produktionsrytmen alltid varit förhållandevis snabb. Vikten av att hamna rätt, att presentera rätt mode i rätt tid, har alltid varit avgörande för modeaktörerna som därför alltid är noga med att följa och analysera trender innan de börjar skissa på nya kollektioner.

Om hundra år kommer man förmodligen att tala om 1900-talet som epokgörande för textilindustrin och föra fram hur den form- och designinriktade produktionen genom sina många arbetstillfällen lämnade viktiga bidrag till välfärden. Men antagligen kommer man också att raljera kring vår tids konsumistiska människa, hon som trodde att meningen med livet var shopping.

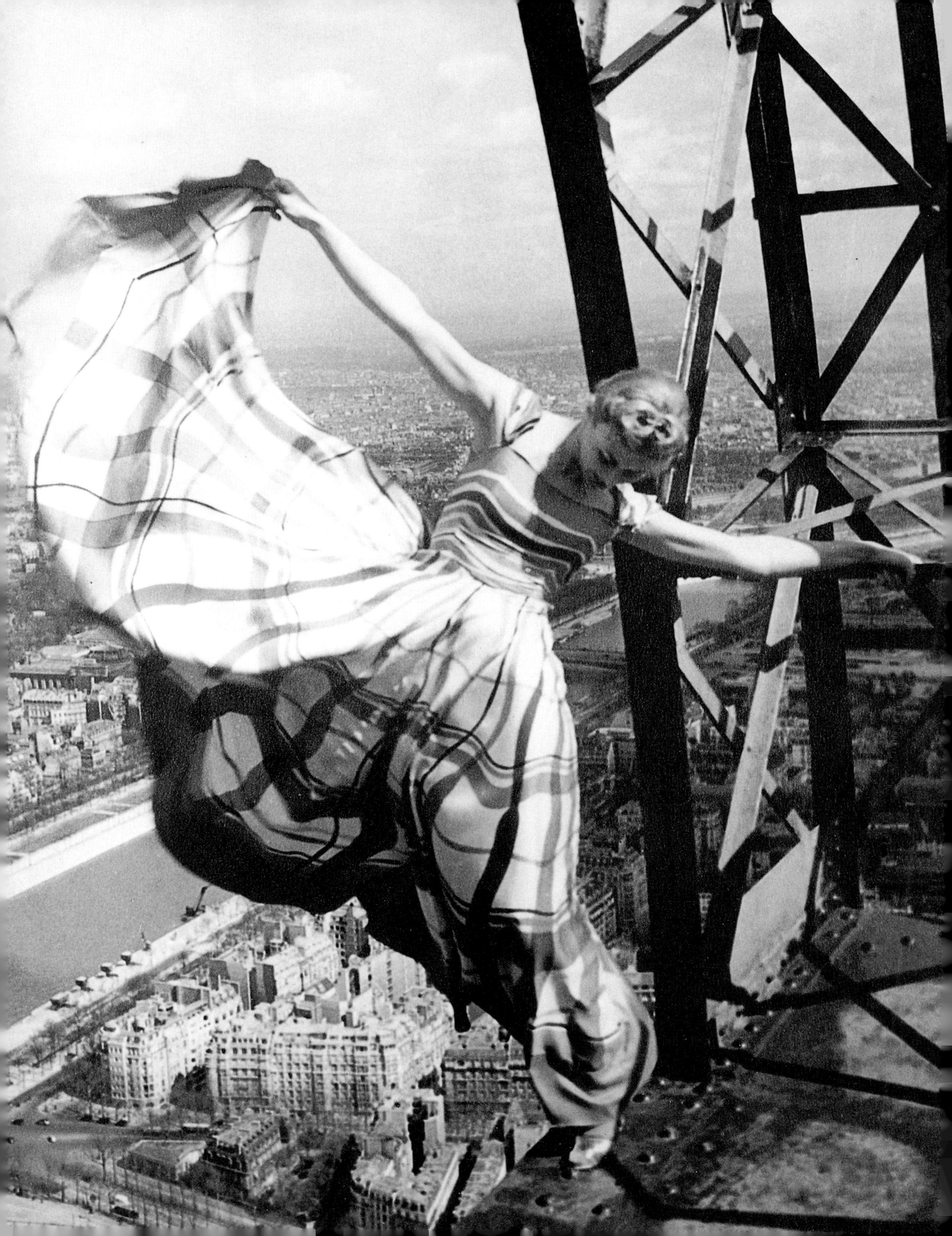

Tidiga intryck

Europeiska utfärder

Tidiga intryck präglar våra senare val i livet, och vare sig vi vill eller inte är våra föräldrar våra första förebilder. Så har också vägen till mina egna preferenser gått genom mina föräldrar. Min mor var en oerhört stark, intelligent och vacker kvinna, beundrad av många och fruktad av lika många för att hon vågade vara annorlunda. Hon förde en aktiv kamp för att hjälpa koncentrationslägerfångar under ett fruktansvärt krig i Polen; hon lyckades fly och ta med sig sin styrka och arbeta vidare med den i ett land som inte alltid var så generöst och välkomnande mot henne.

Hon var en främmande fågel med en stark utstrålning som ibland närapå skrämde en rädd och oerfaren omgivning. I Polen hade hon mött min far, som var av engelsk börd. Han arbetade till sjöss för dåtidens glorifierade rederi, Johnsonlinjen, som bedrev hjälpaktioner under senare delen av andra världskriget.

Med föräldrar som dessa har jag alltid känt mig som en självklar europé. Min mor och jag följde med pappa på hans båtar, och jag fick smak för alla nya upplevelser. Jag är övertygad om att dessa resor präglat mitt ständiga intresse för omvärlden; om man redan som barn får lära sig att resa och möta andra, smälter man som vuxen lättare in bland olika nationaliteter och lär sig att handskas

---

Svenskfödda Lisa Fonssagrives har kallats för den första supermodellen. Under 1930-, 40- och 50-talen fotograferades hon av storheter som Horst P. Horst, Louise Dahl-Wolfe och Irving Penn (som hon gifte sig med 1950). Här en variant av Erwin Blumenfelds klassiska bild från Eiffeltornet, som först publicerades i Vogue 1939.

med skillnader. I mina föräldrars vardag fanns till exempel aldrig begrepp som utlänning och invandrare; alla deras vänner och arbetskamrater satt i samma båt, de var ständigt på resande fot.

Både mamma och pappa var så kallade esteter, det vill säga, de hade känsla för det man kallar »den goda smaken« eller som fransmännen utrycker det, *le savoir vivre* eller *le bon goût* – en inställning till livet som inte nödvändigtvis har med pengar att göra, utan som snarare grundar sig i ett intresse för kultur. Mamma, född Wladyslawa Corona, gjorde aldrig avkall på sin kvinnlighet, vare sig i sin klädsel eller i sitt sätt att vara. Hon sydde mycket själv, vilket i och för sig inte hörde till ovanligheten på den tiden; det hörde till kvinnors allmänbildning att kunna sy. Men hon var ändå annorlunda jämfört med många av dåtidens svenska kvinnor.

Min mor följde det som modehusen i Paris föreskrev, och hennes främsta inspirationskälla var de modekreatörer som var utbildade i den »högre skrädderikonsten«, det man kallar *couture*. Under 1950-talet kunde man köpa de mest fantastiska tyger i metervara även i Sverige, sådana tyger som alla textilelever i dag skulle göra vad som helst för att komma över. Men mamma passade också på att handla tyger varhelst vi befann oss under våra resor. Den modeskapare som hon i första hand fick sin inspiration från var Christian Dior och hans revolutionerande New Look, den stil som han lanserat 1947 och som var ämnad för den moderna yrkeskvinnan, eller kvinnan i rollen som en självständigare individ.

Våra europeiska utfärder skedde ju per båt, och det långsamma färdsättet gjorde att det kunde ta ett par dygn att komma från ett land till ett annat. När de geografiska avstånden blev ännu större kunde jag för skolans skull inte följa med. Medan mina föräldrar reste till Sydamerika, Afrika eller Nordamerika fick jag därför tidvis bo på den skola där jag då gick, Katolska skolan hos Marie Bebådelsesystrarna i Göteborg. Det var en annan resa, kanske inte fullt så fri, men ändå färgstark och inspirerande. På 1950-talet tvingades göteborgarna, till följd av den stora arbetskraftsinvandringen från Italien, att ta ställning till mötet med andra kulturer. I skolan fick vi alla ta ansvar för varsin ny elev och blev på så sätt delaktiga i att integrera barnen i samhället, samtidigt som vi själva fick en naturlig relation till andra traditioner.

På vift i Antwerpen

Under ett par år då min far hade Holland/Belgien som hemmahamn var vi bosatta i Antwerpen i Belgien. Jag sattes i klosterskola hos Sœurs de Notre-Dame och kläddes som tolvåring i sedlig skoluniform: veckad kjol och kortärmad blus i mörkblå ullgabardin, blå cardigan och clubjacka som ytterplagg. Till det bar vi stickade trekvartsstrumpor, året om, sommar som vinter.

Jag blev tvungen att anpassa mig till två nya språk, franska och flamländska, vilket inte var alldeles lätt. Tyskan var vid sidan om svenskan mitt första språk. Lättast hade jag för flamländskan, som ju också är ett germanskt språk, men eftersom jag tyckte att franskan var mycket vackrare koncentrerade jag mig på den. Då visste jag inte vilken betydelse detta språk skulle få för mitt senare yrkesval, modekulturen.

Den obligatoriska skoluniformen var ett ok, speciellt som jag snart upptäckte hur vackra kläder det fanns i Antwerpen. Belgien är ett framstående textilindustriland med gamla anor som man fortfarande hyllar. I dag utexamineras många spännande modeskapare från modelinjen på Académie Royale des Beaux-Arts i Antwerpen, och några av de allra bästa, som Ann Demeulemeester, Dries van Noten, Dirk Bikkembergs och Martin Margiela, har fått sin utbildning där.

Jag smet således från de tråkiga flamländska språktimmarna och gav mig ut på egna upptäcktsfärder. Inte ett hus i Antwerpen såg ut som i Sverige. Eftersom landet är litet och ytan att bygga på begränsad, utnyttjade arkitekterna snarare höjden än bredden. Nya hus sköt upp, flera våningar i luften, och lägenheterna var ofta små med mycket väl utnyttjade kvadratmeter. Vid inflyttningen kunde man omöjligt få in möblerna genom trapphusen, så i stället hissades de in i våningarna via de stora fönster som husen var begåvade med.

På en av mina upptäcktsfärder hittade jag också fantastiskt vackert dekorerade skyltfönster med fantasifulla kläder. Vissa hade till och med levande skyltdockor, såsom jag uppfattade det. Men när dockorna började hötta med näven och göra tecken åt mig att jag skulle gå hem, förstod jag till sist att jag befann mig i fel kvarter. Jag hade hamnat i »the redlight district«.

En förträfflig plats att fördriva tiden på när man skolkade från tråkiga lektioner var biograferna. Film blev en viktig del av mitt liv i detta land. Jag upptäckte att det fanns non stop-biografer där jag efter att ha löst biljett kunde se flera olika filmer i rad bara genom att sitta kvar i salongen. Jag kunde bli sittande hela eftermiddagen. Av bara farten samlade jag på mig en diger kunskap om amerikansk 1950-talsfilm, vilket också kom att leda till att filmkläder blev en stor inspirationskälla för mig.

Den film som imponerade mest på mig då, främst för klädernas skull, var *Sabrina* med Audrey Hepburn i huvudrollen. Jag tyckte också mycket om hennes föregående film, *Prinsessa på vift,* till vilken Hollywoods legendariska kostymskapare Edith Head hade gjort kläderna. Men i *Sabrina*, från 1954, spelar just franska couturekläder en viktig roll, och för de mer avancerade kreationerna hade den franske modeskaparen Hubert de Givenchy anlitats. Som tonåring såg jag denna smått pekoralistiska komedi om och om igen och drömde naturligtvis om att en dag få komma till Paris och klä mig som Audrey Hepburn.

Hubert de Givenchy, som är född 1927 och utbildad i den franska coutureskolan, presenterade sin första kollektion 1952 i sin butik på 8 rue Alfred de Vigny i Paris. Redan efter den andra kollektionen började hans kläder att efterfrågas också utanför Frankrike, och kort därpå öppnade han butiker i Rom, Zürich och Buenos Aires. Hans möte med Audrey Hepburn skulle komma att få stor betydelse för hans skapande och för modehusets framtid. Audrey Hepburn blev genast kund hos honom, och en viktig sådan, men så småningom mer än så: hon blev en symbol för hela hans företag. Till henne skapade Givenchy en lång, elegant och förfinad stil, i vackra tyger och med skulpturala former. Minimalistisk, skulle man kanske kalla den i dag, men definitivt inte tråkig. Efter *Sabrina* kom Givenchy att stå för såväl Audrey Hepburns privata garderob som för kläderna i en hel rad av hennes filmer, *Ariane, Kär i Paris, Frukost på Tiffany's, Charade, Livat i Paris* och *Hur man stjäl en miljon,* och i hans skapelser fotograferades hon ständigt av den store modefotografen Richard Avedon.

Audrey Hepburn förblev Givenchys musa så länge hon levde. Än i dag när jag ser Hubert de Givenchy på gatorna i Saint-Germain i Paris, blir jag alltid påmind om det vackra, skräddade 1950-talsmode han skapade för henne, en klädstil som jag fortfarande är mycket svag för.

Audrey Hepburn i Billy Wilders film *Sabrina* från 1954. Den fantastiska kvällskreationen skapades av Hubert de Givenchy.

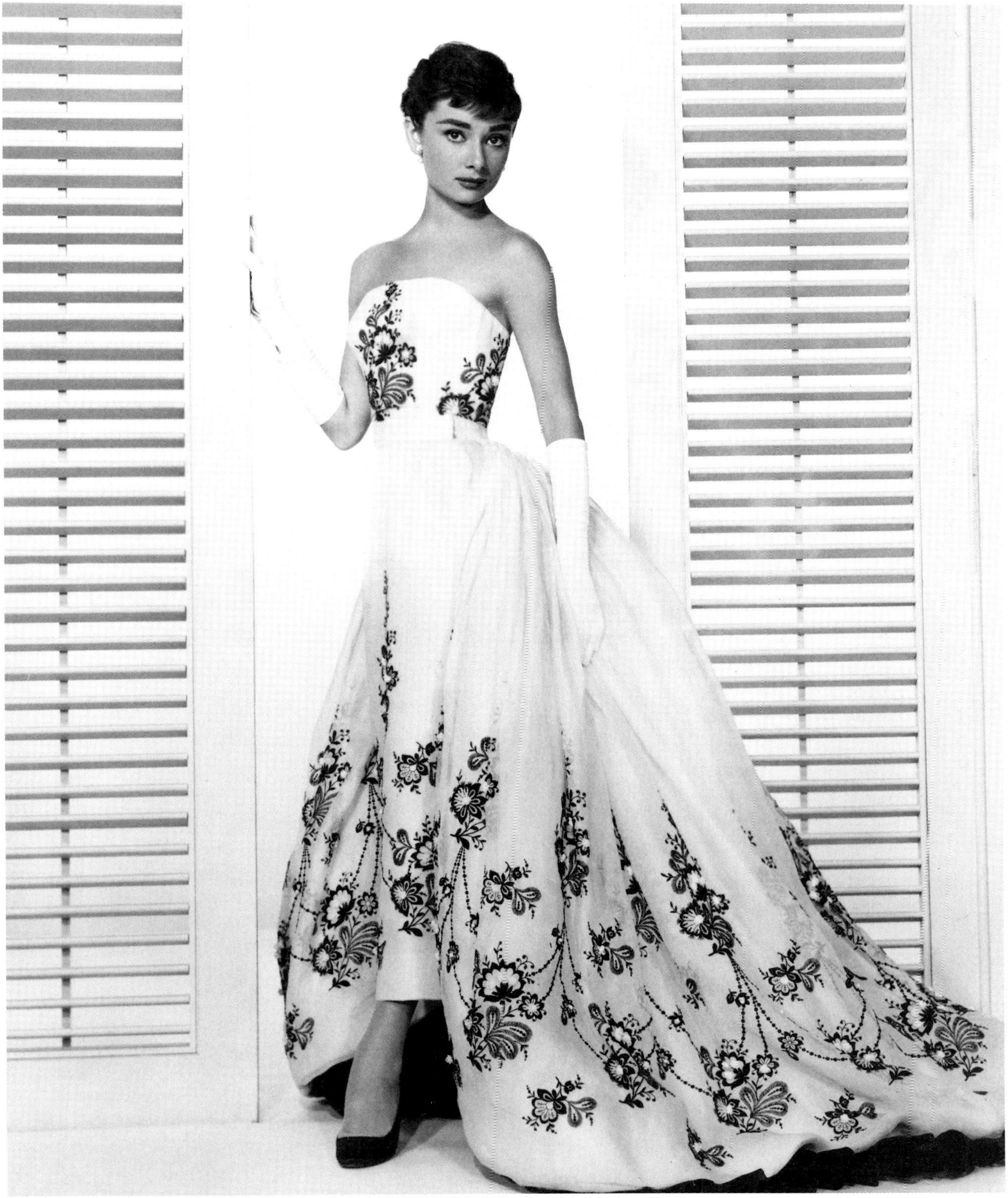

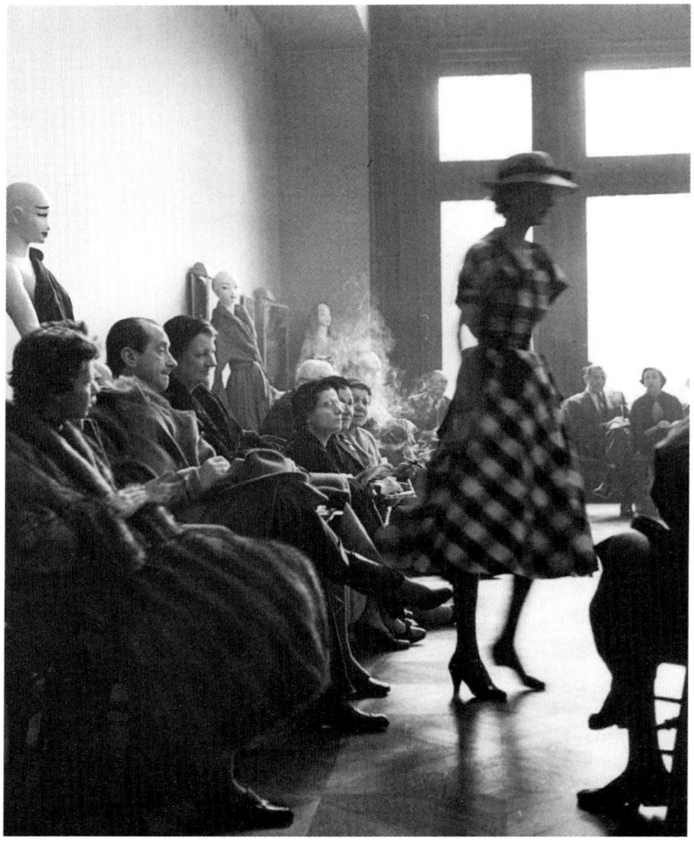

Givenchys första modevisning i Paris, mars 1952. Foto: Martin Dutkovitch.

The teenage look

Efter ett par år i Antwerpen flyttade vi tillbaka till Sverige och bosatte oss i Malmö. Hemkomsten blev för mig något av en kulturchock. Jag hade blivit tonåring och det var just det, att *vara* tonåring, som gällde när jag kom hem. Sverige var först i Europa med att ta upp den amerikanska stilen, »the teenage look«, och även om jag hade fått internationell erfarenhet kände jag mig som lollan från landet. Om man bortser från mina eskapader och utflykter i Antwerpen hade jag ju tillbringat all min tid som elev i en strängt disciplinerad skola, där jag fick lära mig att visa respekt för lärare och att umgås med och anpassa mig till de vuxna. I Sverige var det precis tvärtom, ungdomar var den grupp som fick uppmärksamhet och utrymme.

Jag minns vilka kval jag led när jag blev bjuden på min första smokingskiva. Till att börja med var jag tvungen att försöka beskriva för mamma den klädsel som jag visste skulle gälla på detta party och övertyga henne om att det var något från Regement eller Ohlsson's, de då modernaste butikerna i Malmö, som jag skulle ha: den till synes så frigjorda ungdomsstilen. Men ack, mor sydde själv upp klänningen, i kornblå sammet med pryd liten halsringning, sedesam trekvartsärm och lätt dansanpassad, klockad kjol. Till sist lyckades jag i alla fall få igenom ett par röda skor med taxklack. Jag var så nervös inför mötet med alla ungdomar som var inbjudna till festen att jag misstänkte det värsta. Och mycket riktigt, när jag kom dit och möttes av värdparet i hallen höll jag på att vända. Där stod Thérèse i djupt urringad snäv sidenklänning (då som nu skulle bysten framhävas med hjälp av push up-behå) och spetsiga skor med skyhöga, sylvassa klackar. Claes, hennes *boyfriend* (bara en sådan sak), hade elegant snäv alpackasmoking, kråsskjorta och fluga indränkt i Old Spice. Vilken mardröm! Efter en stunds övervägande lyfte jag på hakan och klev in bland alla kritiska blickar, för trots allt ville jag inte missa detta dansparty. Lyckligtvis tillbringade jag mesta tiden på dansgolvet, och där slängde man ju ändå av sig skorna till slut.

Modeshow i jazztakt

Under det sena 50-talet och tidiga 60-talet verkade allt handla om den kultur som växte fram kring *teenagers*. Från USA vällde ungdomsprodukterna in, *fast food*, glass, musik, jeans, smink och andra »lättsinniga« varor som vi tidigare bara hade hört talas om. De folkliga varuhus som då existerade i Sverige, Domus, Epa och andra, såg en möjlighet att locka till sig den nya kundgruppen med hjälp av tonårsprodukterna. Man lät ungdomarna själva visa vägen. Jag blev utvald till tävlingen »Malmös sötaste skolflickor«, och i tidningen Arbetet kunde man 1960 läsa:

Modeshow i jazztakt blir det i Malmö på onsdag. Det är crescendot på Domus nya giv »Ung Linje« – för ungdom med ungdom. Tillsammans med stans jazzklubbar Celeste, Tuxedo och Louisiana har Domus bildat »Studio D«, som då samlat ett jättespisarparty med jazz och modeshow i Solidars samlingslokal på

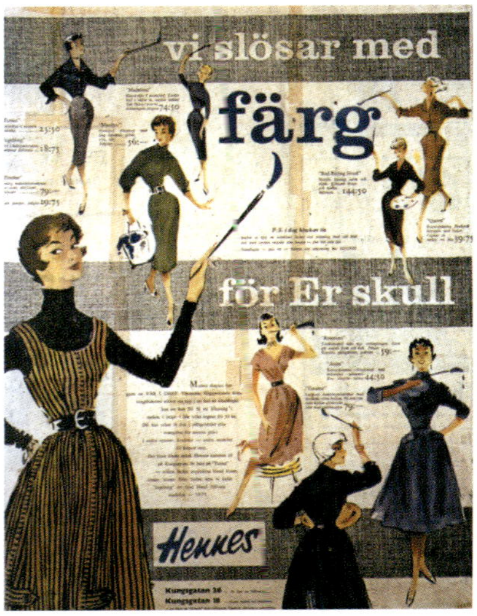

New Look-inspirerat mode från Hennes 1954.

Spångatan. Redan på fredagskvällen började förberedelserna på modesidan. Söta skolflickan Cay Bond – utsedd av jazzklubbmännen – fick gå runt bland klänningsgalgarna på Domus konfektionsavdelning och själv plocka ut och bestämma vad som skall visas på onsdagens mannekänguppvisning.

Med sig hade Cay tre andra skolflickor, Sis Madsen, Merete Herrström och Suzanne Nessim som hon också själv utvalt till mannekänger. De fyra flickorna plockade och provade av hjärtans lust. Medan reklamchef René Ahlstedt tittade på.

– Det är just så här vi vill ha det i »Ung Linje«, berättar herr Ahlstedt – att ungdomen själv får bestämma vad den vill ha.

Cay fick också bestämma för modeshowens herrmannekänger Christer Ekman, Per Larme och Björn Carlsson. Medhjälpare och delvis organisatör Oscar med C gav goda råd. Fram i vår återkommer »Ung Linje« med fler spisar-partyn och modeshower.

– Vi tror att den här linjen är Linjen, när man vill nå sina ungdomliga kunder, säger reklamchef Ahlstedt. Helt enkelt att samarbeta med dem, låta dem vara med och bestämma vad och hur de vill ha både mode och hem och annat!

Efter att ha talat med Oscar med C, Celeste-chefen Bo Johnsson och Cay Bond tippar vi att Domus tror rätt!

– Det är så här vi vill ha det säger Oscar med C. Vi hoppas att den här nya given slår igenom – för gott!

Och slog igenom gjorde det med besked, får man nog konstatera så här fyrtio år senare. Ända sedan dess har Sverige, till skillnad från stora delar av övriga Europa men i likhet med USA, haft en modemarknad som i första hand varit inriktad på ungdomar. Sverige var helt enkelt ett av de första länder i världen som helt anammade den amerikanska marknadstrenden, »easy come & easy go«.

Det var början på en slit-och-släng-period som naturligtvis innebar nya möjligheter, men som också fick den påföljden att svenskarna i mångt och mycket förlorade sitt kvalitetsbegrepp.

Konsumtionshysterin tar fart

Jakten på billiga kläder fick bland annat som konsekvens att den så viktiga svenska textil- och konfektionsindustrin under 1970-talet hamnade i en allvarlig kris. Många fabriker lades ner och tusentals arbetstillfällen försvann. Paradoxen handlade om att man till följd av höga löner och höga sociala kostnader inte längre kunde få ut det rätta priset för inhemskt producerade plagg, och därför flyttades produktionen till bland annat Asien, där lönerna som bekant är minimala. Och detta lät vi ske, vi, det så moraliskt medvetna svenska folket, bara för möjligheten att kunna konsumera mer – att det var ökad konsumtion som skulle

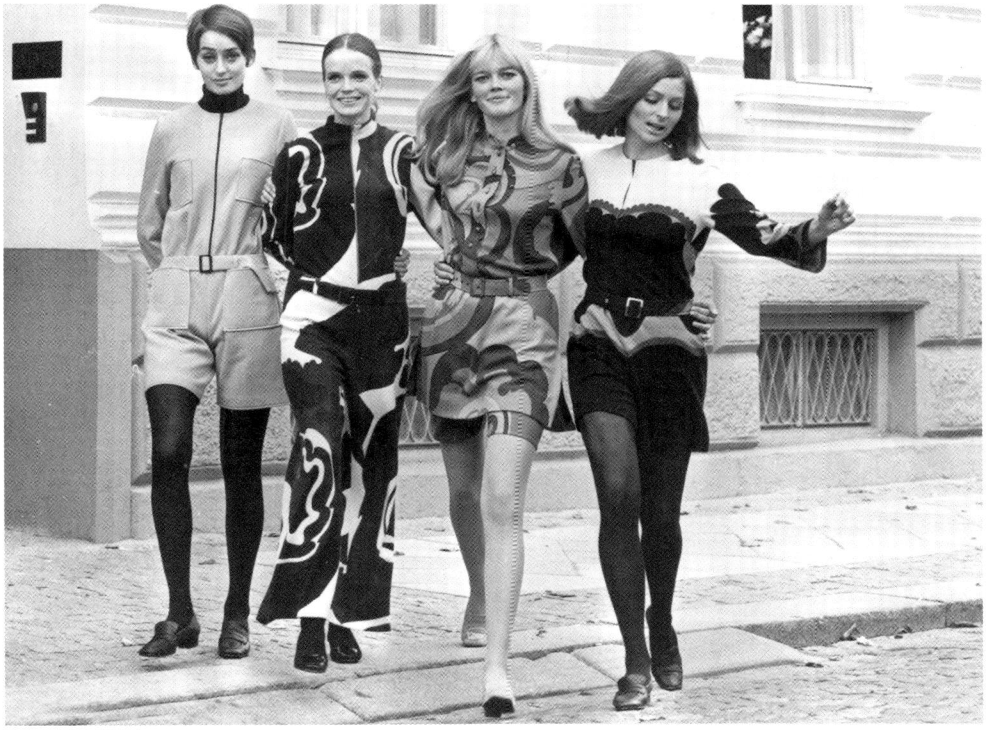

Katja of Swedens kläder blev en succé även utanför Sveriges gränser, nte minst i USA. Ur höstkollektionen 1967. Foto: Olle Karud.

rädda den allmänna sysselsättningen var något man bara fick lära sig. I denna veva försvann mycket av allmänhetens kunskaper kring mode; i stället för att värdesätta kvalitet och yrkesskicklighet blev det en sport att jaga lägsta möjliga pris, och man började handla för att det var roligt att handla! Och roligt att handla var det, visade det sig snart, nästan alla dagar i veckan!

Fler och fler affärer slog upp sina portar, och så småningom öppnades även mastodontiska köptempel som sedermera tycks ha övertagit kyrkans roll som söndagsnöje. Billigt skulle det vara, annars kunde man inte med gott samvete handla kläder varje dag. Under 1980-talet hade den svenska modetextilindustrin så gott som försvunnit, men samtidigt konsumerade svenskarna mest kläder per capita i hela Europa.

Sedan 1970-talet är det främst de stora klädkedjorna, som KappAhl, Lindex, MQ och inte minst H&M, som tillhandahållit modekläder i de nordiska länderna. Vid mitten av 1990-talet började även internationella varumärkesdesigners att satsa på butiker i Norden, och under den ekonomiska haussen kring millennieskiftet var de mycket framgångsrika på vår lilla marknad. Jag tror att det kan förklaras med att alltfler människor kommer i kontakt med utländska modenamn på sina resor, men också med att tv, tidningar och andra medier i Sverige och Norden insett det kommersiella värdet i att rapportera från de internationella modevisningarna. Och så har snöbollen rullat på ...

Denna utveckling kommer förhoppningsvis också att gynna den svenska tekoindustrin, som satsar på ny teknik och i dag sysselsätter omkring 14 000 personer med hög kompetens inom en rad specialområden, som stickat och arbetskläder. Fortfarande önskar dock unga svenska modedesigners ingenting högre än att ha råd att tillverka sina kollektioner här hemma, vilket också skulle vara en fördel för skapandet, eftersom designerns tillvaro förenklas när det finns möjlighet att följa sömnadsprocessen på nära håll.

På väg mot modekulturen

Efter att ha avlagt flickskoleexamen i Malmö i början av 1960-talet blev jag uppmuntrad av min lärarinna i franska, fröken Fogelberg, att studera språk och då framför allt franska. Det tycktes som om mina drömmar om Paris verkligen skulle kunna gå i uppfyllelse, men först krävdes en grundlig övertalning av min mor, som ansåg att jag var lite för ung. Att resa i väg på egen hand efter skolan var heller inte speciellt vanligt då. När goda vänner till oss lyckades ordna bostad åt mig hos en familj de kände, gav min mor till sist vika och gick med på mina önskningar. Min resväska hade då stått packad sedan länge. Att resa var väl ingenting märkvärdigt, tyckte jag. Och ändå, för första gången, ensam – det var fantastiskt! Mitt tåg utgick från Köpenhamns centralstation och resan till Paris tog tid, nästan trettio timmar.

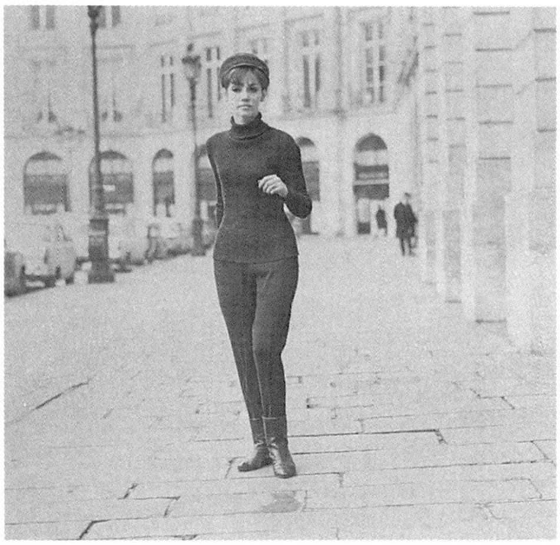

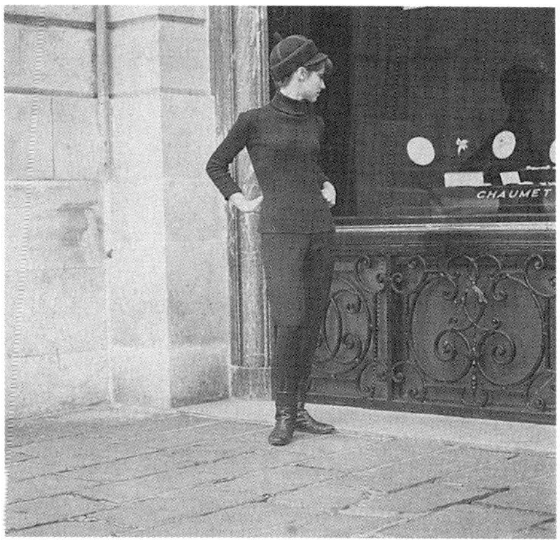

Vid ankomsten till Gare du Nord blev jag mycket väl mottagen av Maurice Franck, våra vänners vän och kollega. Maurice ägde en frisörsalong som, vilket jag snart skulle upptäcka, var en av Paris mest kända. Han och hans hustru, som var advokat, levde gott och hade fyra söner, som bara var småpojkar då. Veckorna tillbringade de i en lägenhet i fashionabla Neuilly-sur-Seine, helgerna i huset i Saint-Germain-en-Laye ute på landet nära Paris, och somrarna vid havet i Deauville i Normandie. Jag hade med andra ord hamnat mitt i den franska bourgeoisien.

Maurice och pojkarna roade sig med att visa mig mängder av sevärdheter

Författaren själv som extraknäckande modell, fotograferad på place Vendôme i Paris, tidigt 60-tal.

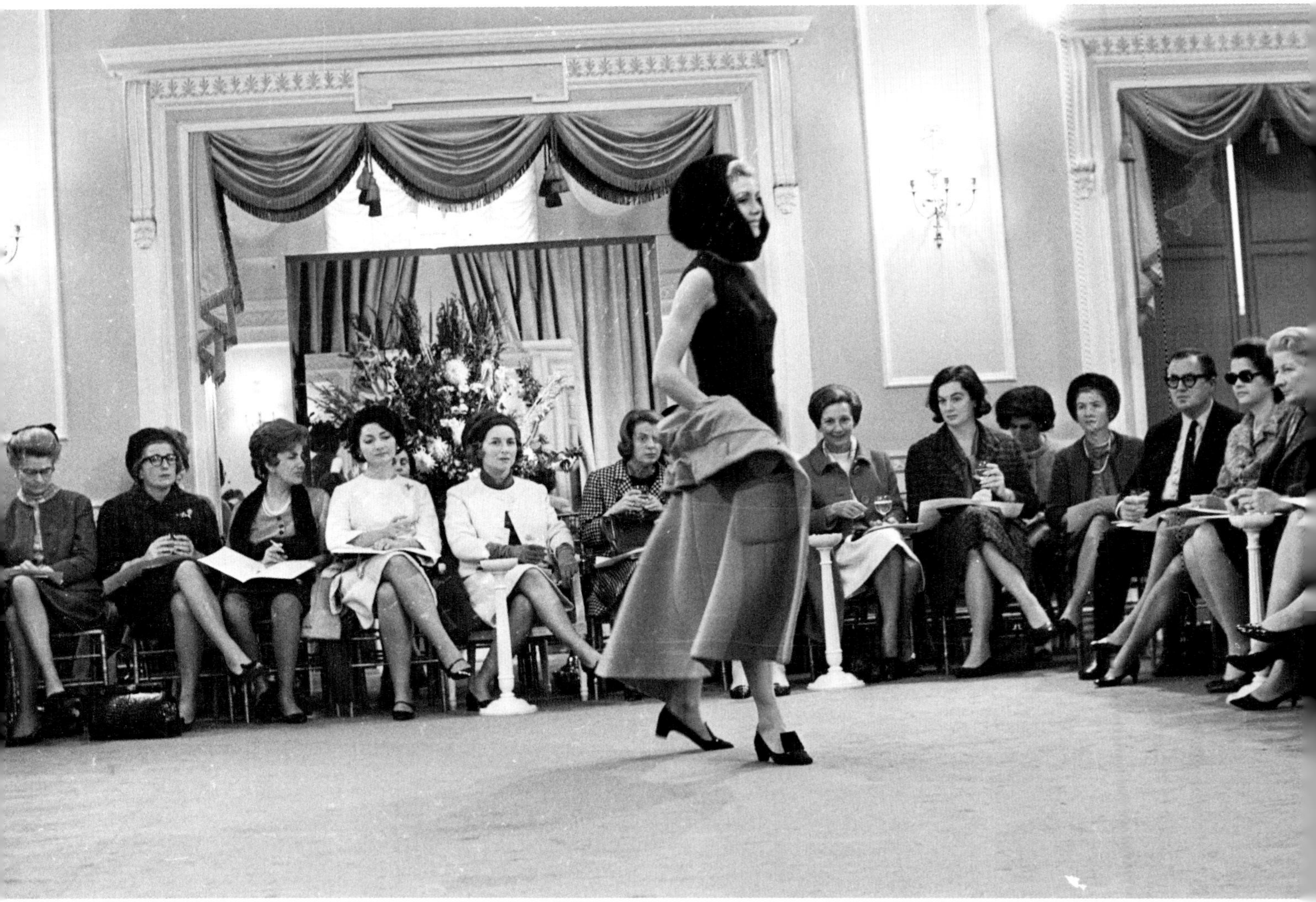

överallt, och jag blev genast behandlad som en i familjen, vilket jag långt senare kunde konstatera var mycket ofranskt. Snart var det jag som läste läxorna med de båda minsta, tvillingpojkarna Michel och Pascal, som var sex år gamla. Det blev en snabb ingång till vardagsfranskan, som jag skulle behöva för att söka in på universitetet vid Sorbonne. Men innan jag vågade göra det, tog jag några övergripande lektioner i franska på Alliance Française som fungerade som en förberedande skola för många ungdomar från olika länder. Väl antagen på Sorbonne, där jag började läsa språk och kulturhistoria, ville jag för att lättare kunna delta i studentlivet flytta till en egen lägenhet med någon kamrat.

Tillsammans med en väninna hyrde jag en lägenhet på första våningen ovanför ett bageri på boulevard Voltaire i Paris 11:e arrondissement. Det var ett enkelt härbärge, två rum och ett litet pentry, möblerat med bara det allra nödvändigaste. Vi blev snart vänner med bagaren inunder. Han var orolig att vi inte åt ordentligt och såg till att vi åtminstone fick croissanter till frukost varje morgon. Livet i Paris var dyrt – det fanns för många lockelser i de vackra butikerna! Mammas månatliga bidrag täckte kostnaderna för mina studier, inte mer, och jag kunde inte be henne om ytterligare tillskott eftersom jag visste att hon redan arbetade hårt för att kunna ge mig det jag fick. För att klara hyra och mat måste jag därför ta en massa småjobb. Men där kom min franska familj åter till undsättning.

En klassisk modesalong

Genom Maurice Franck fick jag erbjudande om att börja som hårmodell, och eftersom han arbetade för de stora couturehusen och gjorde frisyrer till många visningar, kom detta att bli min introduktion till Paris modescen. Jag fick några mannekänguppdrag, gick med i en agentur, Paris Planning, och gjorde en del reklamjobb. Från första början förstod jag att det var en mycket speciell värld jag hamnat i, en värld fylld av många konstnärer men ännu fler profitörer. Men också en värld som fascinerade mig. Inte för att jag hade en tanke på att bli designer, det var själva miljön runt skapandeprocessen jag var fascinerad av och det var snarare denna modeteater jag ville ägna mig åt.

Diors klassiska couturesalong med guldstolar och tunga draperier, november 1965. Foto: P. Townsend.

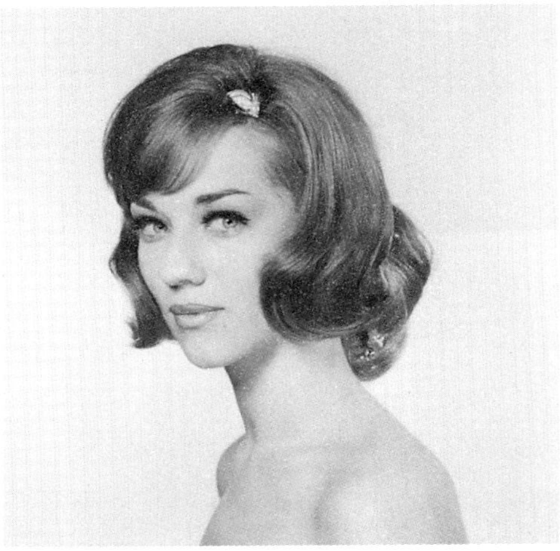

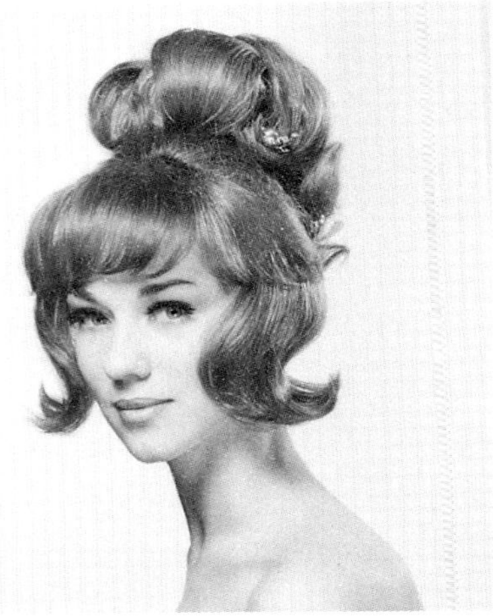

Att bli professionell modell var inte heller något jag strävade efter, även om jag under en period arbetade som mannekäng hos Dior och visade kläder för husets kunder. Det skedde i den klassiska modesalongen med guldmålade trästolar med röda sammetssitsar. Modehusen har fortfarande sådana privata visningsrum, där kunderna i lugn och ro får möjlighet att välja ut sin höst- och vårgarderob. Klientelet utgörs av förmögna och många gånger berömda kvinnor som kommer till Paris från världens alla hörn för att omsorgsfullt välja originalmodeller som måttbeställs och sys upp för hand. Jag talar alltså om en liten elit som kunde betala från 150 000 francs och uppåt för en vacker klänning, men som också behandlar den som ett konstverk.

Modehuset Dior samarbetade med en frisör vid namn Guillaume Guglielmi, en mästare i *la haute coiffure*, som också bar smeknamnet *l'ange de la coiffure* – frisyrkonstens ängel – efter en Botticelliinspirerad frisyr som han lanserat.

Guillaume Guglielmi föddes 1903 på Korsika, utbildade sig till industriformgivare, men intresserade sig också tidigt för skulptur, samtidigt som han drogs till frisöryrket. År 1928 vann han sin första utmärkelse som frisör och blev därefter erbjuden arbete hos parisersalongen René Rambaud, där han också började undervisa i frisyrkonsten. Några år in på 30-talet fångades han upp av Elizabeth Arden och reste till USA för att öppna salonger i hennes namn. När han åter-

Cay Bond med frisyr av Guillaume Guglielmi för L'Oréals marknadsföring, tidigt 60-tal.

vände till Paris 1936 installerade han sig på 5 avenue Matignon och skapade där en salong som kom att bli en mötesplats för hela Paris. Han umgicks med konstnärer, författare och skådespelare och fortsatte själv att skulptera, bland annat formade han sina nya frisyrer i lera innan han provade dem på sina klienter.

Guillaumes moderna hårformer blev epokgörande. År 1936 lanserade han till exempel *le page,* år 1947 *petite tête,* de huvudnära frisyrerna till Diors New Look, och 1949 *syncopée*, en skapelse där både långt och kort hår blandades. Hos honom fick jag också arbeta som hårmodell, vilket var ett tålamodskrävande uppdrag; det tog en oändlig tid innan fotografen äntligen fick ta sin bild. Samtidigt fick jag möjlighet att uppleva hans konstnärliga skapande och se hur de nya frisyrerna modellerades fram. Närmare än så här kunde jag ju inte komma Audrey Hepburn! Och Guillaume var en ytterst vänlig och omtänksam person, inte det minsta pretentiös, vilket annars var det vanligaste i den miljön.

År 1972 stängde Guillaume sin salong för att helt ägna sig åt skulpturkonsten. Hans bronsskulpturer hade då blivit berömda. Han dog 1989, och för att hedra hans minne upprättade den internationella frisörorganisationen Intercoiffure en fond för unga frisörtalanger, Fondation Guillaume, som bland andra Maurice Franck, min introduktör i modevärlden, har varit ordförande för.

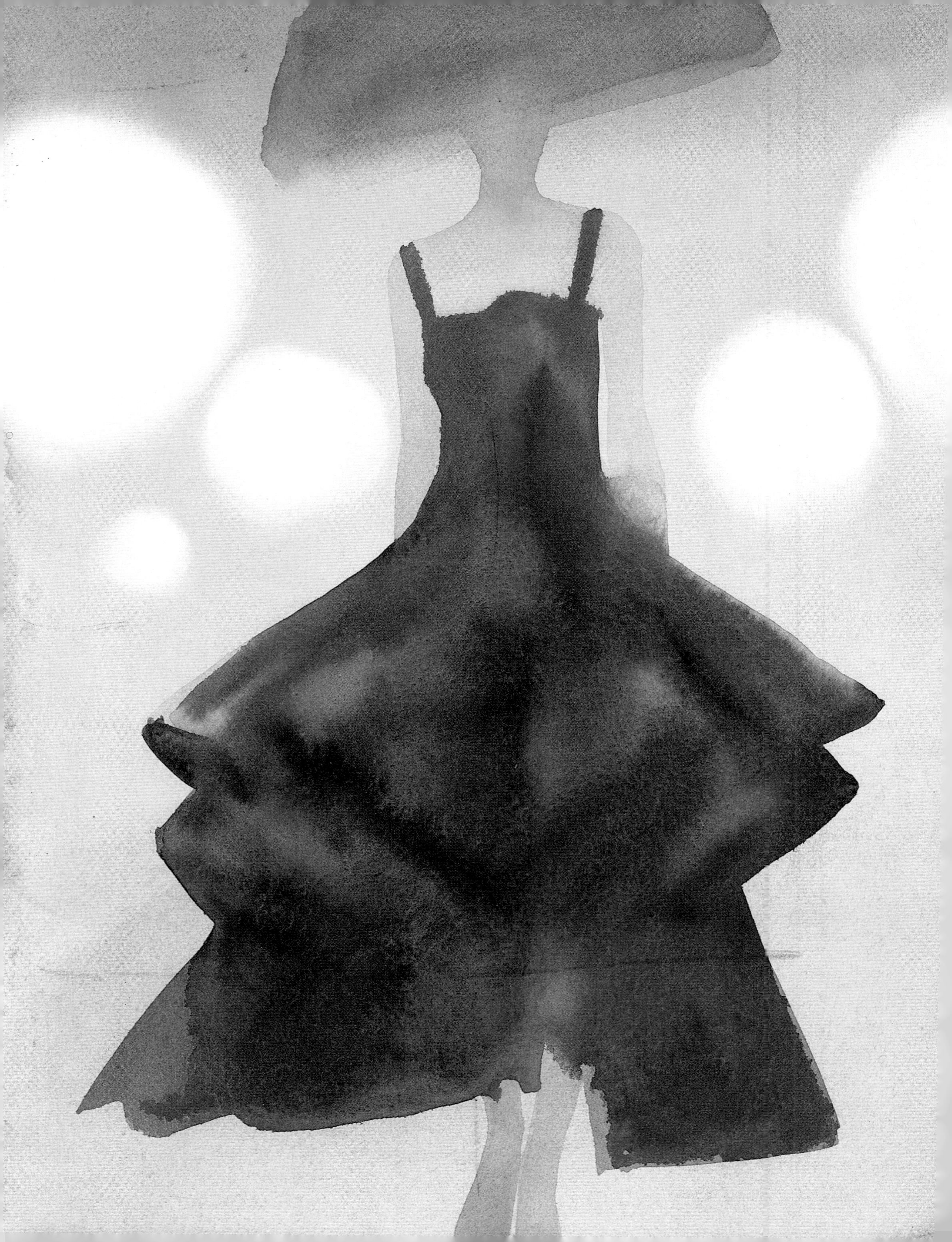

En skymt av framtiden

Trender och trendanalys

Svenskans och engelskans *trend*, på franska *tendance*, är ett begrepp som ofta förknippas med det som ligger i tiden, sådant som uppfattas som modernt vid en viss tidpunkt. Men i själva verket utgörs trender av längre förlopp, ständiga flöden som påverkar utvecklingen under en längre tid och som därmed också är av social, kulturell, politisk och ekonomisk betydelse. Till skillnad från modeflugor, som är mer nyckfulla, kortlivade och oförutsägbara, är trender möjliga att avläsa och tolka till begripliga sammanhang. Trender handlar om värderingar och attityder som påverkar det kommersiella uttryck som kallas mode. Genom att identifiera trender går det att få en uppfattning om det kommande, en skymt av framtiden.

Som trendanalytiker arbetar jag med modets utvecklingsriktningar, men det skulle förmodligen lika gärna kunna stå omvärldsanalytiker på mitt visitkort. Inom trendanalysen studerar och tolkar man de ständigt pågående strömningarna i omvärlden. Det handlar alltså om ekonomi, politik, kultur och historia, men också om livsstil, konsumentbeteende och konsumtionsmönster och om olika utvecklingsriktningar inom material, design, färg, form och teknik.

Modeindustrin var tidigt ute med att anlita experter med inriktning på dessa frågor. Eftersom textilindustrins produktionsrytm är inriktad på säsonger, och förändringarna sker i cykler, är man framför allt inom den fabrikstillverkade

---

Klänning från Yohji Yamamoto. Illustration av en av världens främsta modeillustratörer, svensken Mats Gustafson. Ur italienska Vogue,1999.

konfektionen i hög grad beroende av förutsägelser. Man måste ha mycket god framförhållning inom såväl skapandeprocessen som produktionen.

I dag är det inte bara modebranschen som har insett betydelsen av att följa det som händer i omvärlden. Många andra industrier har blivit alltmer trendkänsliga och är i minst lika stort behov av trendanalyser för att kunna anpassa sina produkter till samtiden och förstå vad kunden förväntar sig.

Bildjakt i Paris

År 1975 blev jag »huvudjagad« till den franska trendbyrån Promostyl. Jag arbetade då som bildredaktör på Bonniers Tidskriftsförlag, tidigare Åhlén & Åkerlund, där jag hade börjat 1965 efter mina studier. Mitt specialområde var mode och design. Jag bevakade internationellt bildmaterial för förlagets tidningar, bilder som moderedaktörerna sedan skulle använda i sina rapporter.

I mitt uppdrag hos Bonniers ingick bland annat att jag skulle följa modevisningarna i Paris, där modesyndikatet Chambre Syndicale de la Couture et du Prêt-à-Porter anordnade poolfotograferingar av couturemodet. Under de perioder då visningarna pågick arbetade kända fotografer dag och natt i ateljéerna, och hela världens modetidningar väntade med spänning på bilder av modeskaparnas senaste kollektioner. Min uppgift var att välja ut sådana bilder som kunde tänkas intressera den svenska publiken.

På 70-talet var det fortfarande haute couturen som influerade det serietillverkade modet, det man kallade boutiquekläder. De franska modeskaparna arbetade visserligen både med konfektionskollektioner, prêt-à-porter, och med haute couture, den högre skrädderikonsten, men det var inom den senare som resurserna fanns: de vackraste tygerna och broderierna och de skickligaste hantverkarna. Inom haute couturen kunde designern pröva nya vägar, ge sig ut på äventyr med allt det bästa inom de olika hantverken till sitt förfogande. Allt som krävdes var en enda nöjd kund per plagg. Modeskaparna kunde därmed skapa unika kreationer utan att behöva tänka på sådana detaljer som att deras idéer måste vara kommersiellt gångbara.

Även om konfektionsindustrin hade börjat ta fart i Europa var couturen alltså fortfarande modets spjutspets. Att hämta idéer från det skräddade modet och

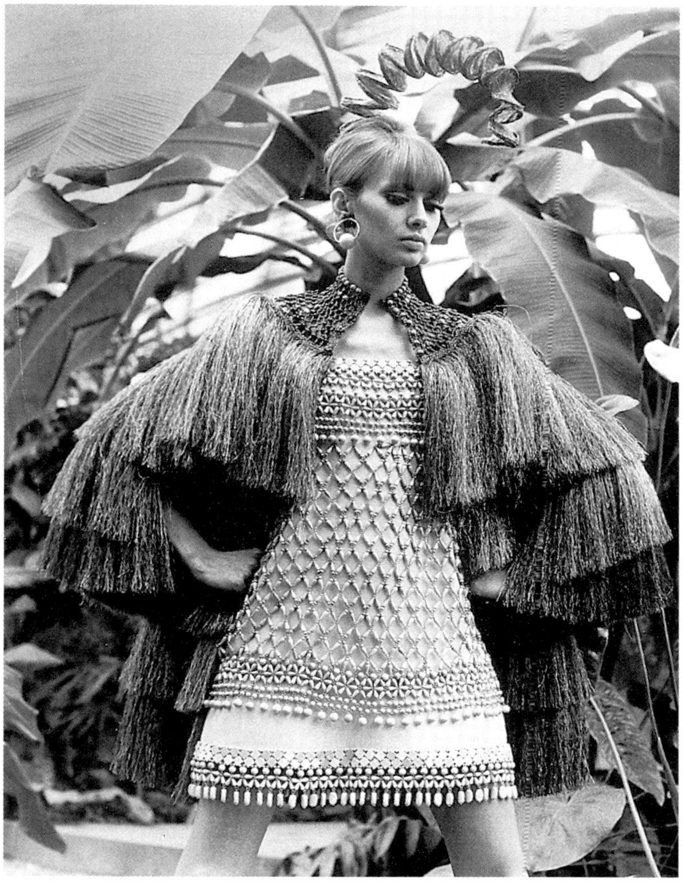

Yves Saint Laurent lämnade sitt modehus i januari 2002. Han är och förblir en av couturens allra största konstnärer. Denna skapelse är från Bambarakollektionen 1967.

omsätta dem i serietillverkningen var också till stor del vad konfektionsindustrin livnärde sig på då. I dag är det däremot prêt-à-porter-visningarna som bevakas flitigast av världspressen, eftersom dessa konfektionskollektioner numera når ut till butiker över hela världen.

Men forfarande då, på 60- och 70-talen, flög jag varje säsong hem från Paris med hett nyhetsmaterial om det senaste inom couturemodet. En viktig regel gällde för samtliga tidningar runt om i världen: media fick absolut inte publicera en enda bild före ett givet datum. Modeskaparnas nyheter skulle skyddas mot kopiering, vilket respekterades av tidningarna. Under många år handlade design trots allt om industrihemligheter.

Detta hemlighetsmakeri ter sig kanske märkligt så här i efterhand, när alla som har tillgång till Internet omedelbart kan ta del av det mesta som händer i världen. Men då kastade sig alla tidningar som rapporterade om mode över mig när jag kom hem för att begära ensamrätt till bildmaterialet; ingen tidning ville publicera samma bilder som någon annan, och alla slogs om den »bästa« bilden. Det kunde vara ett plagg som branschen hade hört talas om men ännu inte sett, en ny fantastisk mannekäng eller helt enkelt något som man antog skulle bli »det nya modet«.

Promostyl – först i sitt slag

Under en av mina resor till Paris blev jag alltså tillfrågad om jag var intresserad av att bli Promostyls agent i Norden. Företagets man i New York hade fått i uppdrag att söka en lämplig kontaktperson för att täcka in norra delen av Europa, och plötsligt befann jag mig i den egendomliga situationen att jag blev kallad till anställningsintervju hos ett företag som jag inte hade en aning om vad de sysslade med. Ordet trendbyrå fanns inte i vår mediavokabulär då, och knappast ordet trend heller.

Den insyn jag fått i modebranschen hade dock väckt mitt intresse för att studera mode ur ett större perspektiv och att beskriva det som pågår runt omkring oss, vilket visade sig vara just det en trendbyrå ägnar sig åt. Jag skulle också upptäcka att arbetet med trendanalyser var ett självklart led i utvecklingsarbetet hos designföretag och inom detaljhandeln, även om trendbyråerna på den tiden arbetade mer i kulisserna och inte var så mediala som de blivit i dag. Numera finns det knappast några hemligheter längre, en del av magin är borta och konsumenten kan själv hänga med i nästan alla led, om hon så vill. Å andra sidan gör de snabba förändringarna och det stora informationsflödet att det i dag tycks finnas utrymme för fler trendbyråer än någonsin.

Promostyl hade funnits i drygt tio år när jag för första gången klev in på huvudkontoret i närheten av de stora varuhusen Printemps och Galeries Lafayette, mitt i Paris butiktätaste område. Det var en av de första trendbyråerna i Europa och den grundades 1966 av Françoise Vincent-Ricard, som närmast kom från Relations Textiles, en instans som sedan 50-talet fungerat rådgivande vad gäller designfrågor inom den franska textil- och konfektionsindustrin. Därifrån hade hon också tagit med sig ett team specialister inom olika områden. I Françoise Vincent-Ricards regi blev Promostyl den första trendbyrån i sitt slag. I sitt arbete med att förutse och formulera kommande trender införde man där studier av samhälle, historia och kultur och ett estetiskt tänkande kring industriella produkter.

Kontoret låg i ett 1700-talshus och såg precis ut som man kanske föreställer sig att ett kontor i Paris ska se ut: trångt och kyffigt och med långa korridorer och knarrande parkett. Jag minns att jag togs emot av en person som förde mig till ett rum allra längst bort i korridoren. Innanför alla dörrar vi passerade pågick spännande aktiviteter. Det var som att kika bakom luckorna på en adventskalender och bli överraskad vid varje titt. I ett rum skissade man, i ett annat sorterade man tyger, i ett tredje tycktes strategier läggas upp, ja, det kändes som tomtarnas verkstad – hemlighetsfullt, energiskt och spännande. Och uppenbarligen föll intervjun väl ut, för plötsligt hade jag ett kontrakt som Promostyls nordiska agent i min hand!

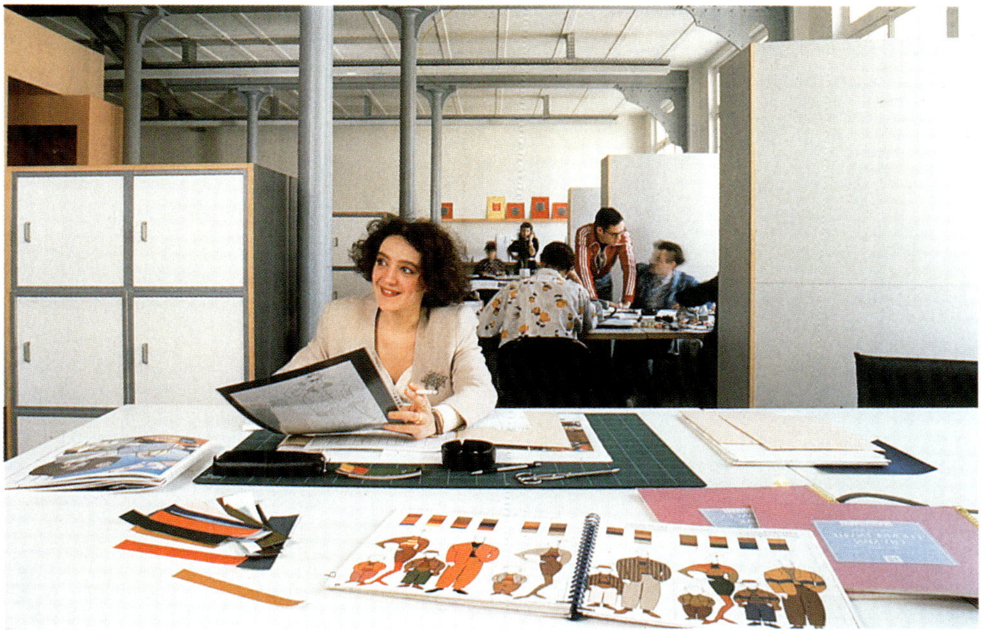

Hjärtat av Promostyl – en bild från trendboksverkstaden. En av de många kreatörer som sammanställer analyser, bilder, texter och teckningar till information för mottagaren att utveckla.

De första åren på byrån var ren utbildning och jag kände mig länge som lärling. Mitt tidigare intresse räckte inte så långt, visade det sig, och det jag nu behövde kunna om mode och dess historia låg på en helt annan nivå. Det mesta framstod som en helt ny vetenskap för mig. Jag kom att arbeta i ett kollektiv av kreativa och specialiserade kvinnor som delade med sig av sina kunskaper och lärde mig massor av det jag i dag kan. Promostyl var ett företag som var känt för att just bara bestå av kvinnor. Françoise Vincent-Ricard har berättat att hon i taxin på väg till kontoret en morgon möttes av chaufförens kommentar: »Javisst, det är ju det där företaget där det bara är en massa fruntimmer som bestämmer.«

Nordens modeval

Promostyls kontor pulserade av idéer och skaparlust. De trendanalyser och tolkningar man gjorde sammanställdes till en periodisk rådgivning i form av böcker, men de utmynnade också i föredrag, visuella presentationer och kollektionsuppdrag. Mitt eget arbete som agent gick i början ut på att göra trendböckerna tillgängliga för den nordiska marknaden. Byrån hade då en enda kund i Sverige, och det var Kooperativa Förbundet, KF. Deras koordinator Millie McNaughton var en mycket kunnig modemänniska som redan tidigare hade luskat upp Promostyl i Paris och som satte stort värde på trendbyråns information. Vi fick genast bra kontakt och hon fungerade som mentor för mig i början och orienterade mig i den snåriga nordiska modebranschen.

De flesta företag jag mötte i Norden utgick från sin försäljningsstatistik och satsade mest på gamla framgångar. De hade aldrig tidigare arbetat med trendbyråer och därmed inte heller tagit del av deras omfattande sammanställningar av marknadsanalyser och forskning kring olika trenders inriktningar och förlopp. Jag fick ofta börja från grunden och beskriva hur man kunde gå till väga för att anpassa trendinformationen till sin egen produkt och företagsprofil, att alltså använda böckerna som inspiration. Många gånger möttes jag dock av den felaktiga föreställningen att innehållet i trendböckerna – som är fyllda av teckningar, fotografier, tyg- och materialprover, färgscheman, formbeskrivningar, collage och synteser – kunde kopieras och användas hur som helst, trots att informationen var skyddad och inte fick mångfaldigas.

I mitt arbete ingick också att informera huvudkontoret i Paris om utvecklingen på den nordiska marknaden. Ganska snart stod det klart för mig hur annorlunda vi är i våra modeval jämfört med övriga Europa. De annars så rättrådiga svenskarna hade vid denna tid fallit offer för själva konsumtionen och mottog med glädje allt som var artificiellt, amerikanskt och billigt, samtidigt som man moraliserade kring sådana produkter som kläder. »En ann är så god som en ann«, som det heter, och man fick inte göra sig märkvärdig genom att »spöka ut sig«.

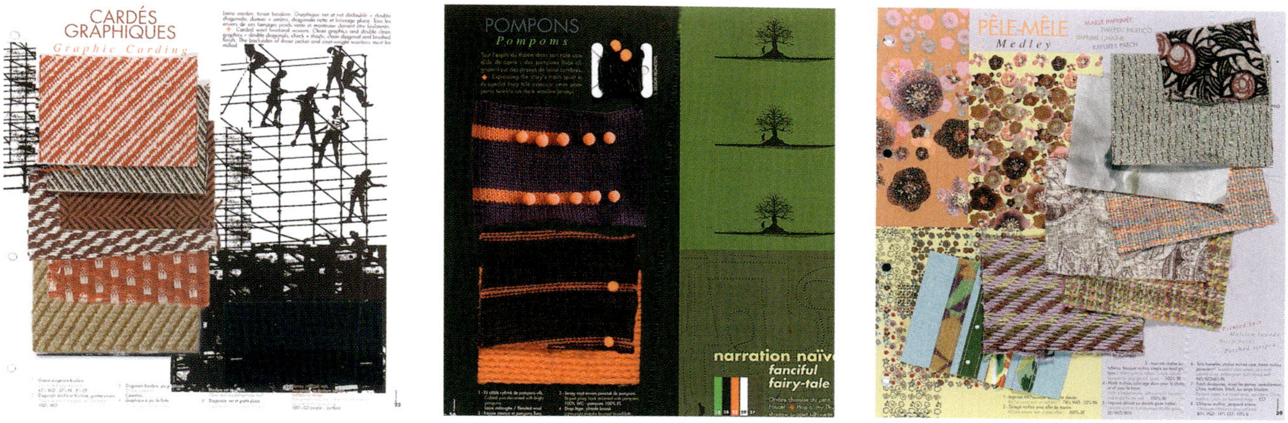

I Sverige rapporterade medierna styvmoderligt om mode på 70-talet. Ofta framställdes det som något ytligt och skamligt flärdfullt, som när Dagens Nyheter till exempel framställde mode som något kvinnor skulle behöva känna skuld för. Att vilja smycka sig i vackert arbetade kläder var näst intill skamlöst, som jag uppfattade det. I och för sig kan jag tänka mig att detta skedde i syfte att bevara den nordiska hantverkstraditionen, men eftersom allt som kom från Paris vanligtvis presenterades som alltför exklusivt eller extremt för »en vanlig hederlig svensk«, bidrog detta dessvärre till att mycket av den yrkeskunskap

Collage ur Promostyls trendbok *Fabrics* för vintern 2003. Det är oerhört värdefullt för en designer att på ett tidigt stadium få taktila prov på nya kvaliteter, vävtekniker och ytor, långt innan former ännu är påtänkt.

som då fanns kring mode och design utifrån ett vidare, kulturellt perspektiv försvann.

Om nu dags- och kvällstidningarna knappt ens kunde stava till ordet mode var det i alla fall lite bättre ställt inom veckopressen. Storsäljande tidningar som Damernas Värld, Vecko-Revyn, Året Runt, Husmodern och Femina rapporterade om det internationella modet, om än med dåligt tryck och på sladdrigt papper. Dessa tidningar tycktes ändå fungera som kataloger för den svenska klädhandeln. Man får inte glömma att den påkostade varumärkesreklam som vi i dag ser i pressen över huvud taget inte existerade då i Sverige; varken tidningarna eller reklambyråerna hade ännu upptäckt denna guldgruva.

Ekonominyheterna nämnde så gott som aldrig modeindustrin, trots att denna sektor sysselsatte fler människor i världen än vad bilindustrin gjorde. (Kan det ha berott på att denna industri i första hand sysselsätter kvinnor?) Inte heller tog man i medierna någon som helst notis om att modet fungerar som influens för snart sagt all annan produktindustri.Således sjönk modets status i takt med att det amerikanska slit-och-släng-beteendet slog igenom och masskonsumtionen kom igång på allvar. I stället för att bejaka tekniskt och konstnärligt kunnande lät sig det svenska folket förledas av det amerikanska masskonsumtionsmönstret i tron att det gällde något »jämlikt«, att det låga priset allena skulle ge alla konsumenter lika möjlighet att handla.

I Danmark var det lite annorlunda; det danska kynnet tycks vara något lekfullare än det svenska, och danskarna har alltid varit mer originella än vi i sitt sätt att klä sig. Dessutom har man alltid månat om sin egen textilindustri, bland annat var modemässan i Bella Center i Köpenhamn länge Skandinaviens enda stora modehappening. Finland hade också en viktig textilindustri, som dessutom gjorde sig internationellt känd med namn som Luhta, Marimekko, Dixi-coat och Piretta. Norge har däremot aldrig haft någon textilbransch att tala om.

Style pratique – den praktiska stilen

Med erfarenheter från den svenska verkligheten mötte jag den internationella modevärlden i Paris, där Promostyls agenter varje säsong samlades till brainstormingmöten. Det var hetsiga sammankomster, med livliga diskussioner utan struktur men med massor av kreativitet. Alla rökte och talade i munnen på varandra – är det inte precis just så vi brukar se på fransmännen? – och intellektuella och pragmatiska frågor avlöste varandra. Alla diskussioner fördes på franska; fransmännen var inte särskilt bevandrade i engelska på den tiden.

Dessa i mitt tycke oorganiserade, i det närmaste kaotiska, möten resulterade dock i förvånansvärt många projekt. Promostyl växte med sina kunder och blev den ledande internationella trendbyrån, som också kom att bilda skola för flera efterföljare. När Françoise Vincent-Ricard överlämnade ledarrollen till sin högra hand, Danièlle de Diesbach och hennes man Sebastien som kom från marknadsföringsvärlden, omorganiserades dock företaget, och samtliga anställda på det franska huvudkontoret fick under 1980-talet lära sig engelska. Strategi och struktur, feedback, planering och gemensamma beslut var det som prioriterades. Och det vi tidigare åstadkom på en vecka gör vi numera på två dagar!

Även om det finns en viss skillnad mellan danskarnas, svenskarnas, finländarnas och norrmännens sätt att klä sig har vi ett gemensamt: våra klädval är beroende av väder och vind. Som representant för en relativt liten marknad hade jag i början inte helt lätt att få gehör för mina idéer om vad vi borde satsa på i Norden. Men snart kom jag fram till att den nordiska livsstilen, som innehåller så mycket mer sport och fritid och praktiskt vädertänkande – *le style pratique* – naturligtvis också kunde inspirera övriga Europa. Det var information som Promostyl dittills hade saknat och som man kunde föra vidare till marknader som efterlyste kunskap om ett mer sportigt och friluftsbetonat mode.

Eftersom realiteten hos oss i Sverige till så stor del handlade om låga priser och masskonsumtion, behövde vi här i första hand utveckla våra baskläder. Modet tillhörde endast en ganska liten skara som lät sy upp sina kläder eller som var hänvisade till de få »boutiquer« som trots allt fanns. Men i övrigt följde vi i Norden i regel inte moden på samma sätt som man gjorde i andra europeiska länder, och de flesta klädde sig ungefär likadant. Jeans hade en stor avsättning på vår marknad, och någon gång under 1980-talet läste jag i en rapport i textiltidningen Habit att svensken i genomsnitt handlade tre par jeans om året. Det var helt enkelt vår »uniform« under en lång tid. Jeansmodet överexploaterades och försvann på 90-talet, för att nu på 2000-talet omprövas igen.

Sportswear och Las Vegas

På många sätt är det märkligt att svenskarna så tidigt helt anammade de moden som kom från USA. Mycket av det som vi i Sverige så lättvindigt bejakade ansågs i övriga Europa som ytligt, »flashigt« och oerhört lättsinnigt, på gränsen till oseriöst.

Förutom jeansen, som väl kan ses som en mer genuin företeelse, introducerade amerikanerna också det så kallade *sportswear*-modet: slappa fritidskläder som inte nödvändigtvis var avsedda för frilufts- eller sportaktiviteter, utan som snarare kom att användas ständigt och jämt, i tid och otid. Man skulle kanske kunna hävda att detta att man kunde se ut och bete sig som man behagade var ett sätt att uttrycka att det i guldgrävarlandet *over there* var fritt fram för vem som helst att lyckas – i bemärkelsen tjäna pengar. *Money makes the world go around* – även om man också brukar säga att smak inte kan köpas för pengar.

Jag kan inte låta bli att fundera över de mekanismer som legat till grund för den absoluta smaklösheten som också förekommer på våra europeiska marknader. Om man länge betraktade USA:s ultrakapitalistiska system med viss skep-

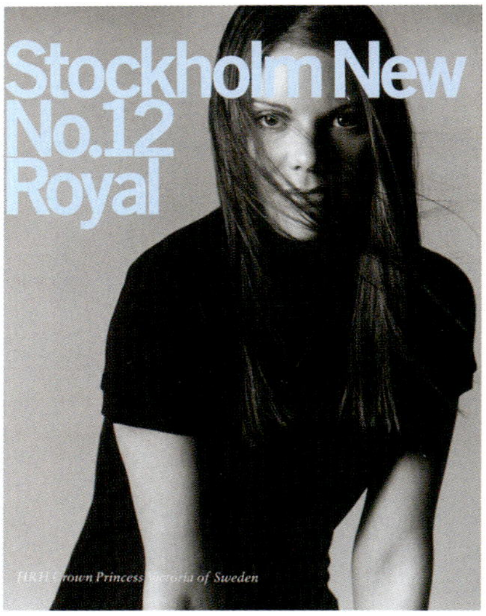

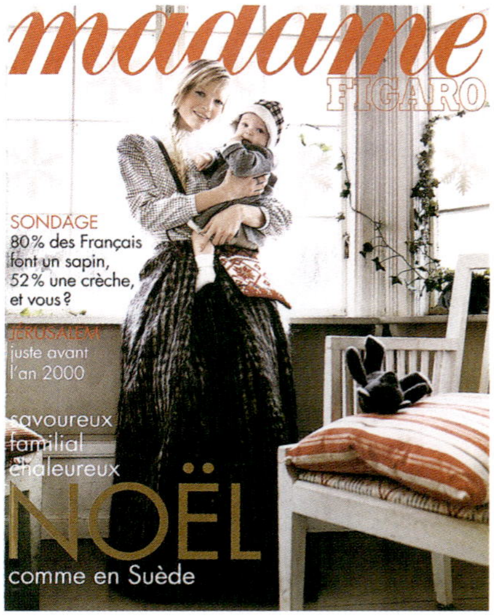

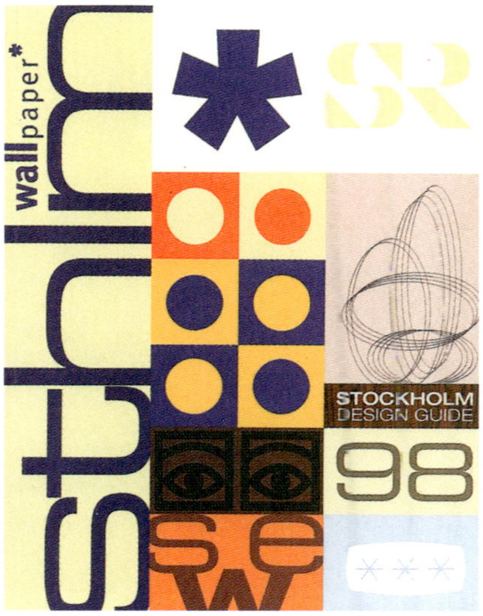

Sverige i världen. T.v.: Stockholm New nr 12. Kronprinsessan Victoria porträtterad av Mikael Jansson. Mitten: Madame Figaro julen 1999. T.h.: Stockholm Design Guide, bilaga till Wallpaper 1998, med omslag av Lotta Kühlhorn.

sis på många håll i Europa, så har den amerikanska livsstilen numera fått stort genomslag hos Generation X, de nya direktörerna som satte fart på kulorna runt om i världen. En hel del av det man ser i dag tycks komma direkt från Las Vegas; neonskyltad underhållning, banaliserad stjärnkult och vulgaritet.

David Brooks, författaren till *Bobos in Paradise*, beskriver denna dekadens som något eftertraktansvärt för en ny generation, vars föräldrar var aktiva och radikala under 1960-talet, intellektuella som rev ner gamla borgerliga mönster. Brooks menar att dessa unga »borgerliga bohemer«, eller *bourgeoisie bohemians* som förkortningen *bobos* egentligen står för, återgår till konservativa och inskränkta levnadsvanor och kombinerar dessa med dagens snabba verklighet på ett konsumistiskt vis. Allt handlar om varumärken och materiell tillhörighet.

Nordiska influenser

Även om den amerikanska livsstilen och dess kommersiella uttryck fått stor spridning, låter vi oss i västvärlden också influeras av andra kulturer och traditioner. Globala trender uppstår och tar sig över de nationella gränserna, samtidigt som bevarandet av den lokala kulturella identiteten tycks bli allt viktigare på många håll.

Trendbyråerna har genom åren anpassat sig till denna globala verklighet. På Promostyl insåg vi tidigt vilken betydelse de sociokulturella influenserna har och att de språk som modevärlden utvecklat måste tolkas utifrån sammanhanget politik, kultur, ekonomi, design och konst. Detta formuleras också i den nya trendboken *Influences*, som har blivit en av företagets stora framgångar.

Norden har blivit ett starkt fäste för formgivning. Ända sedan 10- och 20-talens hyllade formspråk »Swedish grace« och Stockholmsutställningen 1930 har omvärlden bevakat nordisk design. Dansk och finsk arkitektur och möbelformgivning har nått världsrykte, och i dag finns det i många länder ett stort intresse såväl för vår industridesign som för våra livsstilar och levnadsvanor.

Den svenska exportindustrifinansierade tidningen Stockholm New har med draghjälp från Svenska Institutet blivit ett språkrör för svensk form ute i världen, och intresset för det nordiska avspeglar sig också i många internationella tidskrifter.

När franska Madame Figaro inför julen 1999 planerade ett specialnummer om inredning, mat och mode i Stockholm, blev jag ombedd att se ut en lämplig miljö där en fotografering av vår svenska julmat kunde arrangeras. Jag kontaktade då Monika Ahlberg, ansvarig för Rosendals trädgårdskafé, kök och galleri på Djurgården och bosatt i ett vackert kulturmärkt trähus inte långt därifrån, och bad henne om hjälp. Tillsammans åstadkom vi en bild av den traditionella svenska julen. På vårt klassiska julbord fanns också inslag av modernt svenskt glas och porslin.

Även engelska Wallpaper har publicerat förvånansvärt mycket om »designstaden« Stockholm sedan starten för några år sedan. Tidningens chefredaktör Tyler Brulé fick upp ögonen för vår huvudstad efter att ha tillbringat mycket privat tid här, och när jag träffade honom i Stockholm i samband med en utställning om tidningen, berättade han att han var bergtagen av den svenska naturen och skärgården, »där allt är så rent«, som han uttryckte det. Under sina vistelser i Sverige har han mött många svenska formgivare, blivit väl insatt i våra traditioner och vår design och inspirerats av nordiskt 50- och 60-tal. Detta har sedan kommit att prägla en rad nummer av tidningen och har även lett till att andra publikationer uppmärksammat »att Wallpaper har uppmärksammat«.

Den svenska naturen har också indirekt bidragit till att en ung fransk tidning med en annorlunda approach till kläder och livsstil, Jalouse, startats. Impulsen var ett modereportage som Caroline Christiansson gjort för tidskriften l'Officiel. Genom att man på förlaget utsåg Caroline till modechef för sin nya satsning, Jalouse, kan man säga att de valde att starta med svenska ögon.

Svensk möbeltradition

Ett annat nordiskt tema som fått stort genomslag ute i världen, och för vilket intresset aldrig verkar upphöra, är den gustavianska stilen. Under tidigt 1980-tal valde Promostyl att uppmärksamma denna möbel- och inredningsstil i en av sina trendböcker. Min uppgift var att göra research kring »nordisk folklig tradition« och att placera materialet i ett internationellt sammanhang.

Den svenska naturen har varit en inspirationskälla och använts som miljö till modebilder i internationella modemagasin. Från ett reportage i Jalouse, stylat av Caroline Christiansson. Foto: Henrik Halvarsson.

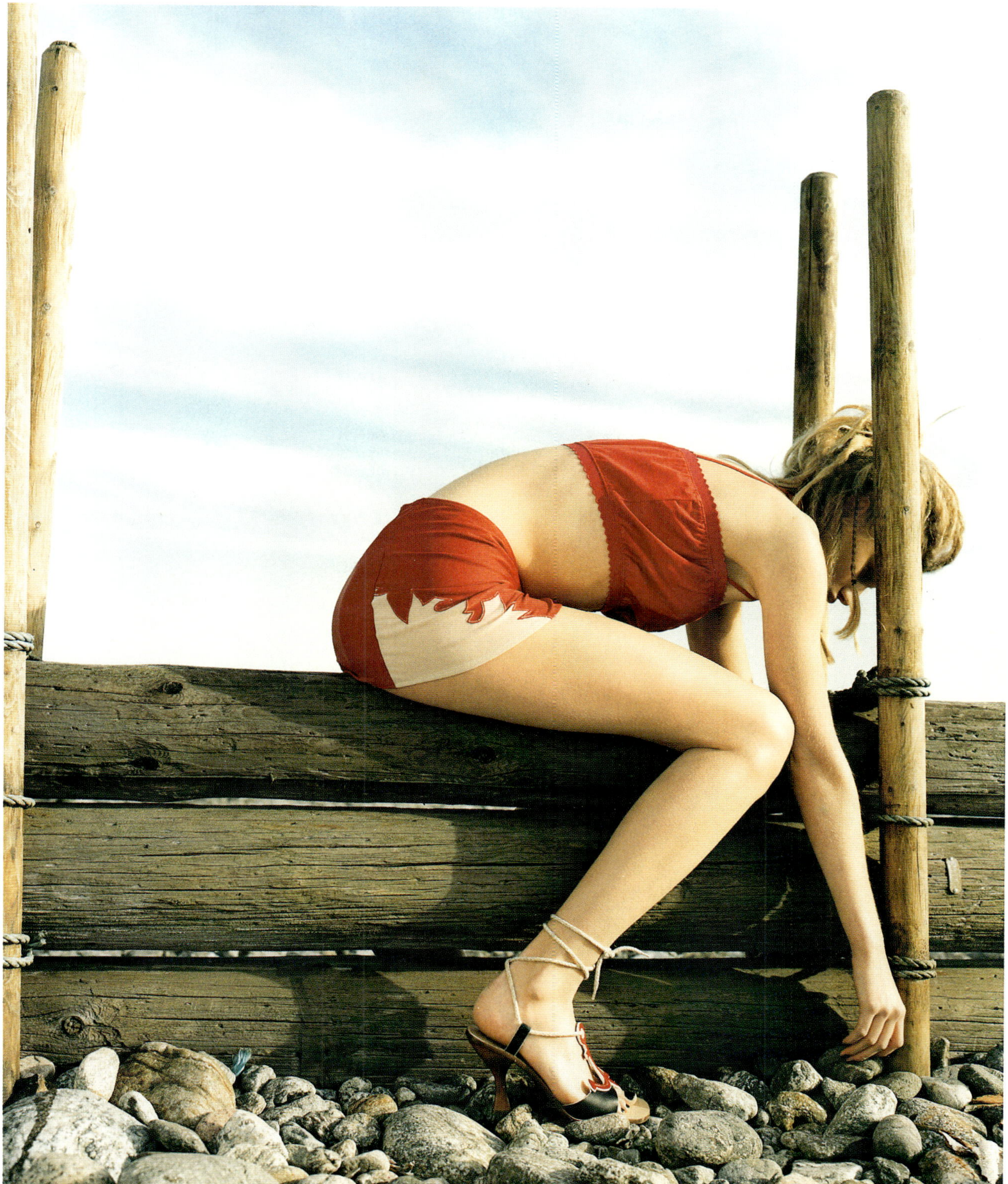

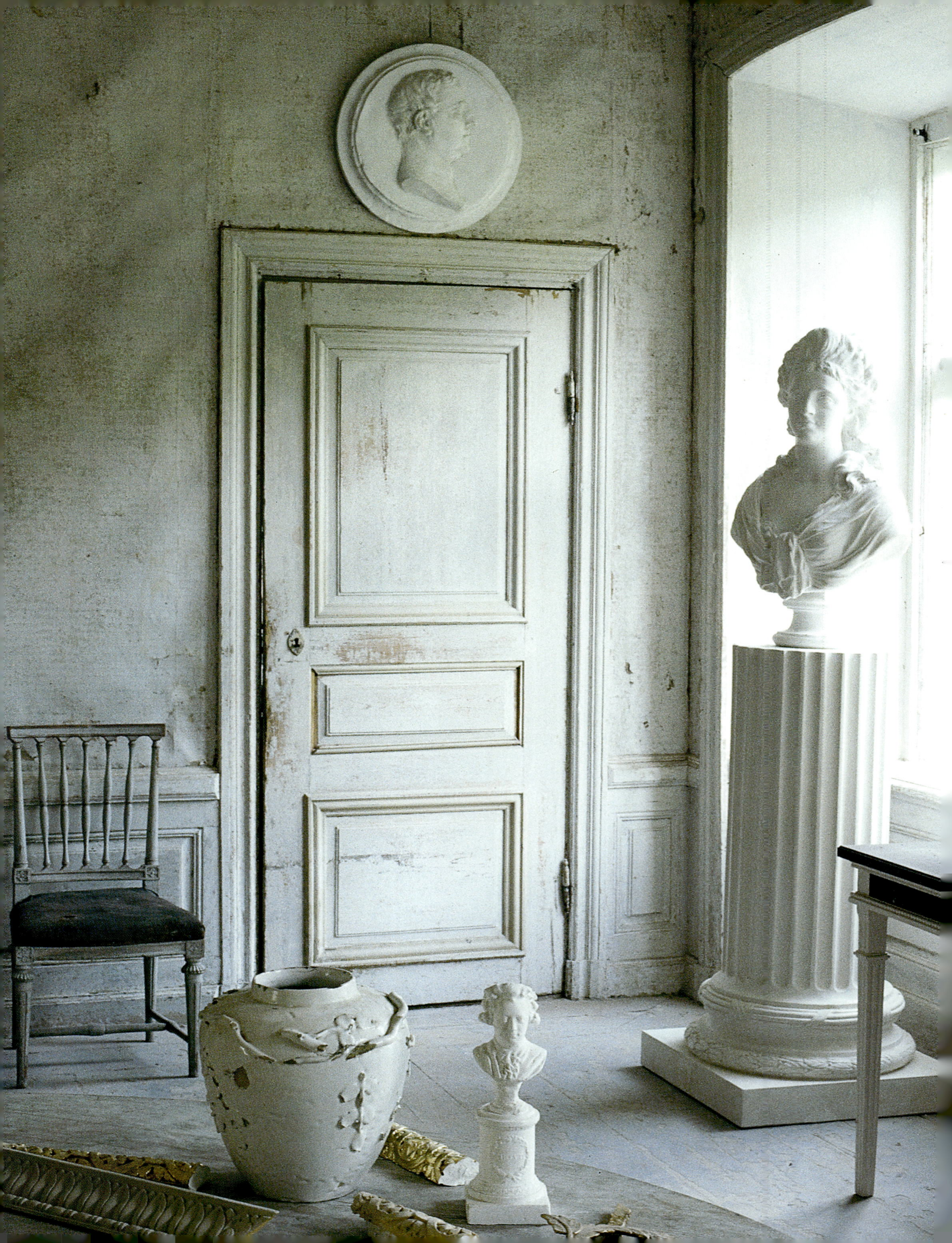

Jag samlade in bilder, skisser och dokument från miljöerna kring Gustav III – Drottningholmsteatern, koppartälten i Haga, Den Gyldene Freden och Gamla stan. Det var inte det annars så ornamenterade 1700-talet som förmedlade det typiskt nordiska, utan det speciella ljuset, det enkla och avskalade i möbler och textilier, färgsättningen, den gråa skalan med alla sina ljusa toner, känslan för trä, tenn och sten och lättheten hos mönster, textiltryck, broderier och ursprungliga material som filt och linne.

Klässbols Linneväveri i Värmland blev en källa att tacksamt ösa ur. Där arbetar man enligt gammal vävtradition med utsökta resultat. De flesta känner säkert igen den vackra Nobelduken med tillhörande servetter som togs fram till Nobelstiftelsens 90-årsjubileum 1991. I presentationen tog jag även med några bilder från Karin och Carl Larssons hem i Sundborn, som är så typiskt svenskt och som tydligt visar det folkloristiska inslaget i färger och utsmyckningar. Carl Larsson fångade upp det tidiga 1700-talet och anpassade det till sin egen inredningsstil, men inte nog med det, hans målningar och teckningar fungerar också som tidsdokument över drömmen om den svenska naturromantiska familjeidyllen. Mycket av det man ser i Karin och Carl Larssons hem plockades också upp när möbelstilen återskapades på 1980-talet.

Den svenska gustavianska stilen väckte stor beundran, inte minst i Frankrike där kända möbeltygtillverkare som Nobilis, Pierre Frey och Manuel Canovas kom att använda sig av möblerna som inspirationsobjekt i sina utställningsmontrar under tygbiennalerna. Den franska inredningspressen var heller inte sen att publicera inspirationsreportage från genuina miljöer i Sverige. Allt som oftast anlitades fotografen Ingalill Snitt, som länge bodde i Paris. Hon har formligen fungerat som ambassadör för svensk möbeltradition i utlandet och medverkat i tidningar som Marie Claire Maison, Coté Sud och World of Interiors. Hennes stämningsfulla Gotlandsinteriörer och bilder av det nordiska *l'art de vivre* med miljöer, tyger och möbler har blivit mycket uppmärksammade och även publicerats i böcker som *Från prästgårdar till strandbodar* och *Det svenska rummet*. I sina bilder förmedlar hon det speciella nordiska ljuset och återger rummens själ med stor känsla för detaljer och material.

Fotografen Ingalill Snitt förmedlar svensk tradition genom alla sina vackra bilder som publicerats i internationell press. Denna bild är fotograferad på 1700-talsherrgården Ekensberg utanför Södertälje.

Eftersom det ligger många komponenter bakom intresset för det nordiska runt om i världen, fick en kommunikationsgrupp för svensk design redan för tio år sedan i uppdrag att arbeta fram ett internationellt presentationsprogram. Programmet, som jag var med om att arbeta fram, avslogs dock av de småländska möbelfabrikanterna som då ännu inte ansåg sig redo att satsa på större produktion för att möta omvärldens intresse. Men nu har äntligen också den svenska in-

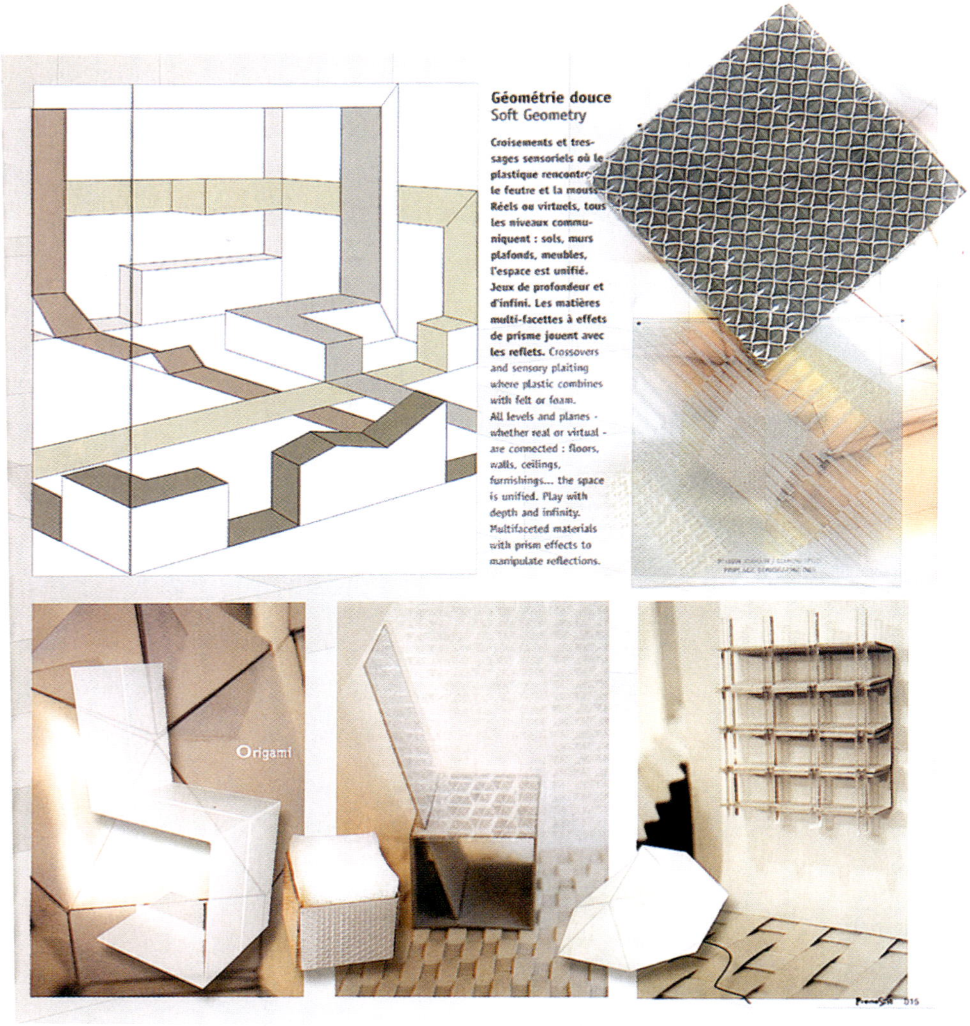

Influences, Style & Design är en trendbok som informerar om nya uttryck för att utveckla industridesign. Denna sida illustrerar ett nytt och mer subtilt sätt att bearbeta geometriska former.

dustrin blivit medveten om den ekonomiska betydelsen av att föra ut svensk form och design i världen, något som många med mig länge har kämpat för.

Vägledning bland modeyttringar

Överallt och i alla sammanhang omger sig människor med form av något slag. I den rika delen av världen, där valmöjligheterna finns, har kraven på kvalitet och god design ökat bland konsumenterna. De globala trenderna är ett faktum, men runt om i världen skriver olika grupper och kulturer i samhället sin alldeles egna modehistoria. Som vi vet tar sig modet alltfler olika uttryck och identitet söks i allt högre grad i varumärken som markerar tillhörighet och status.

Det är tydligt att behovet av samtidsanalys i dag är mycket stort hos alla industrier och företag. Det har blivit allt viktigare för de flesta branscher att förstå modets olika språk för att kunna sätta individen, den så högt värderade konsumenten som all handel vill behaga, i fokus. Inte minst för reklambyråer och designföretag som tillhandahåller identitet och som måste förstå vad som händer i omvärlden redan innan det händer, och för finansiella analytiker som har till uppgift att råda sina kunder vid investeringar.

Trendanalys och trendinformation handlar inte om diktat utan om vägledning för utveckling och nya satsningar. Utförlig trendanalys gör det lättare för formgivare, tekniker, stylister och många andra att förstå de influenser som för tillfället härskar, att verkligen se hur världen ser ut här och nu, och besluta hur man ska placera sin egen design i framtiden. Trendanalytikerns roll har med tiden blivit mindre pragmatisk och mer intellektuell. Behovet av vår kunskapsbank och de insikter vi besitter inom området är stort, men för att riktigt förstå människan, historien och framtiden får vi nog till slut ta filosoferna till hjälp. Och kanske är det då åter dags att satsa på magi, eftersom människan ändå är och förblir ett mysterium.

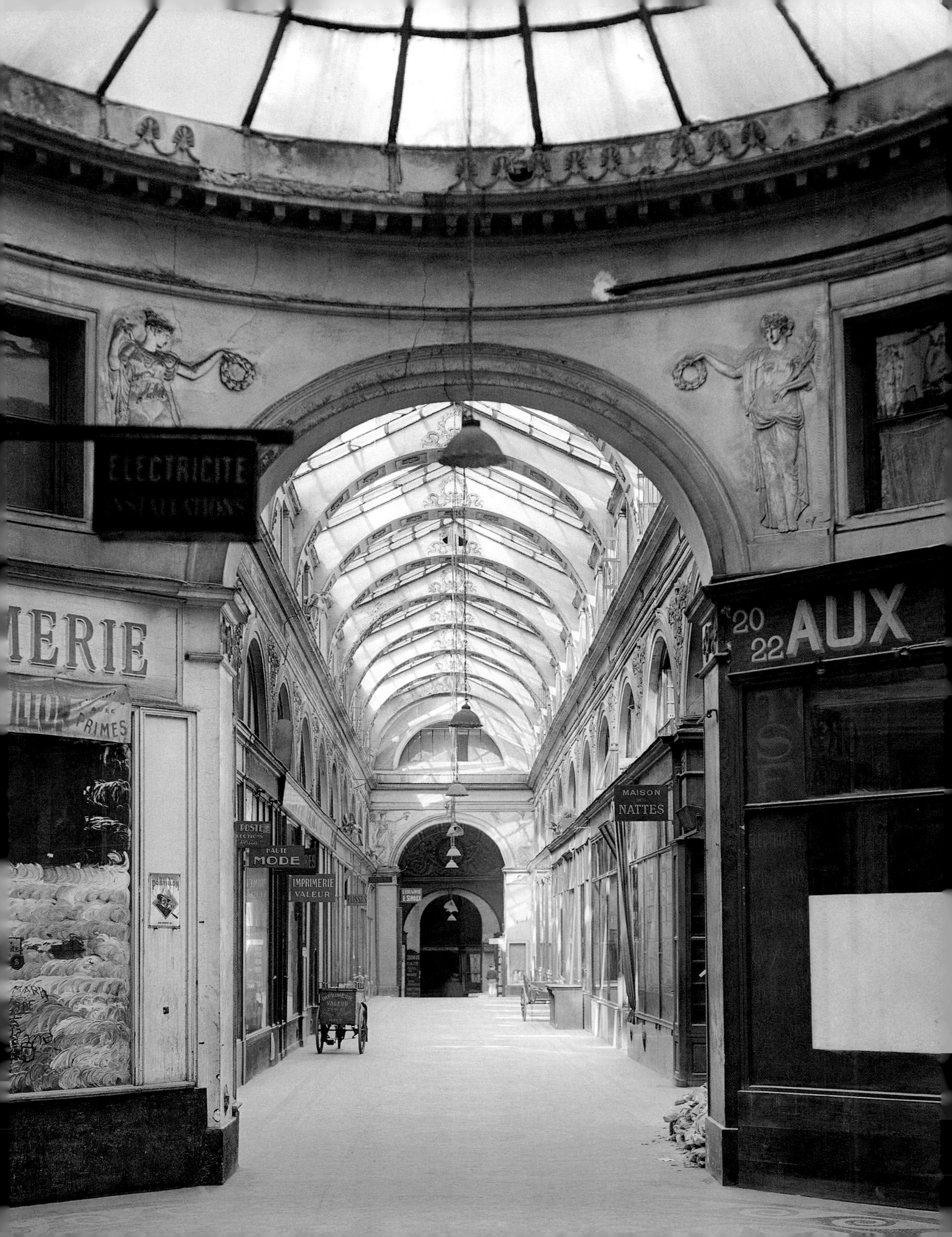
ELECTRICITE
MERIE
PRIMES
20
22
AUX
MAISON
NATTES
POSTE
HAUTE
MODE
IMPRIMERIE
VALEUR

Under en himmel av glas

Paris – modekulturens vagga

Modets huvudstad är och förblir Paris. Jag tror inte att någon på allvar kan hävda något annat. Det var i Paris modet föddes och det är där det fortfarande utvecklas och sprider ringar på vattnet.

Det franska hovet under Ludvig XIV förmedlade ständigt nya konstnärliga och kulturella uttryck till omvärlden. Klädmodet var en etikettfråga som de övriga hoven i Europa noga följde. Tygerna styrdes av säsongerna: sammet, siden och ylle på vintern och lätta tafter och bomull på våren. Under Ludvig XV:s och Ludvig XVI:s tid kom förfiningen på Versailles att nå sin höjdpunkt. Hovdamer som madame de Pompadour och madame Du Barry dikterade modet, och de sömmerskor som förverkligade deras önskemål blev så småningom kända för sin hantverksskicklighet. En av dessa kvinnor var Rose Bertin, som anses ha varit den första modekreatören i historien. Under 1770-talet blev hon Marie-Antoinettes hovsömmerska och därmed känd över hela Europa. Hon öppnade också en egen syatelјé på rue du Faubourg Saint-Honoré i Paris.

En annan kvinna, madame Roger, kom vid 1800-talets mitt att initiera den nya konfektionsindustrin genom att börja sy upp färdiga plagg i olika tyger. »Madame Roger & Cie, Konfektion för damer – Det enda huset i Paris där man hittar färdiga klänningar och barnkläder av olika slag – 26 rue Nationale Saint-Martin«, stod det på hennes skylt.

Ett av de ursprungliga modegallerierna i Paris, Galerie Vivienne vid place des Victoires. Nu är passagen vackert renoverad och har åter blivit en mötesplats för flanörer, inte minst på grund av den härliga tesalong som ligger här. Foto: Marcel Bovis.

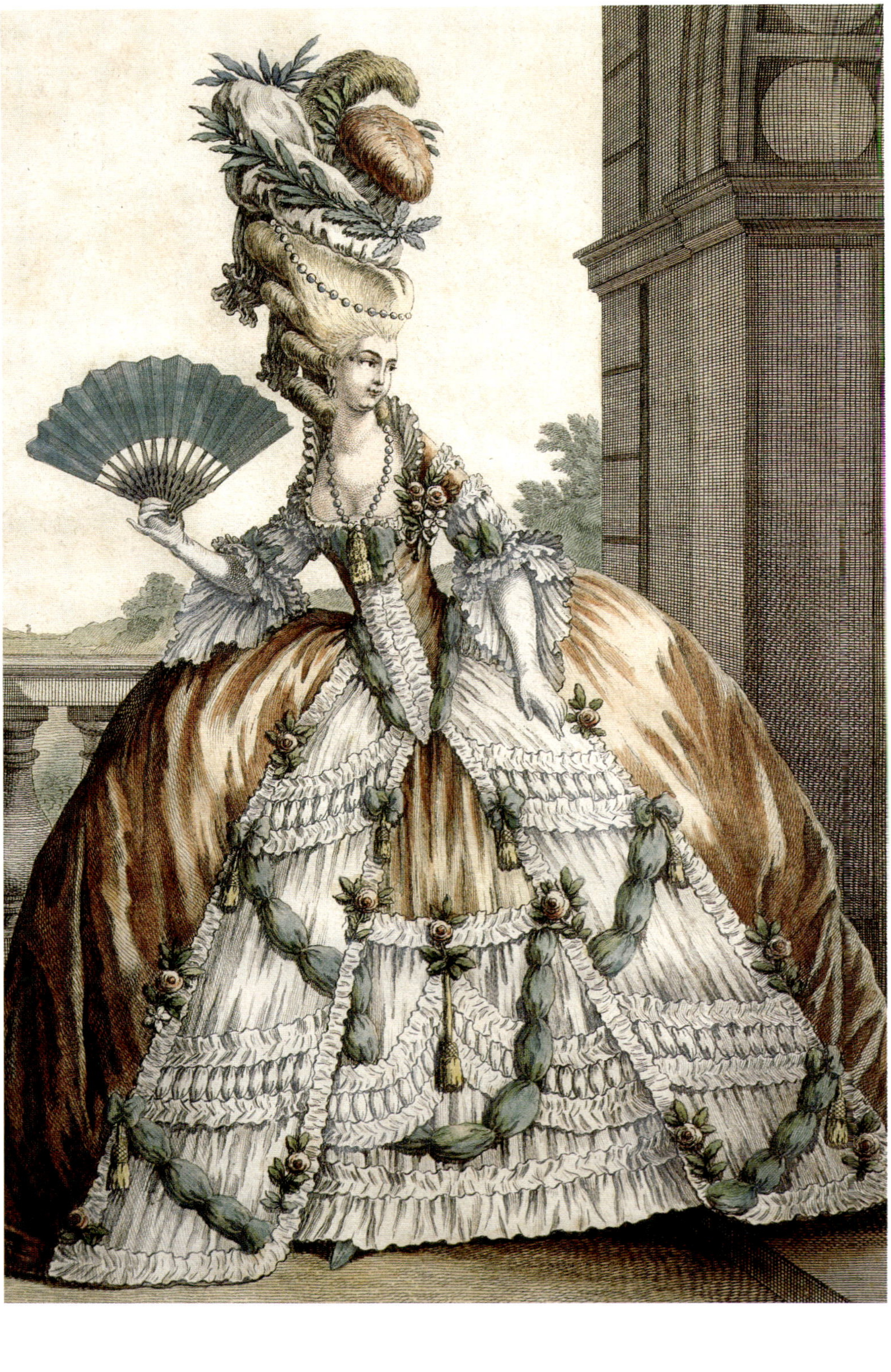

L'époque Worth

Lustigt nog var det en engelsman, Charles Frederick Worth (1825–1895), som instiftade reglerna för *la haute couture parisienne*. Worth inledde sin karriär som lärling hos den berömda textilfirman Swan & Edgar i London och fortsatte sedan som butiksassistent hos Lewis & Allenby, som levererade tyger till den engelska aristokratin. Som modeskapare var Worth dock självlärd. Med ambition, nyfikenhet och känsla för tidens tecken reste han 1845 till Paris för att pröva sin lycka.

Worth fick anställning som tygförsäljare hos modehuset Gagelin på rue de Richelieu, som specialiserat sig på kappor, kashmirsjalar, sidenvaror och broderier men också så småningom började sy upp klänningar i egen design. Den 21 juni 1851 ingick han äktenskap med en av butikens försäljerskor, Marie Vernet, som också skulle bli hans favoritmannekäng. Huset Gagelin, som blev alltmer uppmärksammat, fick hedersuppdraget att skapa brudutstyrseln till Napoleon III:s och Eugénie de Montijos bröllop år 1853, och kejsarinnans bröllopsgarderob, signerad Worth, beskrevs i detalj av pressen. Modehuset rönte också framgångar vid världsutställningarna i London 1851 och i Paris 1855, där Worth vann medalj för en slängkappa av innovativt snitt som var uppsydd i vit moaré broderad med guld.

Trots sitt allt större inflytande hos Gagelin tog Worths önskan om att arbeta självständigt så småningom över. Tillsammans med en annan anställd, svensken Otto Bobergh, öppnade Worth år 1858 huset Worth & Bobergh på 7 rue de la Paix, i nybyggda kvarter ritade av Georges Haussmann. Där skulle Worth komma att ha sitt modefäste fram till 1914.

Charles Frederick Worth skapade det första egentliga haute couture-huset som började föreslå nya moden för aristokratins kvinnor. Tyger, mönster och former skulle presenteras två gånger om året, alltså till en vår- och sommarsäsong och till en höst- och vintersäsong. Worth var också först med att visa sina nyheter på levande mannekänger i upplysta salonger – »där rader av damer som höll på att förgås av värmen och sinnesrörelsen satt hänryckta i timmar i

---

Franskt hovmode från 1770-talet.

sträck medan spöklika uppenbarelser i de mest fantastiska kreationer i en strid ström stapplade förbi på värkande fötter«, som Edith Wharton skrev i *En skymt av månen* (1922) om ett icke namngivet modehus på rue de la Paix, som dock har stora likheter med Worth. Han var ett geni på att framföra sina idéer och vann stort gehör hos hoven i hela Europa. Snart förfördes också den nya bourgeoisien av hans mode.

Worths inflytande kom att innebära en revolution för textilindustrin och fungera som drivkraft för den moderna modeindustrins framväxt. De nya spelregler han hade instiftat skulle ge upphov till en rad olika specialistyrken, en helt ny social värld av leverantörer till modekreatörerna. Detta blev också början på en kvinnoorienterad industri, en industri där den kvinnliga arbetskraften blev avgörande på grund av intresse, kunskap, färdighet och begåvning.

»Ett dialektiskt feeri«

Den tysk-judiske litteraturkritikern och filosofen Walter Benjamin (1892–1940) har i sitt livsprojekt *Paris, 1800-talets huvudstad* berättat om staden Paris och det ständiga flanerandet. I hans verk kan man läsa om hur Paris blev den modehuvudstad som den är i dag. Filosofiskt utforskar Benjamin passagerna – de praktfulla inköpsstråken under en konstgjord himmel av glas – »ett dialektiskt feeri«, som han uttryckte det. I dessa passager flanerade människor; de speglade sig i skyltfönstren och lockades till inköp. Eftersom de övertäckta gallerierna endast var avsedda för promenerande och inga fordon tilläts där, kunde affärsinnehavarna förvänta sig flanörernas uppmärksamhet. Här presenterade man *les nouveautés,* nyheter, det vill säga mode.

Benjamin skriver att det som gör modet särskilt intressant för filosoferna är dess märkliga antecipationer, föregripanden, och fortsätter: »Det är ju känt att konsten i många avseenden, till exempel i bilder, föregriper den förnimbara verkligheten med många år. Man har kunnat se gator och festsalar stråla i det grannaste eldsken långt innan tekniken genom ljusreklam och andra uppfinningar illuminerade dem med sådant ljus. Helt säkert är också att den enskilde konstnärens känslighet för det kommande är vida överlägsen societetsdamens. Och ändå har modet en mera konstant och precis kontakt med det kommande, tack vare den enastående vittringen hos det kvinnliga kollektivet för det som ligger redo i framtiden. Varje säsong erbjuder i sina nyaste modeskapelser några av de kommande händelsernas hemliga flaggsignaler. Den som hade förmågan att tyda dem skulle inte i förväg känna till endast nya konstnärliga strömningar utan också nya lagböcker, krig och revolutioner. – Utan tvivel är det detta som utgör modets eggelse, men även svårigheten att göra den produktiv.«

Walter Benjamin beskrev staden och dess miljöer under en tid av ekonomisk och kulturell förändring, då hantverket började ersättas av den industriella massproduktionen, begynnelsen till det marknadssamhälle vi i dag lever i och som nu är på väg in i ett högteknologiskt tidevarv. Men hur moderna vi än blir består den historiska bilden; människor har inte förändrat sitt beteende, utan låter sig alltjämt förföras av modenyheter och modesensationer, fantasifullt och attraktivt exponerade.

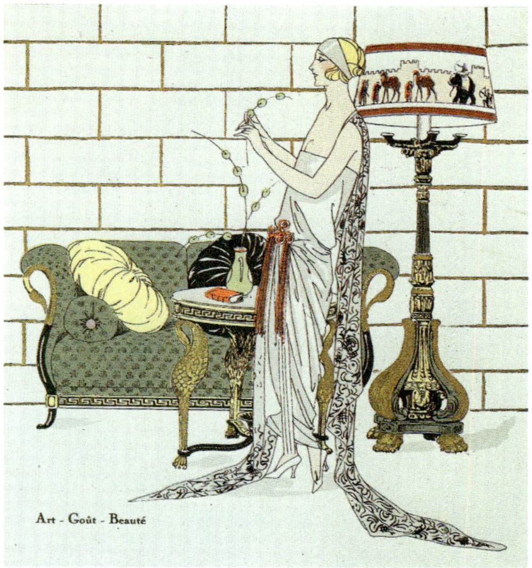

Många av de passager som uppfördes i Paris under 1800-talets första hälft finns fortfarande kvar och fungerar än i dag som tilldragande inköpsstråk, såsom Galerie Vivienne, Galerie Colbert, Passage des Panoramas och Galerie Véro-Dodat, trots en period av förfall vid början av 1900-talet, då de mist nyhetens behag, kanske på grund av den förändring som de stora varuhusen förde med sig. Gentemot varuhusens gigantiska byggnationer, med glaskupoler och väldiga ljusintag, tedde sig gallerierna plötsligt som övergivna skelett. Författaren Louis-Ferdinand Céline, vars mor hade sålt spetsar i en av Paris passager, skildrade i romanen *Död på krita* (1936) hur denna miljö kunde se ut i början av förra seklet: »Man måste erkänna att Passagen är så unken att det är något rent otroligt. Den är som gjord enkom för att man ska tyna bort, långsamt men säkert, bland pinkande hundkräk, lort,

Sönerna Jean-Philippe och Gaston Worth tog över Maison Worth efter faderns död. Klänning från 1922.

spottloskor och gas som läcker. Den är gräsligare än ett fängelse. När solen når ner genom glastaket, ner på botten, är den så klen att en stearinstump rår på den. Alla börja känna hur dom storkna. Passagen blev med en gång medveten om att den sakta kvävdes!«

I samband med att Paris restaurerades efter kriget blommade dock många äldre passager åter upp i elegant och nyrenoverat skick, som Galerie d'Orléans i Jardins du Palais-Royal. Senare tillkom också moderna kopior, till exempel Forum des Halles och de nya gallerierna på rue de Passy och vid Champs-Élysées.

Det stora varuhuset

När de stora varuhusen byggdes under senare delen av 1800-talet blev modet tillgängligt för en större publik, och *les nouveautés* var inte längre en angelägenhet endast för aristokratin och societeten. Dessa byggnader uppfördes som flera passager, staplade på varandra. Les Magasins du Printemps, som ritades av Paul Sédille år 1881 och fick en illuminerad kupol signerad René Binet trettio år senare, var ett av dem, och Galeries Lafayette, grundat 1908, ett annat. Men först ut var det banbrytande Au Bon Marché, som öppnades år 1852 av en man som börjat sin bana som ambulerande försäljare i »nyheter«, Aristide Boucicaut från Normandie.

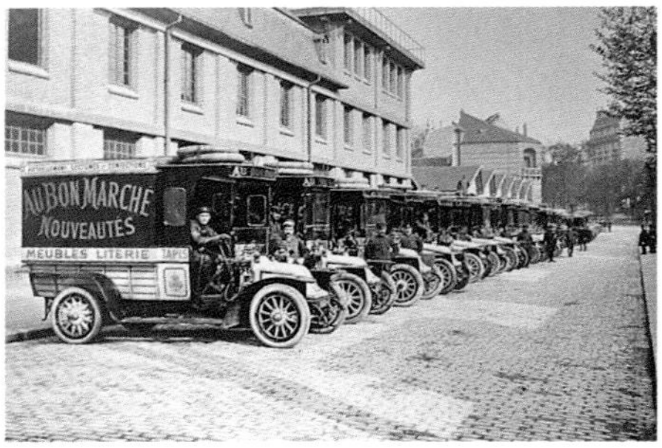

Boucicaut kom till Paris som tjugofemåring och började arbeta i en liten modebutik på rue du Bac, samtidigt som han förkovrade sig i det engelska språket. År 1839 gifte han sig med Marguerite Guérin, som så småningom också blev hans framtida samarbetspartner. När han avancerat till butikschef slog Boucicaut sig ihop med monsieur Justin Videau som ägde en annan butik på samma gata, och tillsammans startade de Au Bon Marché, i hörnet av rue de Sèvres i sjätte arrondissementet. Samarbetet blev dock inte långvarigt och slutade med att Boucicaut stod kvar som ensam ägare.

Leverans inom Paris tullar ingick i servicen hos Au Bon Marché. T.h. Den stora trapphallen. Detta varuhus gjorde stort intryck på omvärlden. Bland annat hämtade Josef Sachs, som 1902 grundade NK i Stockholm, inspiration härifrån.

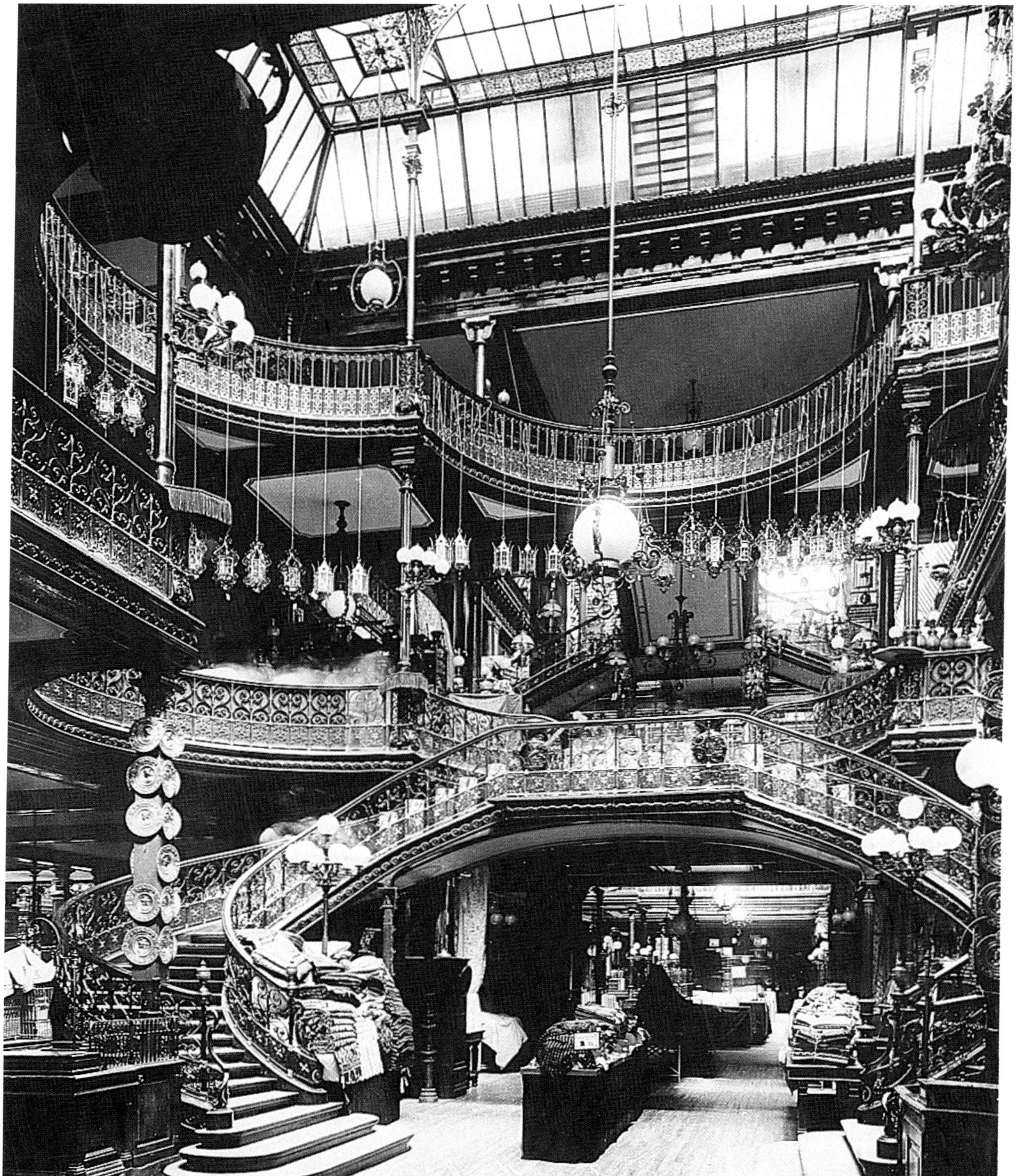

I varuhuset sålde Boucicaut allt som hade med kläder, modeartiklar och heminredning att göra, och han introducerade ett revolutionerande kommersiellt tänkande som föregrep den industriella revolutionens massproduktion. Hans grundprincip handlade om att skapa största möjliga förtroende hos kunden genom rigorös uppföljning. I stället för att se kunderna som sina duperbara fiender skulle Au Bon Marché stå till deras tjänst. I denna anda utvecklade Boucicaut ett koncept baserat på åtta innovativa idéer som skulle få stor betydelse också för passagernas butiker och ligga till grund inte bara för Au Bon Marché utan också för varuhusets efterföljare.

1. Varuhuset skulle vara öppet för alla. Det skulle gå att flanera fritt i butiken och betrakta varorna utan att bli avbruten eller vara tvungen att handla.
2. Varorna skulle ha fasta priser. Det fick vara slut på köpslående och ohederliga transaktioner.
3. Genom att reducera butikens påslag och kompensera den lägre marginalen med hög volym och snabb försäljning, skulle priserna hållas nere.
4. Kvalitetsgaranti infördes. Kunderna skulle ha rätt att byta eller returnera varor som de inte var belåtna med.
5. En mångfald produkter skulle exponeras i butiken. På så vis skulle det vara lättare för kunder som inte fann vad de sökte att hitta andra varor på avdelningar som de inte hade haft för avsikt att besöka från början.
6. Varuhuset skulle erbjuda sig att köra ut varor till kunderna så långt som en häst orkade gå i Paris eller fritt med järnväg vid köp över 25 francs.
7. Det skulle gå att beställa varor, också om man inte befann sig i Paris. Den första postorderkatalogen lanserades av Boucicaut år 1871.
8. Ett bibliotek inrättades där kunderna skulle kunna sitta och läsa tidningar och skriva brev. En fri buffé bjöd på kakor och förfriskningar.

Aristide Boucicauts affärsidéer blev en stor framgång. År 1863, något mer än tio år efter öppnandet, uppgick Au Bon Marchés omsättning till 7 miljoner francs, att jämföras med de 452 000 francs som man omsatte första året. Snart behövde varuhuset större lokaler, och när några grannhus revs kunde man börja planera för en utvidgning. År 1869 lade madame Boucicaut den första grundstenen till en ny byggnad, samtidigt som försäljningen slog nya rekord; varuhuset omsatte då hela 21 miljoner francs. I april år 1872 invigdes den första etappen av det nya varuhuset, men först 1887 stod lokalerna helt färdiga.

Madame och monsieur Boucicaut var även som arbetsgivare ovanliga för sin tid, och deras företag kom att spela en viktig social roll. Redan trettio år innan Frankrike fick sina arbetslagar hade man på Au Bon Marché infört innovationer som personalutbildning, löneförhöjningar, fria måltider, lediga sön- och helgdagar, årlig semester och fri läkarvård. Dessutom förvandlades varuhuset efter stängningsdags till en utbildningsakademi där det gick att ta lektioner i bland annat sång, musik och språk. Man anordnade även musikkonserter och konstutställningar i lokalerna, och ännu i dag har varuhuset ett konst- och fotogalleri där man arrangerar intressanta utställningar.

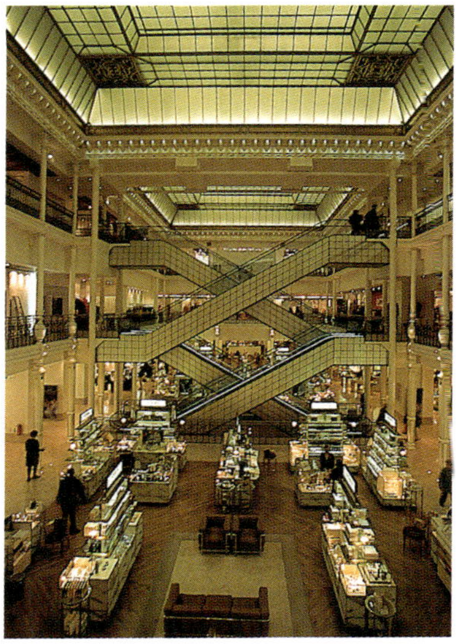

Trots de stora varuhusens intåg har den lilla, specialiserade butiken förblivit en tillgång för den initierade. I dag ligger dessa butiker så tätt intill varandra i Paris att det är som om de ville efterlikna de historiska gallerierna i till exempel Palais-Royal och på rue du Louvre.

Skrädderikonst och konfektion

Den franska modeindustrin är strikt uppdelad i *la haute couture,* den hantverksmässiga skrädderikonsten, och *le prêt-à-porter* – »färdigt att bära« – det vill säga den serietillverkade konfektionen. Redan under Worths epok hade en särskild organisation grundats, Chambre Syndicale de la Couture Parisienne, som hade till uppgift att skydda hantverket mot maskintillverkningen och på så vis bevara skrädderikonstens status. Chambre Syndicale de la Couture ingår numera, tillsammans med en systerorganisation som övervakar konfektionen, i den gemensamma sammanslutningen Fédération Française de la

Det nya trapphuset i det annars så välbevarade varuhuset Au Bon Marché.

Couture, du Prêt-à-Porter des Couturiers et des Créateurs de Mode, men man håller fortfarande styvt på skillnaderna. Organisationen bedriver utbildning för olika yrkeskategorier inom modebranschen och arrangerar modevisningar för sina medlemmar, bland annat i de specialbyggda visningssalarna i Carrousel du Louvre, som ligger under Musée du Louvre. Men Paris modekreatörer anordnar också visningar på andra platser som väljs ut för att passa presentationernas teman. Det kan vara allt från teatrar och museer till gallerier och tunnelbanestationer. Staden Paris erbjuder, återigen, många skådeplatser.

Paris modevisningar följer fortfarande den historiska säsongsindelningen – det är fortfarande ett vårmode och ett höstmode som presenteras – men eftersom man visar haute couturen för sig och damkonfektionskollektionen för sig, sker presentationerna vid fyra olika tillfällen per år. Till Milano, New York och London behöver modejournalisterna däremot bara resa två gånger per år; där presenteras endast konfektionskollektionerna. Haute couturen är uteslutande ett franskt fenomen.

Först ut i Paris är dock le prêt-à-porter, med höstnyheter som presenteras i mars och vårnyheter som visas i oktober. Eftersom dessa kollektioner tillverkas i större serier som sätts i produktion först när inköparna i samband med visningarna gjort sina beställningar, krävs en ordentlig framförhållning. Det är dessa plagg som konsumenten finner i butikerna ett drygt halvår senare, och det är därför prêt-à-porter-visningarna också i hög grad intresserar allmänheten och bevakas av världspressen.

Några månader senare, i juli för hösten och i januari för våren, presenteras la haute couture, det yppersta som skrädderikonsten, eller hantverket om man så vill, kan åstadkomma. Alla moment i framställningen av ett coutureplagg – tillskärning, sömnad, broderier och dekorationer – grundar sig på yrkesskicklighet. Detta vänder sig till dem som ser mode som en konstart och som kan och vill betala för handskräddade plagg i begränsad upplaga. Till visningarna inbjuds först och främst privatkunder som man finner i dagens så kallade hov: högt uppsatta ämbetskvinnor, societetsdamer, filmstjärnor och en och annan

Broderi från Lesage för Montana. Albert Lesage (1888–1949) grundade ateljén i Paris 1922. Efter hans död tog sonen François över. Broderiateljén arbetar uteslutande med haute couture för de mest berömda modeskaparna. Huset har också ett värdefullt arkiv med tidigare arbeten. Foto: Françoise Huguier.

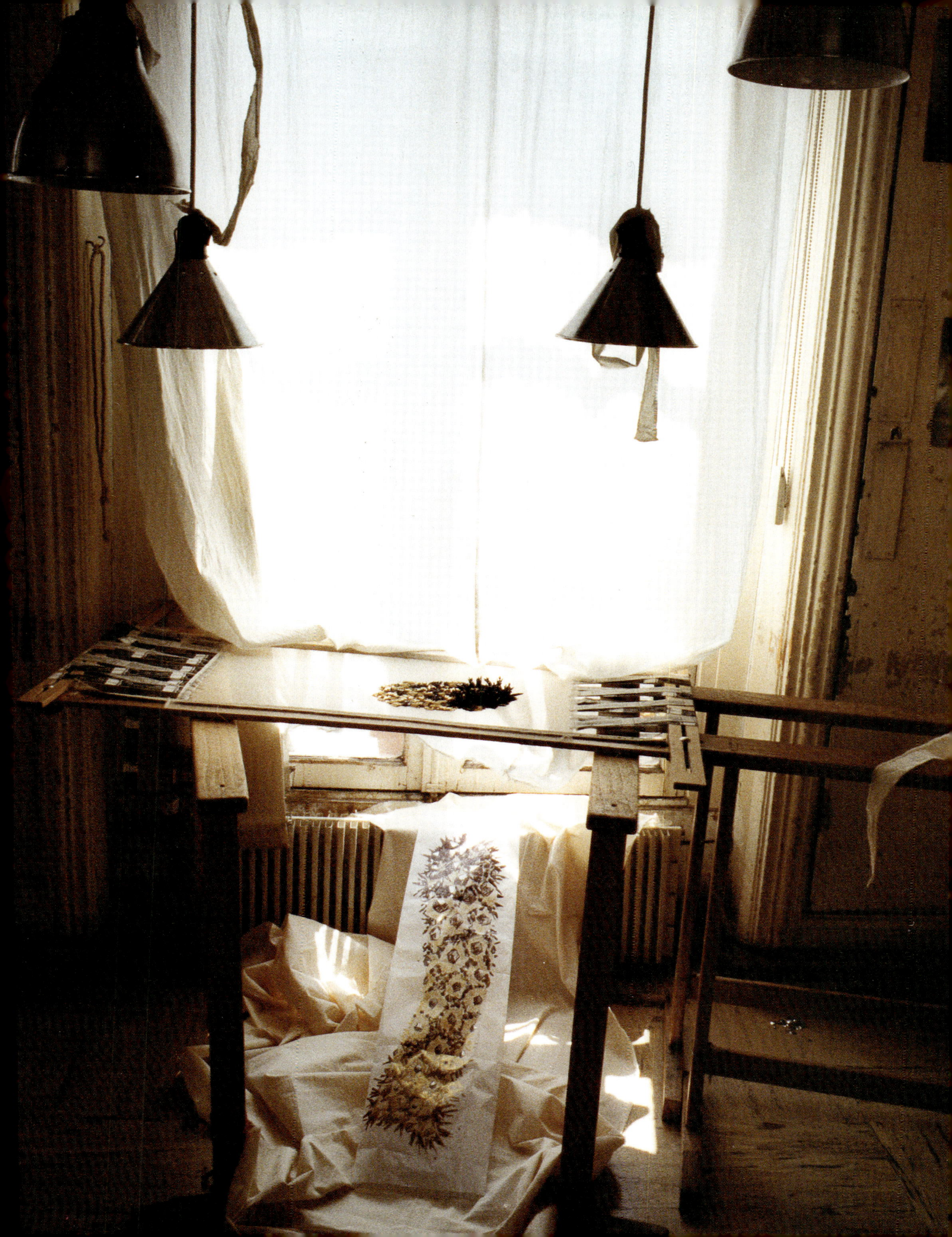

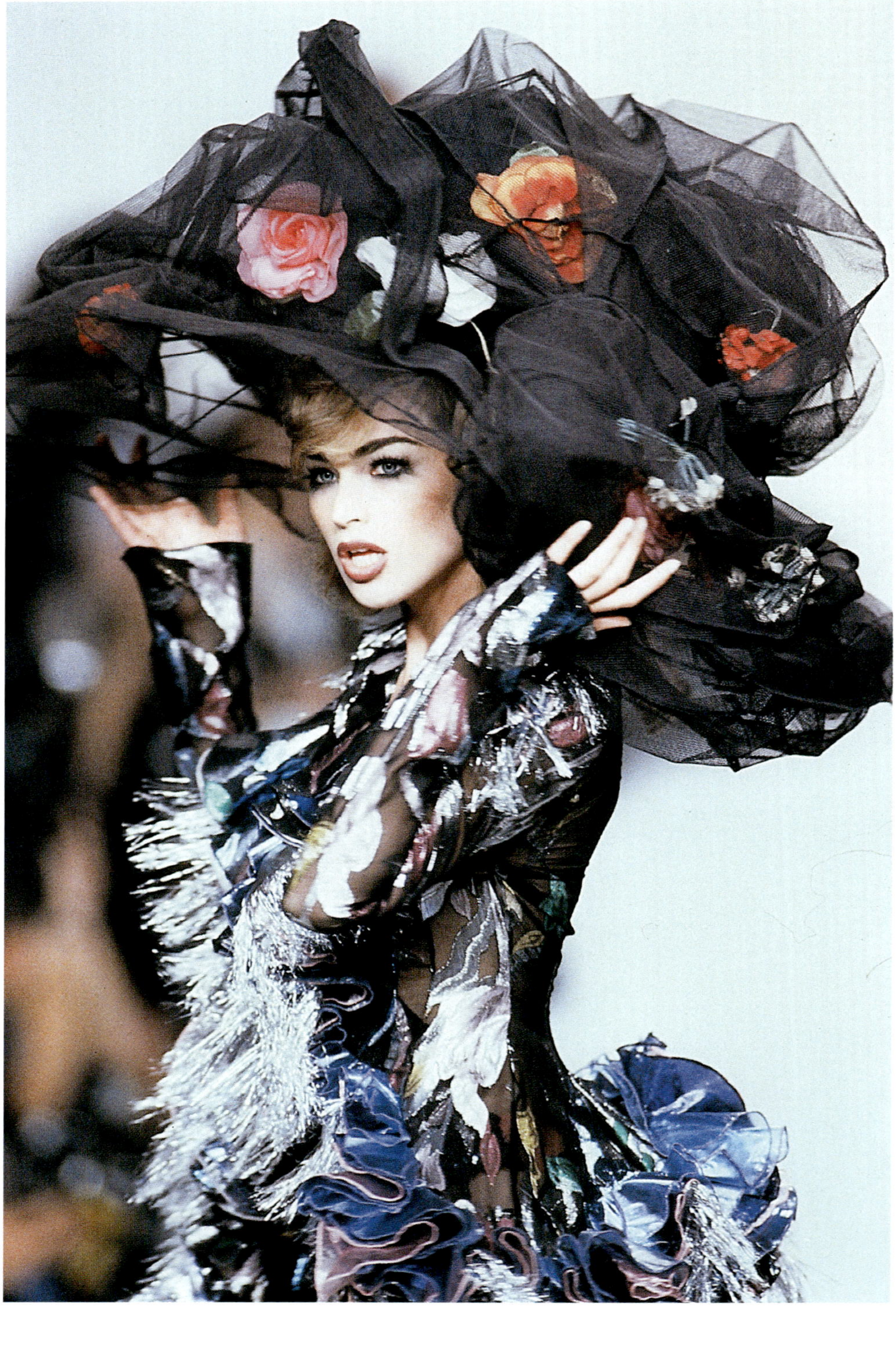

ung, kvinnlig arvtagare eller IT-magnat, men naturligtvis också modejournalister från världens alla hörn.

Flera modeskapare väljer att arbeta med antingen haute couture eller prêt-à-porter. Av dem som arbetar med couturekollektioner väljer vissa att också arbeta med en så kallad boutiquekollektion som ju är den serietillverkade varianten av haute couture. Men beteckningen haute couture får inte användas hur som helst. Modehusen måste uppfylla vissa kriterier och Chambre Syndicale de la Couture avgör om en klädkollektion är couturemässig eller ej.

En unik modescen

Paris klädutbud inbjuder kvinnor till att göra sina personliga val. Här utbrister många: »Äntligen kan jag vara mig själv, äntligen känner jag igen mig och blir sedd.« Det är en fras som kan låta banal, men faktum är att jag många gånger genom åren har upplevt att svenska journalister som kommit för att bevaka modevisningarna genomgått en total förändring så fort de landat i Paris. Om det har med pariserluften att göra vet jag inte, men atmosfären och sättet på vilket den personliga stilen värderas verkar definitivt ge en frihetskänsla.

Jag har ofta undrat över varför många svenska kvinnor i vuxen ålder klär sig i »stora tält«, något som tycks bygga på en total missuppfattning om att stora kvinnor skulle vara betjänta av att försöka dölja sin storlek i ännu större kläder. I staden Ho Chi Minh i Vietnam där jag arbetade under ett par år i mitten av 90-talet, frågade mig en gång en svensk man jag arbetade tillsammans med varför svenska kvinnor alltid går klädda i så bylsiga kläder. Det hör till saken att de kvinnor man ser på gatorna i Vietnam är oerhört gracila och feminina, ofta klädda i traditionella *ao dai*: insvängd tunika med kinakrage till raka byxor eller lång omlottkjol och midjekort jacka. Dessa visuella intryck hade min vän levt med under flera år, och hans fråga är intressant. Kanske kan det ha med jämlikhetssträvandet att göra att många kvinnor här hemma förnekar sina kurvor; jag har noterat att svenska kvinnor i karriären ofta försöker följa männens klädkoder i stället för att införa sina egna.

En skapelse av John Galliano sommaren 1932. Ett exempel på en modekreatör som ser sin visning som en föreställning.
Foto: Axel Siebmann.

I Paris har jag i alla fall upplevt beviset på att svenskor gärna gör avkall på sina klädvanor och låter sig inspireras av den feminina parisiskans sätt att klä sig. Kvinnor i alla format faller för figursydda dräkter och höga klackar, svenskt mörkblått byts ut mot dramatiskt rött, bleka läppar blir snabbt purpurröda och praktiska plagg byts ut mot opraktiska! Till och med fantasifulla hattar, som kvinnor nästan aldrig bär i Sverige, åker på i Paris. Det tycks vara någonting med staden som helt enkelt inte går att motstå, som inspirerar till fantasi och frihet. Paris är en unik scen för modeteater och Frankrike är dess kungarike. I Paris är kläder kultur.

Under Jack Langs period som kulturminister hos president François Mitterrand genomfördes en ny klädkod som innebar att regeringens medlemmar rekommenderades att klä sig hos de i Frankrike verksamma modekreatörerna för att gynna den franska modeindustrin. Det kunde gälla klassiska namn som Coco Chanel, Balmain, Dior, Yves Saint Laurent, Pierre Cardin, Hermès, Lanvin, Balenciaga och Chloé, likaväl som det yngre gardet varumärkesdesigners som Yohji Yamamoto, Jean Paul Gaultier, Kenzo, Agnès B, Comme des Garçons och Christian Lacroix. För att manifestera satsningen anordnade Jack Lang tillsammans med modesyndikatet Chambre Syndicale en mottagning för världens ledande moderedaktörer i Élyséepalatset med president Mitterrand som värd. Jag blev inbjuden från Sverige som modeansvarig för tidningen CliC,

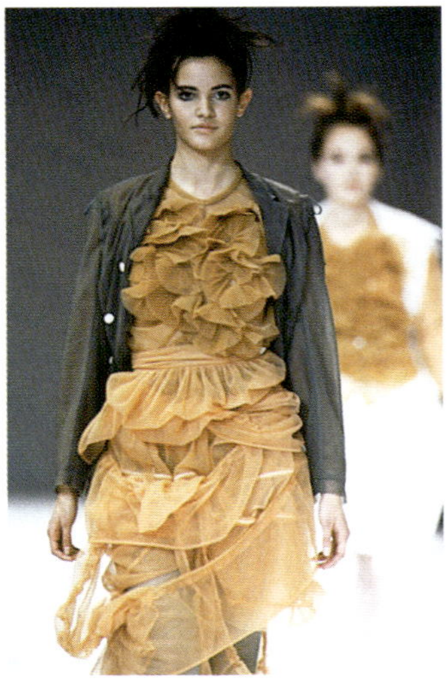

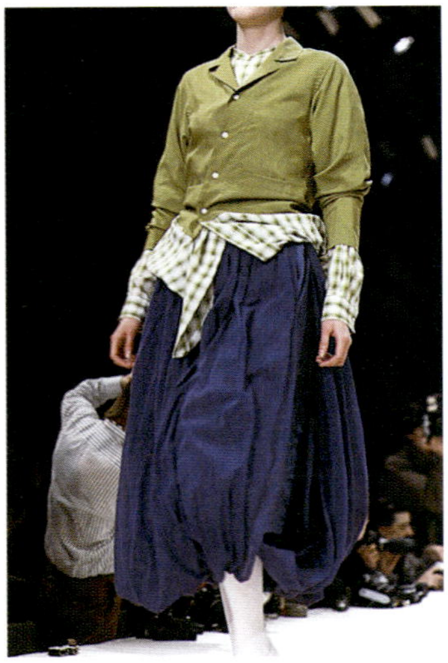

Comme des Garçons av Rei Kawakubo. Mode med en slängig garçon(pojk)attityd, med poesi och romantik. Foto: Axel Siebmann (t.v.) Heinz Angermayr (t.h.).

och jag minns hur presidenten och kulturministern nogsamt hälsade, tog i hand och mumlade några artiga fraser, väl informerade av sina ledsagare om vilket land och vilken publikation vi representerade. Evenemanget var i sanning en stark markering om hur seriöst man ser på Paris som modets medelpunkt och på Frankrike som modeindustrins huvudland.

Jack Lang befäste ytterligare modets ställning genom att skapa klädmuseet i anslutning till Louvren, Musée de la Mode et du Textile, på rue de Rivoli. Paris fick därmed sitt permanenta modemuseum.

Paris och dess gallerier inbjuder turister från hela världen att delta i skådespelet på stadens gator, modets egentliga huvudscen. Detta ständiga flöde av flanörer som inte verkar göra någonting annat än att visa upp sig och bli beskådade, är en fascinerande teaterföreställning där vem som helst kan delta. Alla kan bli sedda, och det är tacksamt att förevisa sin personliga konst, konsten att klä sig! Paris har förstått den speciella attraktion som ligger i detta och utnyttjar det maximalt. Varje arrondissement har sin egen prägel, sina egna specialiteter.

Nyexklusiva kvarter

Den gata som är mest känd och historisk är kanske fashionabla rue du Faubourg Saint-Honoré, som blev couturehusens första moderna boutiquegata efter passagerna och gallerierna. Men under 1980-talet, när så mycket nytt hände på andra håll i staden, började gatan bli lite för mossig och gammaldags. Klientelet anlände i limousin och tog sig fram med käpp. Och vem brydde sig nu om gamla lyxmärken? Men i dag har gatan återigen, tack vare det nyväckta intresset för exklusiva märken hos en nyrik generation, fått sig en rejäl ansiktslyftning. Hit har Prada och Missoni flyttat, och även Yves Saint Laurents prêt-à-porter-kollektion Rive Gauche, signerad Tom Ford. Här ligger flera modehus som satsat på modern arkitektur i de historiska byggnaderna, till exempel Gucci och Lanvin. Aktuella tillskott är Joseph, Mandarina Duck (inrett av det heta arkitektkontoret Droog Design) och den unge kreatören Éric Bergères butik (inredd av India Mahdavi) som öppnades i oktober 2000 med pompa och stjärnor.

På rue du Faubourg Saint-Honoré ligger också Hermès, ursprungligen ett sa-

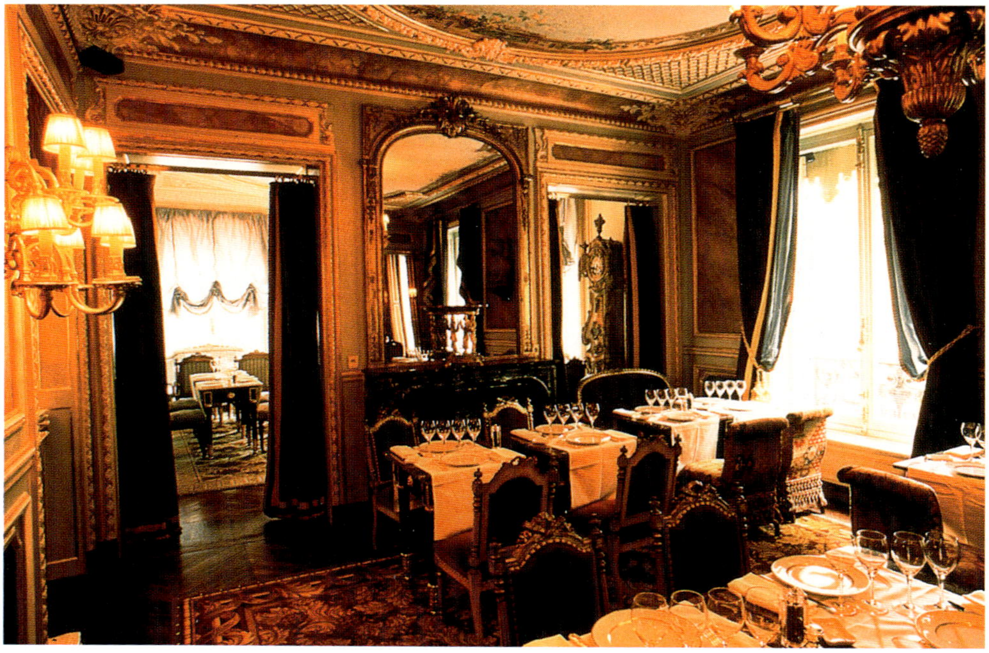

delmakeri med hundraåriga anor, som med tiden utvecklats till ett modernt modehus för en ung och medveten publik. Jean-Louis Dumas, VD och ansvarig för den senaste förändringen av produktprofilen, har satsat på produktutveckling och knöt tidigt en grupp duktiga rådgivare från design- och mediavärlden till sig. År 1997 infördes en helt ny klädkollektion hos Hermès som komplement till de accessoarer som huset redan tidigare varit känt för, och till detta anlitade man den unge designern Martin Margiela, utexaminerad från Académie Royale des Beaux-Arts i Antwerpen och upplärd hos Jean Paul Gaultier. Margielas egen design är futuristisk och nydanande, men för Hermès gör han en enkel, elegant och mycket raffinerad klädkollektion som följer modehusets signum, som handlar om bästa kvalitet snarare än alltför utstuderat snitt. En fröjd för den som har råd – kvalitet kostar, som bekant.

Jean-Louis Dumas har förmånen att vara gift med en av Frankrikes mest begåvade arkitekter, Rena Dumas, som ritat och inrett modehusets nyöppnade

Interiör från Ladurées filial på Champs-Élysées, en »kaksalong« i två etage. Man skulle kunna kalla Ladurées skapelser för *hautes gâteaux*.

butiker i många av världens huvudstäder. Hon är ett bra exempel på en kvinna som använder sin »vittring för det kommande« i sitt arbete. Rena Dumas tycker om när föremål har en funktion samtidigt som de är naturligt vackra, och hon planerar långsiktigt.

Huset Hermès förmedlar i sina reklamkampanjer ett konsekvent och i högsta grad samtida uttryck och skulle få första pris av mig för sin genomförda helhetssyn. De är ett lysande exempel på hur man kan vara modern genom att behärska sin historia.

Efter alla intryck, till fots, på en och samma gata, är en andhämtningspaus nödvändig. Och där Fauborg Saint-Honoré korsas av rue Royale dyker så Ladurée upp. Återigen gör sig historien påmind. Ladurée är en oemotståndlig oas, ett välkänt konditori med allehanda bakverk och mindre rätter. *C'est un délice,* som man säger på franska – »Det är en njutning.« Fasaden ser ut som en tårtkartong och skylten är dekorerad, som handlade det om ett »couturebageri«, med fantasifullt skräddade bakelser och kakor. Många vallfärdar hit enbart för att smaka *les macarons,* pastellfärgade biskvier med matchande fyllning. Här står habituéer och modefolk i kö för att få plats, till och med modellerna som man kanske inte skulle tro kom nära en kaka. Men även den ståndaktigaste faller till föga för de utsökta bakverken som lägger sig som smaksatt bomull kring tungan. Och för att inte låta smaken gå förlorad undviker man i det längsta att svälja. Ladurée har i princip sett likadant ut i hundrafemtio år. Vackert nötta träbord och sammetsklädda stolar, träpaneler på väggarna med inramade speglar belysta av lampetter. Och svartklädda servitriser som efter konstens alla regler makar sig fram med fyllda brickor mellan borden.

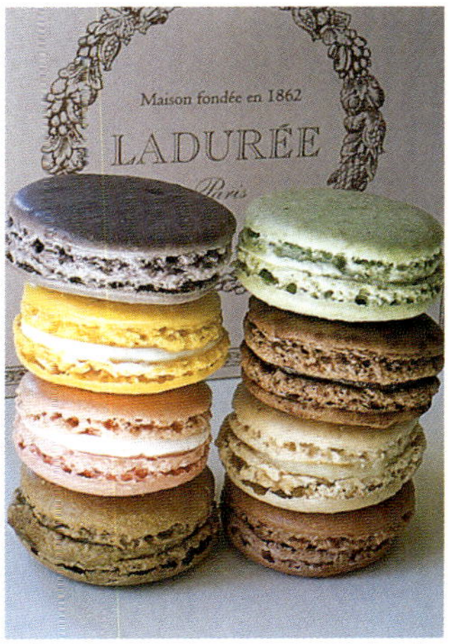

Minimalism och avantgarde

I rue du Faubourg Saint-Honorés förlängning, i riktning mot Hallarna, ligger rue Saint-Honoré. Här har en rad mindre butiker, gamla och nya, samlats som presenterar både high tech-samtiden och det historiska, men med moderna grepp. Vid den här delen av gatan ligger Colette, en så kallad minimalistisk butik. Detta gäller såväl den avskalade inredningen som innehållet: få, men handplockade, varor. Colette har redan gjort det personliga urvalet, och representerar det allra nyaste, hippaste och »kunnigaste«, enligt en liten klick människor. Det är skor, kläder, kosmetika, böcker och mat. Kunderna utgörs av ängsliga adepter som i allt – med öron, ögon, näsa, mun och hud – *tänker* Colette, i en föreställning om att man inte kan bli mer rätt än så. Här finns inte mycket utrymme för den egna fantasin, inte heller för drömmar. Det är helt enkelt en plats för modeoffer. Till butikens fördelar hör dock den kulinariska resa man kan göra i den fantastiska lunchrestaurangen och i vattenbaren på undervåningen, där hälsan själv serveras till maten under aptitliga och konstnärliga former. »Bara vanligt vatten«, med exotiska smaker och välgörande ingredienser.

I närheten av Colette har Paris starkaste modemadame, Maria Luisa, skapat sig ett eget litet imperium av modebutiker som alla bär hennes namn och där hon är ensam om att presentera delar ur kända kreatörers kollektioner, bland annat Ann Demeulemeester, Comme des Garçons, Dries van Noten, Olivier Theyskens och Junya Watanabe. Jag mötte henne på middag hos en gemensam vän och förstod att hennes framgång beror på en oerhörd energi parad med en gedigen kunskap om vilka designers som är särskilt värda att uppmärksamma. Hon var till exempel den inköpare i Paris som först fick upp ögonen för de nya belgiska modeskaparna, de som i dag tillhör den stora avantgardesatsningen i Paris och som talar till en ny grupp konsumenter som vill lägga historien bakom sig, och som dessutom har pengar.

På rue Saint-Honoré finner man också en av de få svenska designers som lyckats skapa sig ett namn i Paris – Marcel Marongiu. I den estetiska butiken i två våningar säljs förutom hans kläder en kollektion Limogesporslin som han utvecklat för den anrika porslinsfabrikanten Artoria.

Intill rue Saint-Honoré ligger den historiska marknadsplatsen för torghandel, Marché Saint-Honoré, ett galleri för folket där modedesignern Jean-Charles de Castelbajac öppnat sin nya konceptbutik. Castelbajac hämtade under 1980-talet sin inspiration från stadens gatuarbetare och skapade ett parisiskt arbetarmode med färg och funktion som gjorde honom till en av modevärldens mest uppmärksammade funktionalister. Med passion för måleri arbe-

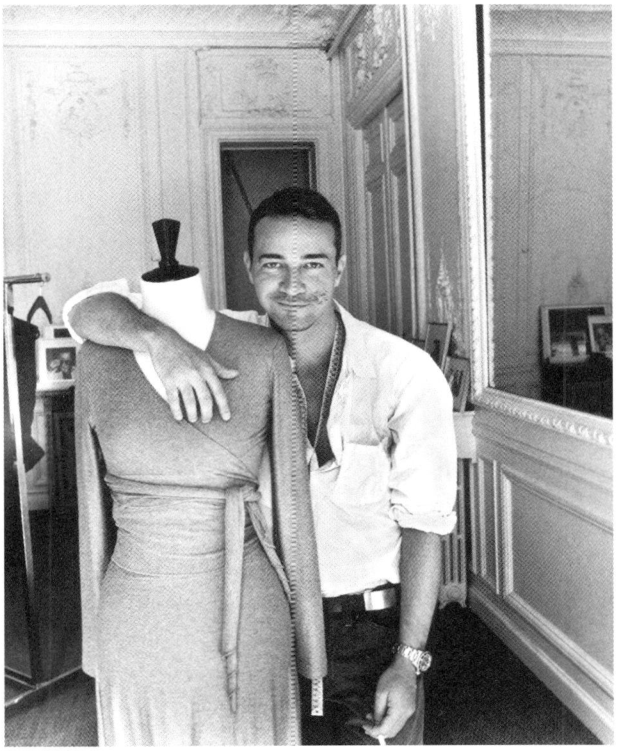

Marcel Marongiu är nästan ensam om att som svensk modeskapare ha nått parisiska höjder. Varje säsong har han stora modevisningar i Paris som bevakas av internationell press och inköpare. Foto: Ulla Montan

tar han ofta med stora fototryck av olika konstmotiv i sina kollektioner. Hos honom förenas historien med samtiden.

Vägg i vägg, i ett hus som bär spår av franska revolutionen, har mångkonstnären Philippe Model slagit sig ner. Han både lever och arbetar i kvarteret; hans privata bostad ligger ovanpå butikerna, såsom var brukligt förr, och de stora internationella inredningstidningarna, som World of Interiors och Architectural Digest, återkommer ständigt till denna föränderliga miljö. Allt han gör bär på historiska kännetecken men uppvisar också ett mycket modernt manér.

Philippe Model började med scenografi och teaterkostym och fortsatte sedan som modist med hattar. Och det är inte vilka hattar som helst, utan de mest fantastiska skapelser med tillhörande handskar, väskor och skor.

Philippe Models senaste skapelse är en inredningsbutik med förtäring för det traditionella franska köket, med burkar och skålar, glas och keramik, linne och bruksartiklar.

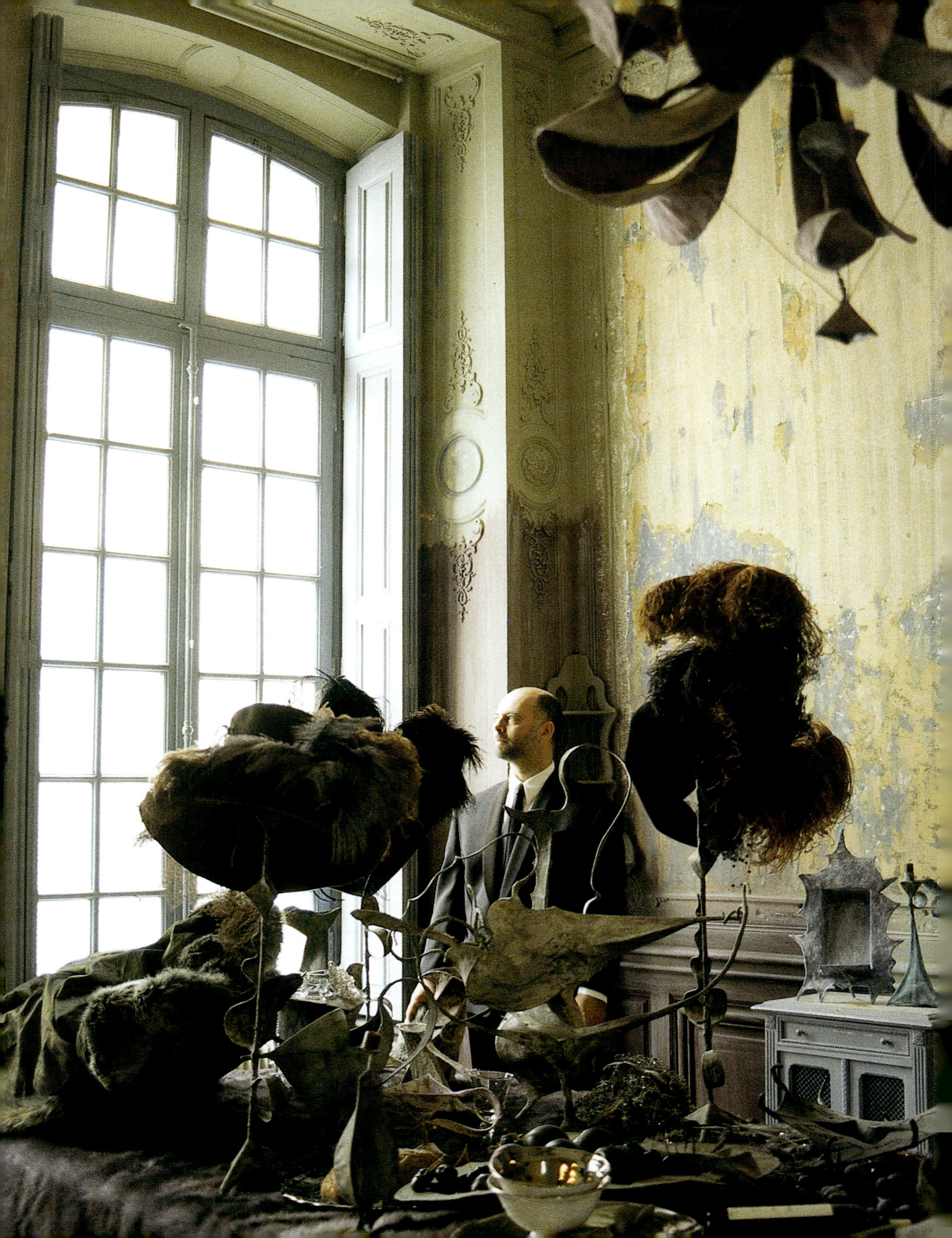

Själv har jag haft förmånen att bli guidad av Philippe Model i hans privata domäner, vilket var som en resa i *Alice i Underlandet*. Varje rum är en upplevelse av illusion i en värld där antiken möter nutiden. Philippe Model har utvecklat en raffinerad känsla för färger och nyanser. Han experimenterar gärna och ändrar ofta färgsättningen på väggar och tak på överraskande nya sätt, och då talar jag alltså om hans våning i ett hus från 1700-talet med både stuckaturer och fresker! Det gäller att våga för att vara modern.

Philippe Models färgkänsla har lett till ett samarbete med färgföretaget Ressource, som utvecklat en kollektion vattenlösliga väggfärger för inredning i helt nya pasteller, syrliga karamellkulörer och spännande sepiatoner. På så sätt har Philippe Model återknutit till sitt ursprung som scenograf.

Tradition och provokation

Fortsätter man att flanera bortom Marché Saint-Honoré kommer man snart till området kring Les Halles, de gamla saluhallarna. Först kommer place des Victoires, omringat av renoverade shoppinggallerier, och därefter Galerie Colbert, passagen som är uppkallad efter Jean-Baptiste Colbert, finansminister under Ludvig XIV. Colbert företrädde en merkantilistisk politik i det att han värnade om det egna näringslivet i syfte att reducera importen och öka exporten. En positiv handelsbalans skulle uppnås genom en utökning av marknaden för fransk varuproduktion; bland annat skulle man försöka få duktig, utländsk arbetskraft att flytta till Frankrike. Hans industrisatsning på en fabrik för tillverkning av gobelänger och på företag som tillverkade möbler, tapeter, glas och kläde visar att han arbetade för en lyxbetonad produktion, och så var begreppet *le style français,* den typiskt franska livsstilen, myntat.

Jean-Baptiste Colbert hade också estetiska och humanistiska intressen och inrättade flera akademier. Han har fått låna ut sitt namn till Comité Colbert, som väl snarast skulle kunna kallas för estetiska klubben. Organisationen, som bildades 1954 av Jean-Jacques Guerlain, en av ägarna till det stora parfymhuset Guerlain, bestod från början av 14 företag och har i dag 73 medlemmar. Comité

Philippe Model, hattmakare, sko- och accessoarkreatör, teaterdekoratör. Här i sin ateljé på place du Marché Saint-Honoré. Hans hattar och accessoarer är absolut tidlösa, men sin inspiration hämtar han ur historien. Foto: Marie Herzog.

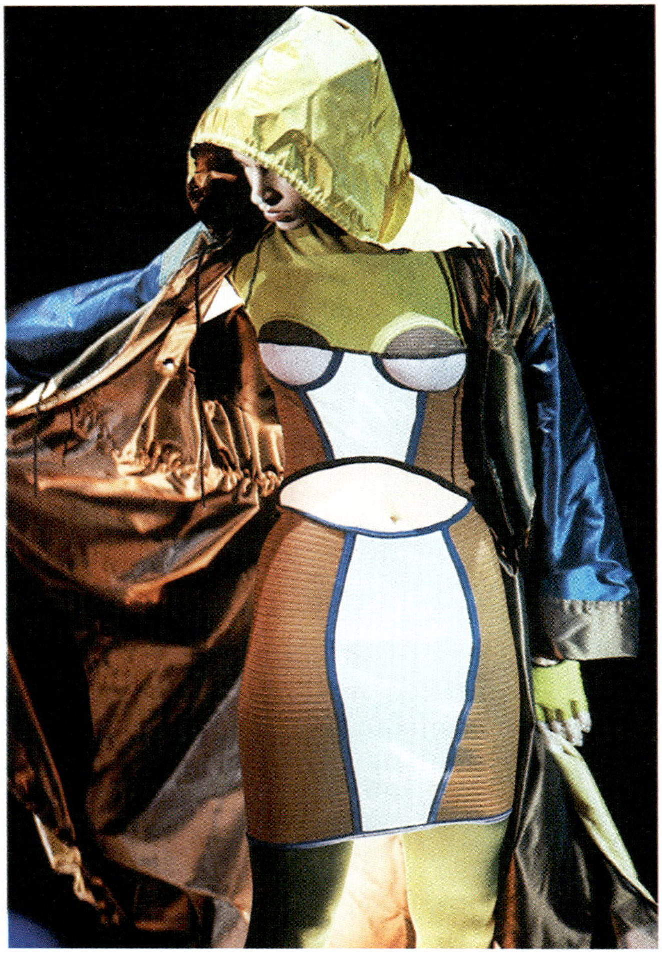

Korsetten är ett signum i Jean Paul Gaultiers skapande. I varje kollektion finns den med i något utförande. Denna är hämtad från en säsong då han arbetade med inspiration från den ryska konstruktivismen. Foto: Axel Siebmann.

Colbert arbetar för fransk form och design genom utbildning, information, internationella evenemang, manifestationer och utvecklingen av franska exportföretag inom *l'industrie du luxe.* Här ingår couture och mode, men även andra typer av hantverk, som silver- och bronssmide, kristall och glas, sadelmakeri och läder, inredning, fajans och porslin, gastronomi och hotellverksamhet, champagne- och vinframställning, guld, ädelstenar och parfym. Jag roar mig med att göra en jämförelse med Sverige vad beträffar inställningen till begreppet lyx. I den svenska ordboken får jag bara ett enda svar: lyx = överflöd. Det är ganska intressant hur olika värderingar vi har, bara inom Europa. I Frankrike finns ett lättsamt och uppmuntrande mode för den icke strömlinjeformade kvinnan. Ett mode som bejakar den enskilda kvinnan och accentuerar hennes särart, och detta betraktas inte som ett överflöd utan snarare som en rättighet.

För fransmännen är lyxindustrin en viktig exportfråga, och de inser betydelsen av kvalitet, tradition och innovation inom hantverket och modet.

På rue Vivienne ligger en av kreatören Jean Paul Gaultiers butiker. Jean Paul Gaultier har ofta kallats Pariscouturens *enfant terrible*. Han åstadkom en moderevolution på 1980-talet genom att ifrågasätta, förnya och provocera, men han har aldrig gjort avkall på kvalitet och skrädderikonst. Först sågs han som en katt bland hermelinerna, men i dag är han en ett stort namn bland Paris modeskapare. Gaultier har själv designat inredningen och möblerna i sina butiker och därvid hållit sig till samma stil som i sina kläder. Han värnar om Paris historia, filmens värld, affischkonsten, kvinnors och mäns olika stilar, materialen och färgerna, miljöerna, musiken. Allt detta placerat i en nutid. Han är en äkta parisare. När han lanserade sin första parfym hade flaskan formen av en provdocka med 40-talskorsett, kurvig och med generös byst. Så klär han också sin idealkvinna. Doften är som hämtad ur mammas garderob, pudrig, blommig och kvinnlig. Till sin andra parfym för kvinnor, »Fragile«, har han gjort en flaska som påminner om de gammaldags glaskupor med snö som yr när man skakar på dem. Figuren inuti är en kvinna klädd i svart långklänning och svarta handskar à la 50-tal, och snön är ersatt med guldflingor.

Den ihärdiga kritiken från svenska journalister, som hävdar att det i huvudsak är homosexuella män som designar kläder och att dessa i sina skapelser visar ett förakt för de kvinnor som ska bära dem, stämmer inte på Jean Paul Gaultier. Han tycks drivas av en ständig fascination över hur Gud skapat kvinnan, och hans modeller är i alla åldrar och har alla mycket karakteristiska utseenden.

Bland koscherbutiker och vintage

Promenaden längs området vid Hallarna i Paris fortsätter fram till ett av de äldsta kvarteren, Marais, där place des Vosges ligger, omringat av gamla byggnader med historiska gallerier. I Marais är det rue des Rosiers, rue des Francs Bourgeois, rue Pavée och rue Payenne som blivit attraktiva butiksgator. Här tar sig designen uttryck, inte bara i kläder utan också i smycken, möbler, hemtextil, glas och porslin. Påtagligt är att hit kommer inspirationen och produkterna från världens alla hörn.

Bland väldoftande koscherbutiker på rue des Rosiers finner man Armand Hadidas butik L'Éclaireur, som firade tjugoårsjubileum häromåret. Armand Hadida är mycket säker i sitt urval av modedesigners, dels ifråga om vilka som håller måttet, dels ifråga om vilka som fungerar att blandas med varandra. Här förekommer ingen märkeshysteri; i stället är det modebegreppet *vintage* i nytappning som gäller. I Armand Hadidas ständiga planer för framtiden ingick att hitta ett förnämt gammalt patricierhus och göra om det till minivaruhus för modekläder i original med högt samlarvärde. Det nya huset är en verklighet sedan några månader tillbaka. Om L'Éclaireur på rue des Rosiers behagar kvinnan, kan man säga att det nya klädtemplet faller mannen i smaken.

På samma gata har australiern Martin Grant sin blygsamma ateljé. I liten skala men med stor precision skapar Grant vackra 50-talsinspirerade kläder. Och på intilliggande rue Pavée finner man Caravane, en av Paris hetaste inredningsbutiker, som är en resa bland nordafrikansk hemtextil och möbler i orientalisk stil. Även här är det en säker hand som valt ut den genuina, iranska handvävda mattan till strama, kraftfulla handgjorda trämöbler och svulstiga soffor i sammet, genomskinliga gardinlängder och färgglada glaslampor, bara för att ge några exempel.

Maraiskvarteren har ett spännande folkliv sju dagar i veckan; på söndagar är det perfekt för sena brunchfrukostar på mysiga kaféer och därefter dröjande promenader bland foto- och konstgallerier.

Intellektuell shopping

Till vänstra stranden och Saint-Germain-des-Prés på andra sidan floden, från Le Marais räknat, kommer man via någon av Seines vackra broar, förslagsvis Pont-Neuf över Île de la Cité. Det var den bro som konstnären Christo klädde i tyg, som en tillfällig konstinstallation 1985.

Om jag själv får välja mitt favoritkvarter i Paris så är det Saint-Germain. Trots konsumtionshysterin har gatorna här lyckats behålla en intellektualitet

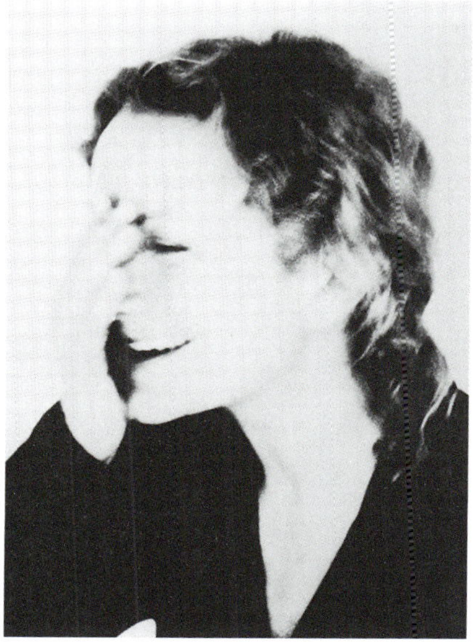 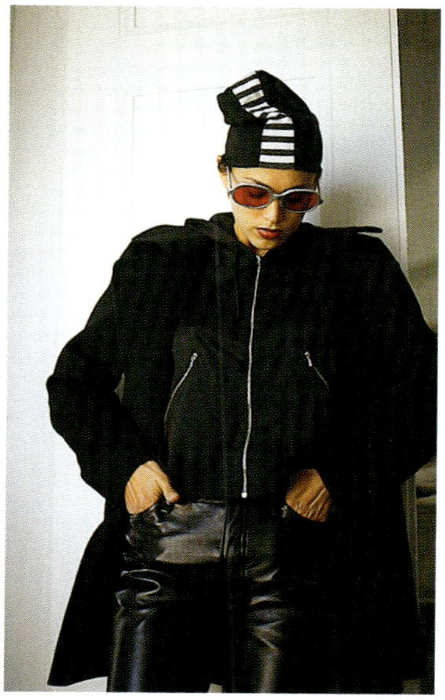

vad gäller butikerna, om det nu går att uttrycka sig så, och det är alltid lika spännande att flanera här. Man går från en kunnig kläddesigner som Irié till en ännu kunnigare kosmetikabutik som Shu Uemura och fortsätter till bokhandeln La Hune, som är absolut kunnigast av dem alla, tar en *crème* på Café Flore och tittar på folk, släntrar sedan in i en gränd och upptäcker den nyöppnade accessoarbutiken Upla, korsar torget vid l'Église Saint-Germain, viker av på rue Bonaparte och kikar i vartenda skyltfönster med märkesvaror som Fabrice, Max Mara, Ventilo, Comptoir des Cotonniers, Cacharel bort till rue Saint-Sulpice och där – där ligger Agnès B, min absoluta favorit genom alla tider, med kläder som går att kombinera i all oändlighet. Sedan förbi Catherine Memmi med varor i brunt och vanilj för hemmet, i kashmir för komforten och i linne och bomull för sängen, men tyvärr inte särskilt bekvämt för plånboken. Det är däremot Muji, en japansk *no brand*-butik som har fungerat i många år, där man finner kläder, inredningsprylar för kök och badrum, porslin, keramik, kläder, väskor, kontors- och pappersvaror, allt är så otroligt rätt och nedtonat, tidlöst och

Agnès Troublé, alias Agnès B, utbildade sig till designer på École des Beaux-Arts i Versailles. Hon började därefter som modejournalist på tidningen Elle, arbetade i några år som designerassistent och startade 1975 sin första butik i Paris. Agnès B är känd för sina kombinerbara kläder i modeller som aldrig går ur tiden och för sina repetitiva färger: svart, blått, brunt, rosa, vitt. Foto: Christian Moser (t.v.).

snyggt och dessutom oerhört billigt. Mittemot ligger Maison de Famille, heminredning och kläder med orientaliska och traditionella inslag.

Avslutningsvis besöker jag gärna floristen Christian Tortus designbutik och hans fantastiska blomsteraffär strax intill. Inför hans utsökta blomsterarrangemang kan man bli stående, länge …

Det mångkulturella Paris

Paris är en stad som bejakar inslag från olika kulturer. Här finns en förkärlek för det orientaliska, inte minst inom mode, mat, musik och inredning. Många modeskapare som är verksamma i Paris kommer från andra kulturer och bidrar till det varierade modet. Azzedine Alaïa från Tunisien gjorde en enorm succé när han introducerades på modescenen under 1980-talet, och det var med hans

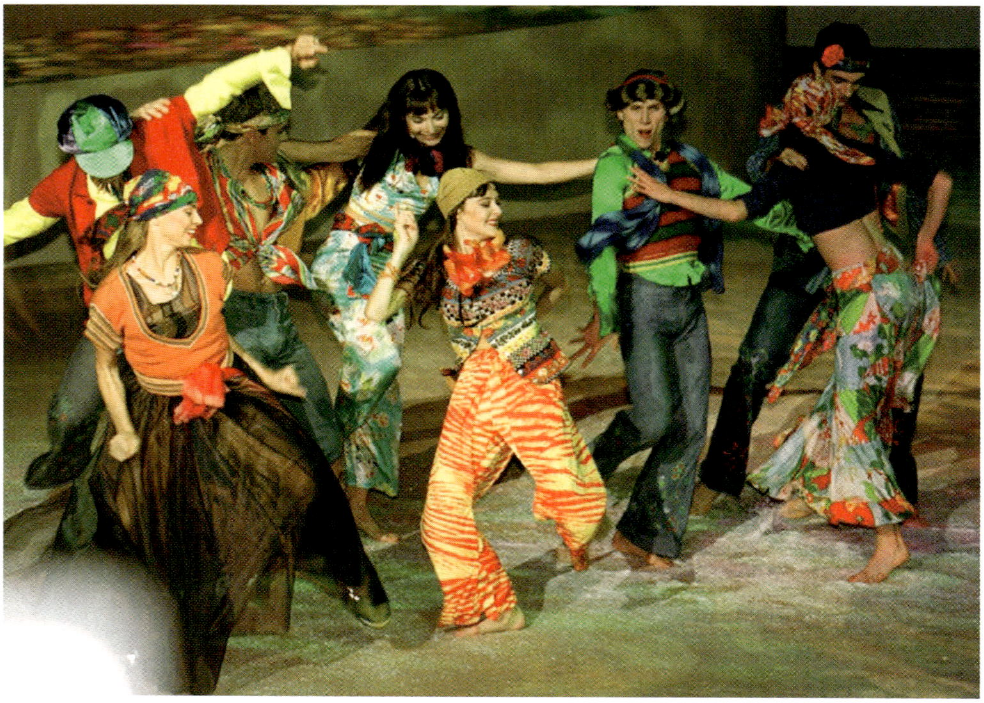

Kenzo Takadas fantastiska avskedsfest. En retrospektiv modevisning med musik, dans och klädkollektioner som hämtat inspiration från all världens kulturer. Här ses hans Afrikatema. Foto: Petter Oftedal.

kroppsnära mode som stjärnmodeller blev ett begrepp. Ett annat, senare tillskott är designern Lamine Kouyaté från Mali, vars märke Xuly Bët började med en idé om återanvändning. Han omarbetar gamla kläder, och hans kollektioner med moraliskt korrekta avsändare är mycket eftertraktade av dagens radikala generation.

Japanen Kenzo Takada, som inledde sin verksamhet i Galerie Vivienne, var en av de första som införde ett mångkulturellt uttryck i modet. Som en frisk fläkt mitt under den »fria« hippieeran kom han till Paris 1970. Jag var närvarande när hans första kollektion presenterades utanför butiken i passagen och det var en avspänd tillställning utan större uppbåd. Det var inte lika chict som det brukade vara på andra visningar och där spelades mysig soulmusik. Jag fick en känsla av att hans skapande var en lek, hans kläder var befriande slappa. Han ställde aldrig sig själv i förgrunden utan delade generöst med sig till alla sina assisterande designers. Kenzos kollektioner kunde lätt uppfattas som kollektiva projekt.

Kenzo blev genast oerhört uppskattad av den franska modetidningen Elle, som hade en ung läsekrets, och modejournalisterna avgudade alla hans idéer. Han fick så mycket uppmärksamhet i pressen att den unga 70-talsgenerationen formligen jagade hans färgstarka, folkloristiska kläder. En av Kenzos viktigaste medarbetare, Irié, som bland annat var idégivare till Kenzos djungeltema, har senare fortsatt i egen regi och haft stor framgång, inte minst bland modeskribenter, för sina lättillgängliga och kombinerbara kläder. Iriés signum är leopardmönstret, som alltid finns med på något sätt, vare sig det är aktuellt hos andra eller inte. Han var också den förste som började arbeta med stretchtyger, och fortfarande köper jag de bäst skurna stretchbyxorna i världen hos Irié.

Några år senare öppnade Kenzo Takada butik på place des Victoires och gjorde sina första stora modevisningar i börshuset vid Les Halles. Journalister från hela världen slogs om att få komma in. Det var så stökigt vid entrén att poliser fick sätta upp kravallstaket för att ingen skulle komma till skada. Ingen ville missa de äventyr som Kenzos visningar innebar. Ofta låg haschdoften tung under den välvda börskupolen, det var ju 70-tal! Kenzo visade »frihet« i modet, inga borgerliga uttryck, bara ungdomsorienterad, ny energi. Modellerna, musiken, dekoren, kläderna, ja, allt skulle förmedla en känsla av kärlek, gemenskap, glädje och sorglöshet. Kenzo var först med att presentera modeller från hela världen, vilket även det var en sensation, och den lättsinniga och hoppfulla känsla som han gav uttryck för i sitt mode var svår att motstå.

Kenzo är fortfarande ett starkt varumärke, men själv satte han punkt för sin karriär med höstkollektionen 2000 och lämnade sedan över saxen till den franske designern Gilles Rosier på damsidan och till dansken Roy Krejberg på herrsidan. Detta skedde med en hejdundrande, veckolång fest i Paris, dit många av hans trogna favoritmodeller inbjöds, bland andra de svenska modellstjärnorna från 70-talet Gunnel Hemmel, Gunilla Lindbladh och IngMarie Lamy. Till festen anordnade Kenzo en retrospektiv modevisning som visade hur han hämtat inspiration från jordens alla hörn. Hans indiska epok illustrerades till exempel av elefanter och de afrikanska inslagen av traditionella trummor. Där var en enda slingrande catwalk som runt en osynlig jordglob. Med denna storslagna fest tog Kenzo Takada ett överdådigt avsked. Nu har han dragit sig tillbaka och lever i stället ett zenliv i avskildhet.

Andra japaner, som Yohji Yamamoto, Rei Kawakubo (Comme des Garçons) och Issey Miyake, följde i Kenzos fotspår och öppnade butiker kring place des Victoires, på rue Étienne Marcel. Det var med dessa japanska parisare som minimalismen kom in i modet. Influerade av den rörliga, funktionella och enkla japanska klädedräkten skapade de sin egen skola. Minimalistiskt betydde för dem former befriade från detaljer, och Yamamoto, som studerat arkitektur i Tokyo, experimenterade med nya former, som tydligast framträdde i mörka färger som svart. Under senare delen av 80-talet började också hela världens modejournalister att klä sig i svart. Det var intellektuellt, medvetet och visade att man bejakade formen. Och så är det än i dag, med den skillnaden att japanerna nu lagt starka high tech-färger till det svarta. Färg är det neomodernistiska tecknet på att man följer med i vad som händer inom textilindustrin.

Junya Watanabe är en av dagens japanska kreatörer som redan nu använder sig av framtiden i sitt skapande; han prövar till exempel nya material och vävtekniker innan textilindustrin egentligen tagit dem till sig. Han utforskar dessutom formen och visar på nya lösningar, som man trots allt ändå känner igen från den traditionella japanska klädedräkten. Jag skulle vilja likna Junya Watanabe vid filmskaparen Ang Lee, som i sin film *Crouching Tiger, Hidden Dragon* också låter historien få ett neomodernistiskt uttryck.

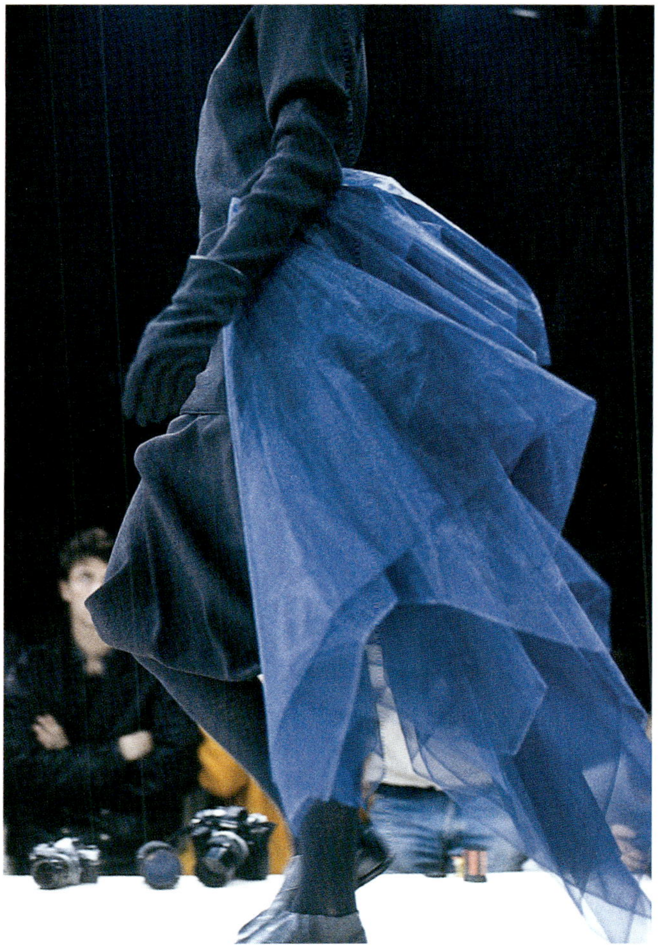

Modern version av turnyren enligt Yohji Yamamoto, ur höstkollektionen 1986/87. Hans skapande bär på reminiscenser från förr – Yamamoto inspireras bland annat av arbetskläder från förra sekelskiftet.
Foto: Heinz Angermayr.

Folkligt och chict

Tillbaka i Walter Benjamins spår spatserar man vidare på stadsplaneraren Georges Haussmanns boulevarder och avenyer som förändrade den parisiska stadsbilden vid 1800-talets slut. Den mest berömda av dem alla är avenue des Champs-Élysées, en huvudattraktion för alla turister. Den storslagna arkitekturen, med monument som Triumfbågen vid ena änden och Napoleons obelisk vid den andra, upphör aldrig att imponera. Kanske var avenyn inte lika populär då den byggdes, men i dag upplever nog människor denna öppenhet som ett generöst välkomnande till Europas huvudstad (om fransmännen fick välja).

På Champs-Élysées flanerar man; folk betraktar mångfalden av människor på trottoarserveringarna samtidigt som de shoppar febrilt. Och här finns en otrolig mix av allt: eleganta varumärkesbutiker som Tara Jarmon, billighetsvaruhuset Prisunic och lågprismärken som Zara.

Champs-Élysées husfasader inrymmer också gamla passager och gallerier där man bland annat finner parfymhuset Guerlains galjonsbutik, Virgin Megastore, Häagen-Dazs glassbutik och McDonalds hamburgare. »Les Champs« pulserar till sena timmen; här ligger många biografer och speciellt de som visar odubbade filmer på originalspråk. Champs-Élysées är en klasslös aveny där människor från all världens kulturer flanerar i en strid ström.

Men det chicaste och exklusivaste modestråket är numera avenue Montaigne. Här har den internationella varumärkeseliten samlats på en och samma skådeplats – vem har den mest raffinerade butiken? Alla är vad man skulle kunna kalla för modetempel. Hos prestigefyllda varumärkesbutiker som Jil Sander, Calvin Klein, Louis Vuitton, Dior, Nina Ricci, Inès de la Fressange och Gucci har kläddesignern och arkitekten mötts och samsats om inredningen. Jil Sander anlitade exempelvis italienaren Claudio Silvestrin, som är en av de mest inflytelserika arkitekterna vad gäller modegallerier.

Hemligheten bakom dagens starka och prestigefyllda modevarumärken ligger i helhetstanken; det är inte modet allena som skapar status, utan god design, konst och funktionell arkitektur i kombination. Vår tids framgångsrika *magasins de nouveautés* utgörs av de gamla gallerierna som omformats för att erbjuda ständigt nya upplevelser. Det är som för hundra år sedan, fast annorlunda. Och som bekant måste man kunna sin historia för att vara modern och förstå samtiden.

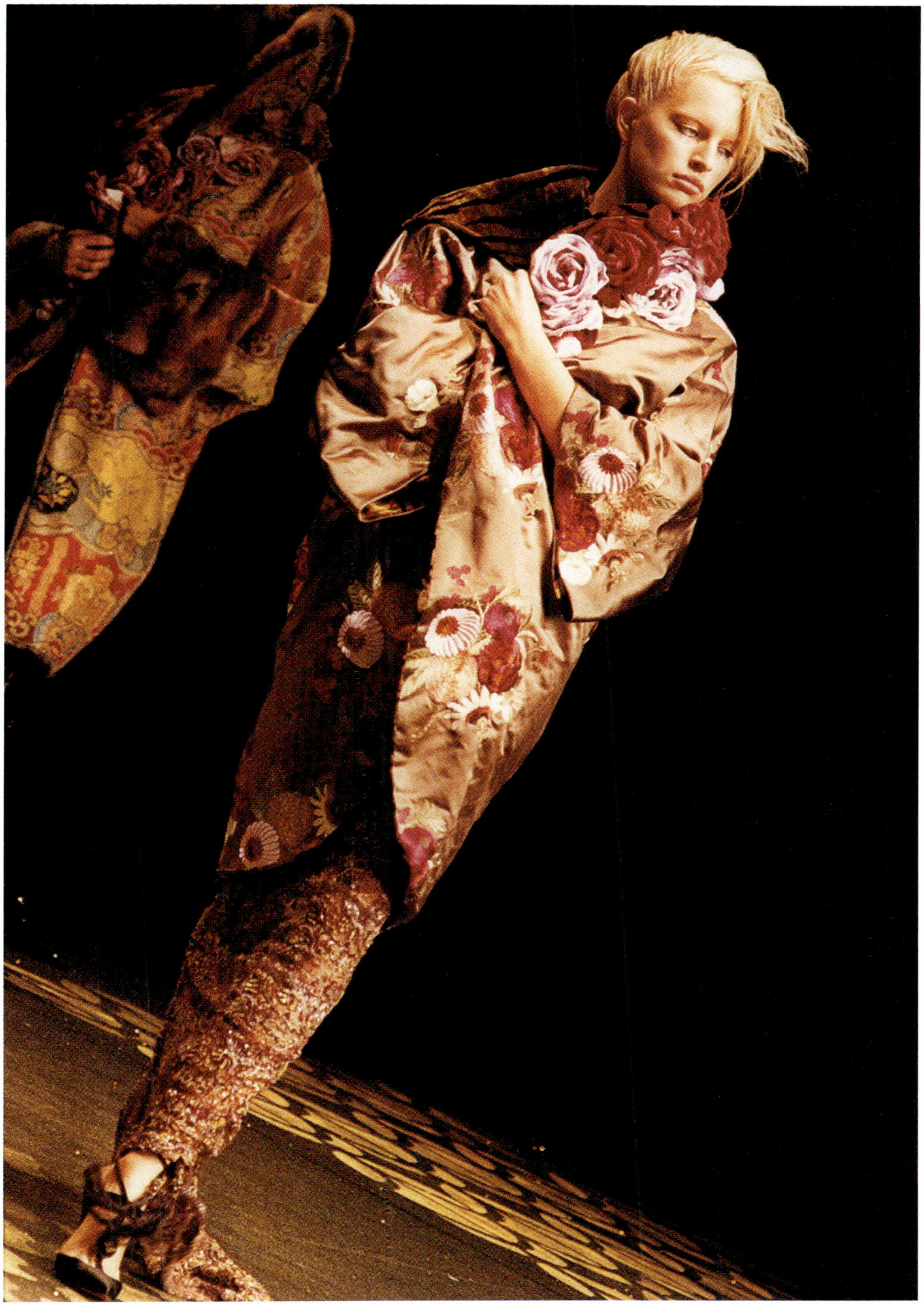

Emanuel Ungaro är ett av de exklusiva modehus som ligger på avenue Montaigne. Här haute couture från hösten/vintern 2001/2002
Foto: Françoise Huguier.

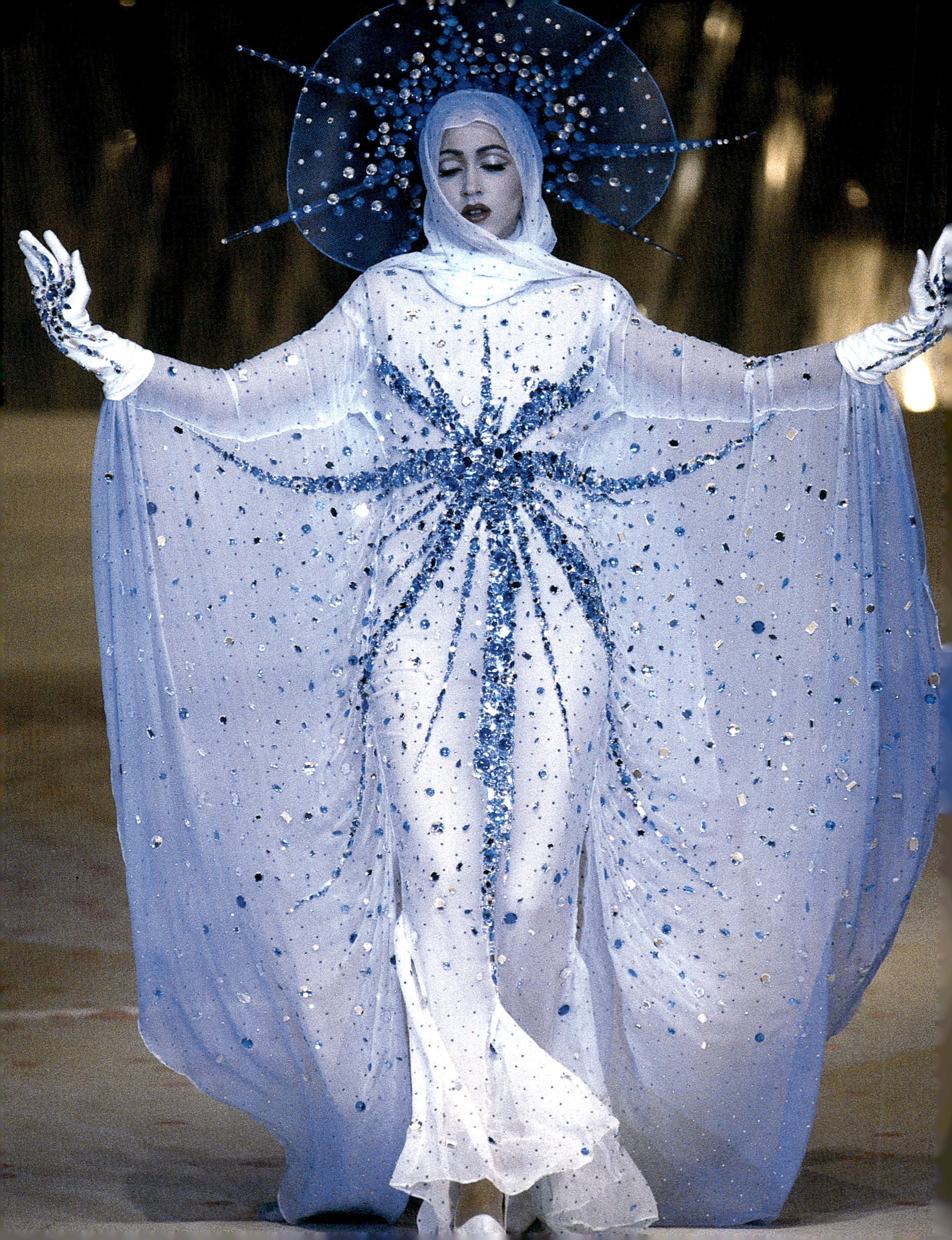

Konst och mode

Klädhantverket – en konstart

Att skapa originella kläder är en konst. Människan är en skapande varelse och varje individ har unika möjligheter att tolka modet på sitt eget sätt. Den danske konsthistorikern R. Broby-Johansen skriver i *Kropp och kläder*: »Kläder är konst, bunden till tid och plats som allting annat människor formar och färglägger. Beklädnadskonst är brukskonst som arkitektur men inte stillastående som byggnader; konstverk i ständig rörelse som musiken, men utan att fly som tonerna. Med bägge dessa konstarter har modekonsten det gemensamt att den inte föreställer utan framställer något. [...] Som alla andra konstverk speglar kläderna den tid som frambringar dem. Aningslöst avslöjar sig tidens människor i den konst som de accepterar, och i den som de avvisar. Och ingen konstart är subtilare än variationerna över det mest lockande av alla teman: den mänskliga kroppen.«

Klädmodet tar sig många olika uttryck, alltifrån det banala till det eleganta eller storslagna, och klädkonstnärerna arbetar med skilda medel; några vill kanske förmedla skönhet medan andra ifrågasätter och provocerar.

Det har dock alltid funnits en viss distans mellan konsten och modet, och i de kretsar där man mer uppfattar kläder som kommersiell fåfänga än som ett ut-

Franske modeskaparen Thierry Mugler firade sitt 10-årsjubileum 1984 med pukor och trumpeter. Han iscensatte den största visningen någonsin i Paris i den nybyggda, rymdinspirerade konserthallen Zenith inför en publik på 6 000 personer. För första gången i modehistorien fick allmänheten tillträde till en kreatörsvisning. Modellen på bilden, Pat Cleveland, var en absolut ledande stjärna på modellhimlen. Foto: Heinz Angermayr.

tryck i tiden har inställningen till mode ofta varit nedlåtande. Det blir lätt så när man populariserar en konstart i syfte att sälja.

Men de kommersiella uttrycken kan också resultera i konst, vilket skedde på 1960-talet då Andy Warhol och Roy Lichtenstein avbildade vardagslivets alla banaliteter och blev popkonstens påvar. Varumärken, kändisar, tecknade serier, reklam, tv och andra populärkulturella och massmediala företeelser kom i deras konst att spegla ett samhälle som blivit alltmer inriktat på konsumtion och yta.

Ett aktuellt försök att göra ett tidsdokument av dagens marknad är det dekonstruerade Palais de Tokyo i Paris, som invigdes i januari 2002 med utställningen »(m)art« – marknadskonst. Fritt fram för alla att göra konst av vår tids dagligvaror, och kanske ett försök att uppdatera 60-talets popart.

Sensationskonst och yta

Den glamouriserande reklamen som erövrat världen under de senaste decennierna har blivit vägledande för människors val. Marknaden med stort M, med tillgång och efterfrågan, förförande strategier och produktion av modevaror som ska tillfredsställa den näriga näringen och dess aktieägare har blivit förhärskande.

Varumärkeskulturens säljande stjärnfixering har också påverkat dagens konstvärld, där säkra konstnärsnamn glamouriseras precis som andra marknadsmässiga märkesvaror och där den som har råd kan köpa sig »en doft av den fina världen«. Ett aktuellt exempel är den kontroversielle Jeff Koons porslinsskulptur »Michael Jackson and Bubbles« från 1988, där den amerikanske popstjärnan avbildats i naturlig storlek tillsammans med sin schimpans. Jeff Koons blandar högt och lågt, stjärnkulten är påtaglig och ytan betyder allt. Skulpturen av Michael Jackson såldes i maj 2001 för 5,6 miljoner dollar vid en auktion hos Sotheby's i New York.

Ett annat uttryck för sensationskonsten står Charles Saatchi för. Han är en av bröderna bakom reklambyrån Saatchi & Saatchi och en av världens mest kända samlare av samtida konst. Han har sedan 1980-talet spelat en framträ-

Ola Billgren, »Paris«, 1973.

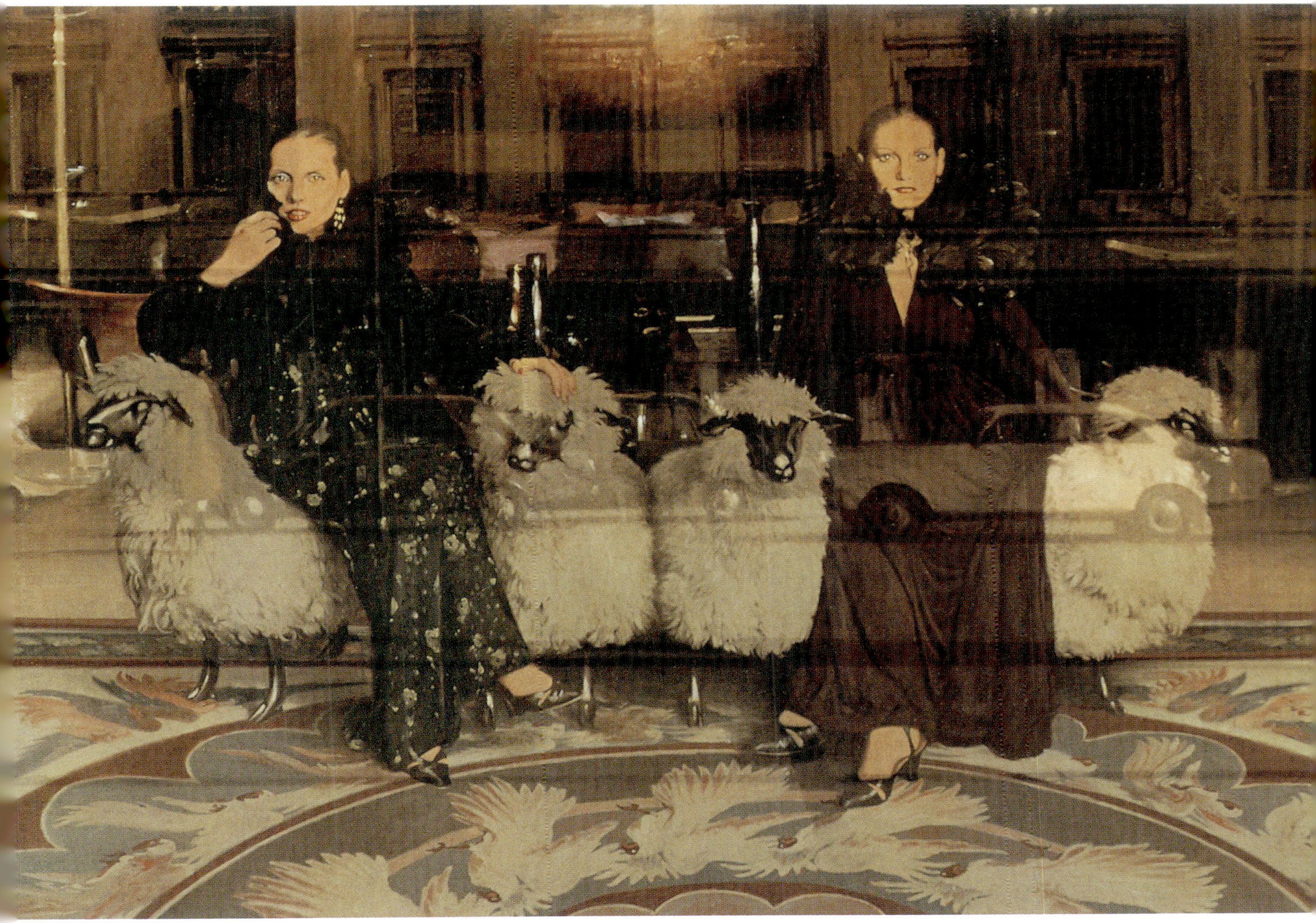

dande roll som mecenat på den engelska konstscenen, han har skapat ett modernt konstmuseum, Saatchi Gallery, i norra London och initierat en rad utställningar, bland annat den skandalomsusade »Sensation« på Royal Academy of Arts år 1997.

Utställningen, där den nya generation konstnärer som kallats Young British Artists (bröderna Jake och Dinos Chapman, Sarah Lucas, Damien Hirst med flera) medverkade, var minst sagt chockerande, vilket naturligtvis var syftet. Den »konst« som visades där var som den engelska tabloidpressens skandalrubriker omvandlade till objekt i form av skulpturer, tavlor, installationer och fotografier med ett innehåll som kretsade kring vad människors miserabla psykiska tillstånd kan åstadkomma, all tänkbar perversion, pornografi, pedofili, mord och kadaver i upplösning och förruttnelse. Dessa uttryck har i sin tur influerat Englands unga modefotografer i tidningar som The Face och i-D.

Modereferenser inom konsten

Precis som modet är konsten ett uttryck i tiden. Ola Billgren, en av våra mest uppskattade samtida konstnärer i Sverige, använde sig av fotografiet i sina kompositioner. Ett av hans verk såldes till Musée d'Art Moderne i Paris, vilket är unikt. I Frankrike har man sällan brytt sig om att uppmärksamma skandinavisk konst. Den tavla som köptes in av museet heter »Paris« och målades 1973.

För mig är Ola Billgrens tavla en mycket stark referens till Paris som modekulturens huvudstad. Den bygger på en bild av fotografen Helmut Newton, tagen i modeskaparen Yves Saint Laurents privata hem. I denna rikt dekorerade miljö sitter två modeller, iklädda Yves Saint Laurents kreationer, på två djurskulpturer från 1970-talet av den franske konstnären Claude Lalanne. I förgrunden dominerar en matta, vars färger konstnären förstärkt så att det orientaliska inslaget i inredningsstilen inte går att ta miste på. Yves Saint Laurent är också känd för att ofta just använda sig av orientalismen som influens i sitt skapande.

Ola Billgren har sedan med sin egen teknik lagt ytterligare en bild på bilden. Den föreställer en gata i en stad, vilket får betraktaren att uppleva konstverket som om det vore ett skyltfönster. Tidens uttryck är så slagkraftigt i detta konstverk att jag genast känner igen 70-talets puls med dess samhällsspeglande konst och olika moden. Denna period var unik, eftersom de idéer som skapades då var både nya och omdanande. Konstnärer som Jim Dine, Andy Warhol, Julian Schnabel, Arman, Niki De Saint Phalle, Roy Lichtenstein och David Hockney utnyttjade alla tidens modeuttryck.

Andy Warhol och The Factory

I början av 1960-talet, alltså redan före den politiska vändningen då det plötsligt blev möjligt för olika politiska och kulturella grupper att välja sina egna konstuttryck, hade Andy Warhol initierat ett nytt konstbegrepp. I hans beröm-

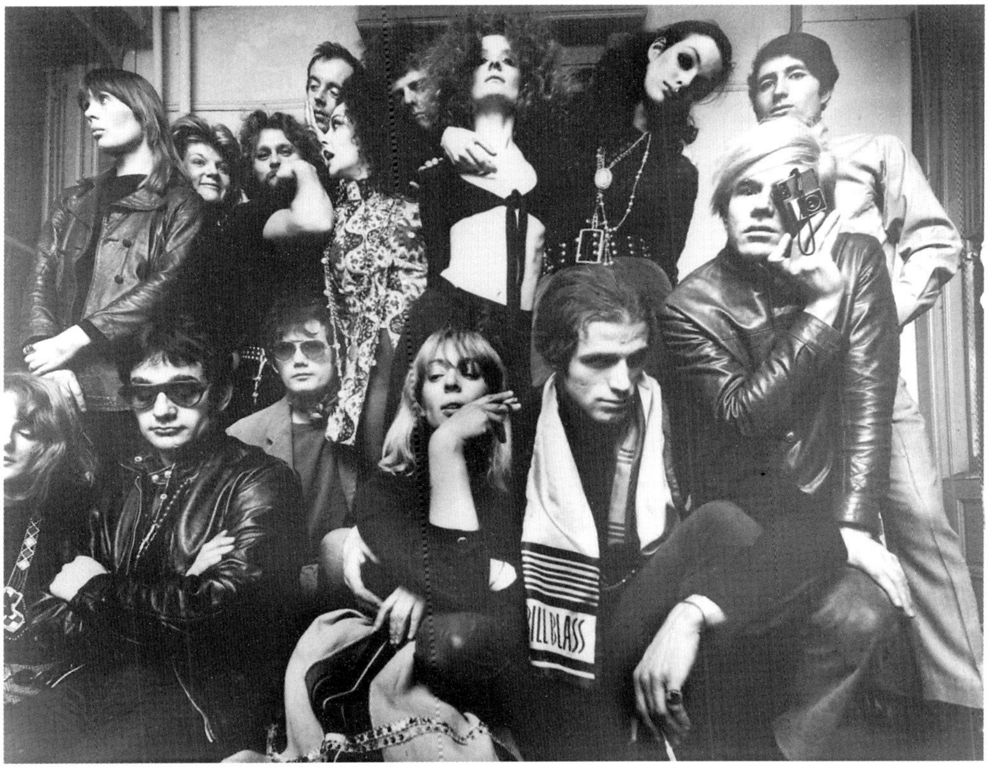

The Factory. Övre raden, från vänster till höger: Nico, Brigid Polk, Louis Waldon, Taylor Mead, Ultra Violet, Paul Morrissey, Viva, International Velvet, okänd. Nedre raden: Ingrid Superstar, Ondine, Tom Baker, Tiger Morse, Billy Name och Andy Warhol. Foto: Gerard Malanga.

da verkstad i New York, The Factory, förvandlades vardagsföremål till konst. Produktionen låg nära modet och handlade mycket om det opersonliga i attityder och yta.

The Factory kom att bestå av en samling egocentriska individer med noga instuderade attityder, äkta och oäkta, som om de ville påvisa att en image inte är något som bara uppstår av sig själv eller genom det sätt på vilket man agerar eller beter sig. Image handlar om utseende och stil. Alla dessa skapande personer i kretsen kring Warhol hade olika strängar på sin lyra; de skrev och diktade, målade, fotograferade och installerade, filmade, skulpterade eller kanske bara tänkte. De överskred och testade alla tänkbara gränser. I detta kollektiv fullt av individualister tillverkades nya konstnärliga uttryck under en tid då det amerikanska konsumtionssamhället stod inför sitt stora genombrott.

Denna så kallade popkonst handlade också om serietillverkning och business och var på så vis ett svar på de strömningar som pågick i världen utanför »konstfabriken«, den var en spegling av samtiden.

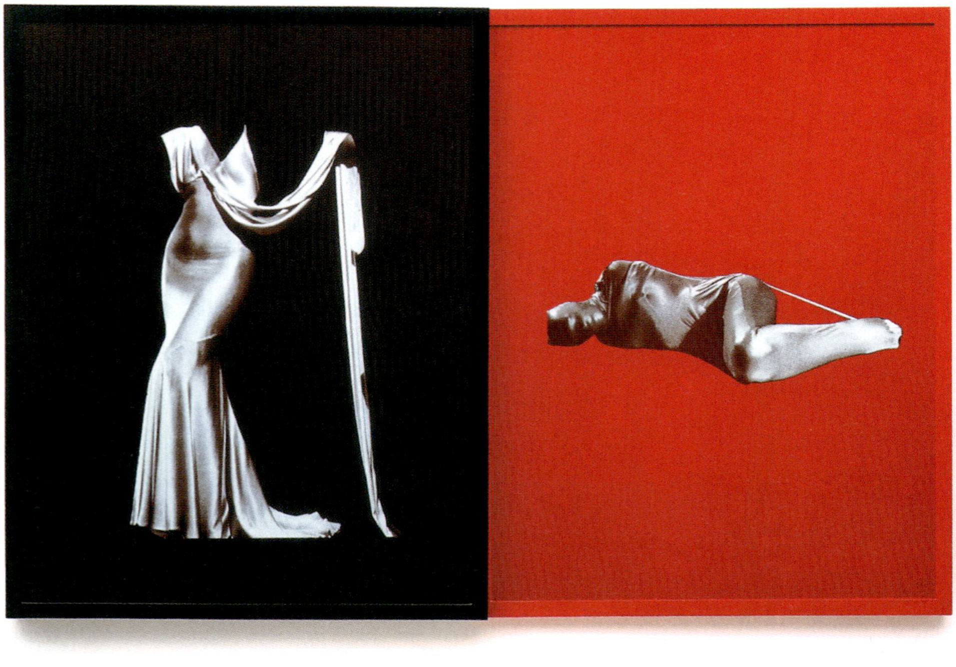

Sarah Charlesworth, från serien »Objects of Desire«, 1983. Courtesy of Gorney Bravin + Lee, New York.

Andy Warhols idéer om att glamourisera vardagen och göra om den till kommersiell konst var mycket kontroversiell. Jag minns den attraktion som The Factorys besök på Moderna museet i Stockholm i slutet av 60-talet hade på min generation, som ju ville förändra den inskränkta borgerligheten och som välkomnade en ny friare livsstil med demokratiska värden. Då kanske vi inte riktigt kunde uppfatta det kommersiella hot som Warhol förutspådde, men i dag har det fått förnyad aktualitet och därför uppmärksammas också Andy Warhol och popkonsten åter igen. Den stora popkonstutställningen »Les Années Pop« på Centre Pompidou i Paris våren 2001, som visade en blandning av måleri, mode och design, arkitektur och musik, sågs av hundratusentals människor som sedan dess säkerligen går och funderar över vad masskonsumtionen egentligen har varit värd.

Modefotografiet som konstart

Under 70- och 80-talen fungerade modefotografiet som enastående tidsdokument, tack vare verkligt stora föregångare inom genren, till exempel Irving Penn, Richard Avedon och William Klein som inspirerat en hel skara nyskapande modefotografer, bland andra Helmut Newton, Guy Bourdin, Peter Lindbergh, Sarah Moon, Pamela Hanson, Deborah Turbeville, Michel Comte, Arthur Elgort, Oliviero Toscani och Paolo Roversi. Det gemensamma för dessa fotografer är att de alla har skapat egna stilar. Så verkar det inte vara i dag, trots att fotografiet har tagit en allt väsentligare plats i konstsammanhang, ja, i hela vårt samhälle.

Med 80-talets postmoderna tankegångar inom konstteorin följde en livlig diskussion kring själva konstbegreppet, en debatt som också kom att kretsa kring fotografiet. Intressant nog var det tre kvinnor som kom att framstå som de mest inflytelserika förnyarna inom fotografikonsten under denna tid: Barbara Kruger, Sarah Charlesworth och Cindy Sherman.

Barbara Kruger arbetade i början av 70-talet som grafisk formgivare och art director för en rad damtidningar, bland annat Mademoiselle, hos det amerikanska förlaget Condé Nast. Där utvecklade hon sin grafiska begåvning men lärde sig också att se hur tidningar manipulerar sina kvinnliga läsare med bilder

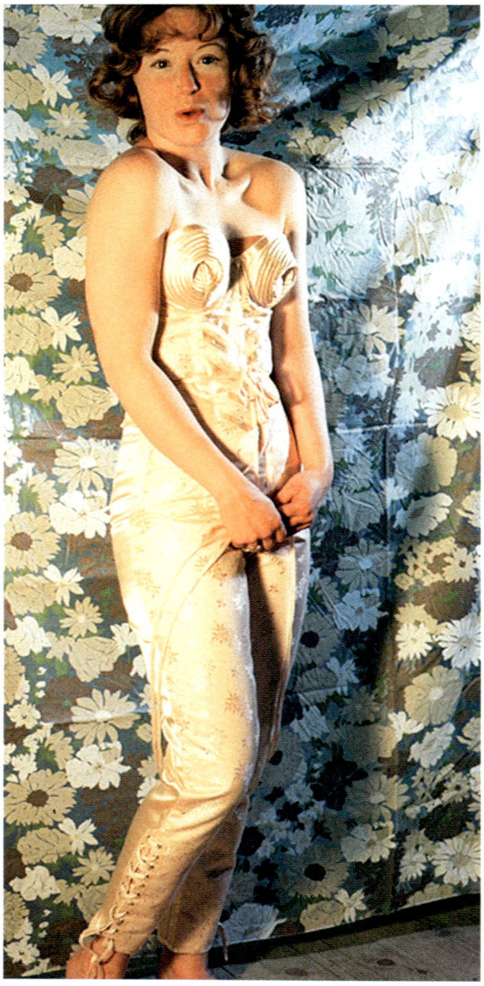

Cindy Sherman, »Untitled« från serien »Fashion«.
Courtesy Cindy Sherman and Metro Pictures.

som bygger på mäns tolkningar av sina egna drömmar. I sin fotokonst lyfter Barbara Kruger ut fragment av dessa förutsägbara damtidningsmanér ur deras ursprungliga sammanhang för att förtydliga och på så vis slå hål på schablonerna och i stället föra fram kvinnornas egna budskap, ofta i form av tydliga grafiska sentenser.

Sarah Charlesworth har också använt sig av damtidningarnas visuella språk. Hennes fragmenterade, skärskådande svit »Objects of Desire«, där bilder hämtade ur modepressen frilagts och placerats mot monokroma bakgrunder, avslöjar den totala tomheten bakom mannens fantasiobjekt.

Cindy Sherman är min personliga favorit. Hennes bilder återkommer jag ofta till, bland annat när jag ska illustrera mina föredrag. Hennes arbete kretsar kring »kvinnors maskerad« och belyser de roller kvinnor spelar. Hon är starkt kritisk mot patriarkatet och ifrågasätter det manliga konsumistiska påfundet att betrakta kvinnan som objekt och roar sig med att själv ikläda sig olika roller hämtade ur filmhistorien, konsthistorien och modehistorien. Hon klär helt enkelt ut sig, vilket hon gjorde redan som liten flicka. Hennes bilder visar tydligt att kvinnor finner nöje i att smycka sig, ett faktum som inte kan teoretiseras bort. Många klädskapare har fascinerats av Cindy Shermans provokationer och det sätt på vilket hon behandlar kläder, och ibland har hon faktiskt också samarbetat med företrädare för modevärlden, till exempel Rei Kawakubo, den radikala designern bakom märket Comme des Garçons.

Man skulle kunna säga att dessa fotokonstnärer var de egentliga pionjärerna bakom det bildmanér vi i dag möter i media. Deras konst förmedlade ett kritiskt budskap och var ofta upprörande. Den väckte frågan vad som egentligen är konst. Nu gör många samtida fotografer i stället geschäft av radikala idéer och rationaliserar bort innehållet för att enbart förmedla en ointressant yta.

Redan under 80- och 90-talen dök det upp en ny generation modefotografer i England: Nick Knight, Juergen Teller, Elaine Constantine, Rankin, Corinne Day med flera, som tycktes vara ute efter att medvetet »smutsa ner« modefotografiet. Nick Knight är kanske den fotograf som gått ut hårdast och som också har lyckats bäst med sina konstbilder.

Generellt har det dock blivit allt svårare att över huvud taget se någon skillnad mellan olika modefotografers bilder, särskilt om man bläddrar i nya modetidningar som Spoon, Rank, Purple, Dutch, Ned2, Tank, WAD, Common & Sense och Dazed & Confused. De fotografier vi möter i dessa minimalistiska tidningar, som ofta säljer mode nästan helt utan kommenterande text, anses av en ny generation trots sin bristande särart vara konst. Och de flesta av dagens unga fotografer hävdar bestämt att de i de nya bildtidningarna är fria att skapa vilka modeuttryck som helst, alltså ser de sig själva som konstnärer. Både grova och banala vardagsbilder betraktas som konst därför att de provocerar och vågar visa primitiva, intima, råa och vulgära situationer ur människors misär. Konsten tillåter sig här att med postmoderna förtecken spela med det oestetiska, medan konsten enligt den traditionella uppfattningen vanligtvis handlar om estetik. Och som av en händelse: få av dessa fotografer är kvinnor.

För en ny och visuellt tränad generation är modebilden, som liksom popkonsten fötts ur en kommersiell verklighet, trovärdig konst. Den behöver inte nödvändigtvis vara estetisk. Man menar att dessa modebilder är viktiga samtidsuttryck och att de följaktligen kan tjäna som instrument för samhällskritik. Samtidigt kan detta ha en förödande inverkan på unga människor som slaviskt följer moden i jakt på identitet. Och vart tog det lustfyllda vägen?

I det oklara området mellan konst, reklam och journalistik krävs vanligtvis ingen specialkunskap vad gäller mode; stylister och journalister får härja fritt och förmedla sina personliga uppfattningar. Det sorgliga är bara att dessa inte sällan är både oinitierade och fördomsfulla, och att de påverkar och styr läsekretsen som riskerar att bli både frustrerad och oerhört förvirrad.

Självklart har modefotografiet förändrats i takt med samhället; tekniska framsteg har gjorts och modet har blivit mer tillgängligt för alltfler. Det ständigt föränderliga modet ute på gatorna har också influerat modebilden, som nu framställs i en serie snapshots. Och med tanke på alla de bilder en fotograf på det sättet åstadkommer, vore det ju märkligt om inte åtminstone några blev bra. Men det ligger långt ifrån de första modefotografernas arbetssätt, de som kunde ägna dygn åt bildkomposition och teknik. Men så är också fotografier av Edward Steichen från 1920-talet, Horst P. Horst och Cecil Beaton från 30- och 40-talen och Erwin Blumenfeld från 50-talet oslagbara konstverk.

Gränslöst formspråk

För att behålla konst- och kulturbegreppet kring mode och kläder måste vi lära oss att klart skilja ut vad som är konst och inte och se hantverket bakom. Det skulle skapandet må bra av. Naturligtvis kan inte den massproduktion som kräver bortrationalisering av idéer och hantverk kallas konst. Men inte heller är alla som hantverksmässigt håller på med kläder konstnärer! Skillnaden mellan det konstnärliga skapandet och industridesignen måste beskrivas tydligare än vad som sker i dag. I designvärlden talar man alltid om hur formgivare inspirerats av olika årtionden, det må vara 30-tal, 50-tal, 70-tal eller 80-tal, som alla refererar till ett tydligt formspråk. Men hur beskriver vi 90-talet? Det jag ser är ett totalt kaos av raserade kunskaper och värden. Det är inte lätt för 2000-talets innovatörer att hitta »nya« former. Något tydligt tidssignalement finns ännu inte, förutom själva nedbrytningen av form. Vad som vagt kan urskiljas är vördade reminiscenser från förr som, i någon sorts *Mad Max*-anda, styckas och rekonstrueras med den nya, virtuella teknikens kännetecken: »Teknik för teknikens skull.«

Mad Max-filmerna utspelar sig i ett dystopiskt Australien, där de överlevande människorna efter ett atomkrig försöker leva med utgångspunkt i primitiva beteendemönster och rester från en avancerad teknologisk och materialistisk era. Vad som sker nu bland många designers, som för tankarna till dessa filmer, är att de experimenterar med nya material. De dissekerar, tar isär och gör om; arbetet utförs som i en verkstad, där nya former och uttryck »mekas« fram.

Belgaren Martin Margiela var en av de första i denna nya generation klädskapare. Hos de gamla hederliga modehusen Dior och Givenchy har modekreatörerna John Galliano och Alexander McQueen fått härja fritt med att »klippa och klistra«. Båda är punkinspirerade (en stil som engelska designers nästan aldrig släpper greppet om) och ligger ofta väldigt nära *Mad Max*-looken i sin design.

De nya tygerna med häpnadsväckande egenskaper är något vi med all säkerhet kan se fram emot. Redan nu finns uppfinningar som mikrofibermousse, som gör att underkläderna formas efter kroppen, magnetiskt garn av stål och polyester till tröjor som ska förhindra hjärtinfarkt, garn av mjölkprotein, elektroniskt tyg till självnavigerande jackor och mycket annat. Teknologin har gjort det möjligt att förse tyger med dofter och smaker eller med antibakteriella, läkande, välgörande och skyddande egenskaper. Den japanske designern Junya Watanabe har genom sitt ständiga experimenterande redan förberett sin publik med olika material. Med poesi skapar han sina framtidsvisioner, och kläderna känns absolut inte omöjliga eller svåra att bära.

Vi befinner oss i en mycket spännande tid när olika slags material utvecklas och testas för att ges nya egenskaper och funktioner. Det är en tid som välkomnar klädkonstnärer som omprövar klädedräkten och de traditionella formerna.

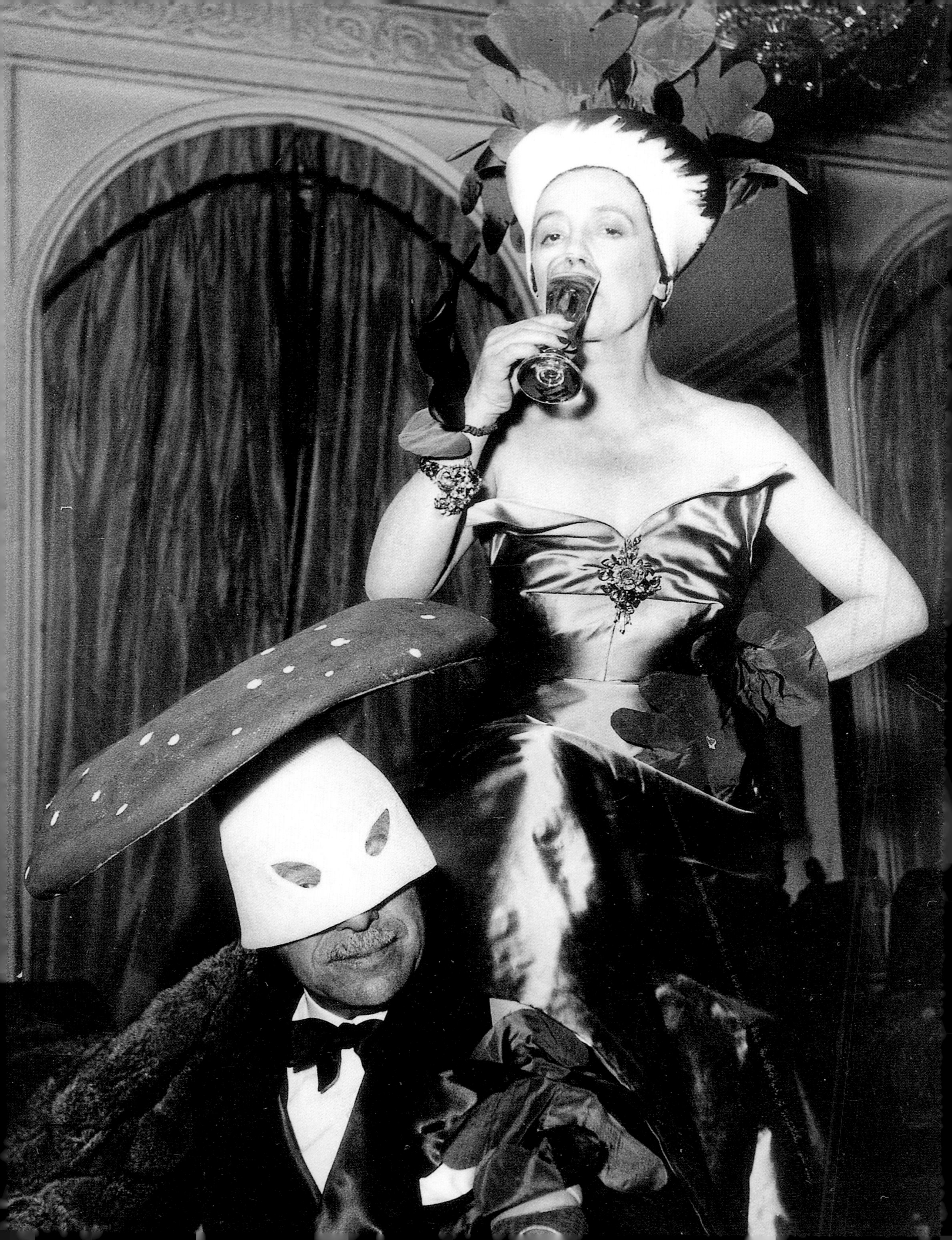

Men den kultur som bygger på det gamla hantverket måste också bevaras, annars riskerar värdefull kunskap att gå förlorad.

I Frankrike arbetar organisationen Comité Colbert för att reservera begreppet konst för unika hantverk. De ser som sin uppgift att stimulera kreativiteten och beskriver i sin programförklaring couture och mode på följande vis: »Levande konst, som sätter form och färg i rörelse. En lovsång till elegansen. Säsong efter säsong skapar skräddare flyktiga silhuetter som bär tidens tecken. Och vid deras sida ger hundratals konsthantverkare liv åt mästerverk.«

För en ny generation kreatörer som strävar efter att ge samtiden ett tydligt uttryck och formspråk handlar det således om att samarbeta med såväl skickliga hantverkare som forskare och tekniker.

Konstnärssamarbete över gränserna

Konsten har alltid varit en viktig inspirationskälla för klädskapandet och vice versa, inte minst inom flera av de rörelser och riktningar som uppstod från första världskriget och framåt: expressionismen, kubismen, konstruktivismen, dadaismen, surrealismen och popkonsten. Konstnärer som Raoul Dufy, Henri Matisse, Wassily Kandinsky, Pablo Picasso, Kasimir Malevitj, Alexander Rodtjenko och Piet Mondrian har spelat en viktig roll för modets konstnärliga uttryck.

När jag läser om 1920-talet, då modeskapare som Coco Chanel och Elsa Schiaparelli slog igenom, slås jag av hur ofta den tidens konstnärer samarbetade över gränserna för att förverkliga gemensamma idéer och projekt. Då verkar det ha funnits ett kollektivt behov av att skapa konstnärliga uttryck. Människor med begåvning inom olika konstarter umgicks med varandra och fick med gemensam kraft inflytande i samhället genom sitt skapande.

År 1925 ägde den stora utställningen »Exposition Internationale des Arts Décoratifs et Industriels Moderne« rum i Paris. Det var begynnelsen till en helt ny era som kom att bli omvälvande för konst, design och arkitektur: art déco och funktionalismen. Organisationen bakom världsutställningen hade dock grundats redan 1864 med programförklaringen: »Frankrike skall stödja

Det var roligare förr! Elsa Schiaparelli på surrealistbal 1949, utklädd till rädisa.

konstkulturer som förverkligar det sköna i det användbara.« I linje med den devisen finns i dag i Louvren en flygel som är reserverad för *les arts décoratifs*. Och 1986, under Jack Langs tid som kulturminister, invigdes också ett mode- och textilmuseum där, ritat av arkitekten Jacques Grange.

Mellan de två världskrigen föddes surrealismen, en konstnärlig och litterär rörelse som fick stort inflytande på mode och design. Det var en period av revolutionerande nya uttryck. Surrealisterna utforskade psykoanalysens område, gränslandet mellan dröm och verklighet, det medvetna och det undermedvetna.

Modeskaparen Elsa Schiaparelli (1890–1973) var mycket inflytelserik under denna tid. Hon blev känd som en »couturière inspirée« och levde som hon lärde, omgiven av konstnärsvänner som Salvador Dalí, Max Ernst och Jean Cocteau. Deras konst inspirerade henne, och Jean Cocteau, som arbetade som författare, dramatiker, regissör och tecknare, illustrerade ofta Schiaparellis verk.

Elsa Schiaparelli var född och uppvuxen inom den italienska aristokratin. Hon gifte sig ståndsmässigt 1914 med en hertig och reste efter kriget med honom till New York. Där övergav han henne efter några år. Som ensamstående mor till deras gemensamma dotter återvände hon, barskrapad och i behov av arbete, till Europa och slog sig ner i Paris. Där blev hon snabbt bekant med konstnärsvärlden och lärde bland annat känna målaren Francis Picabia och författaren Tristan Tzara. Med dessa dadaister som första inspirationskälla började hon sticka koftor och sy enkla kläder med trompe l'œil-motiv. Genom sina tidigare kontakter lyckades hon genast skaffa sig ett internationellt intressant klientel. Sakta men säkert fick hon råd att utveckla sin verksamhet och öppnade 1927 en egen salong på fashionabla place Vendôme.

Schiaparellis kreationer framhävde detaljerna. Hon utforskade nya material och arbetade fram en egen estetisk tolkning av surrealismens motiv i broderier, spetsapplikationer och plastcollage. Schiaparellis konstnärsvänner kunde känna igen sina tankegångar i hennes omtolkade modedetaljer. Alltid gav hon sig in på okänd mark. »Att chockera är för mig en naturlig reflex«, lär hon ha sagt. Hennes signum blev det deformerade uttrycket. Knappar omformades till kluriga konstverk, och en hatt kunde till exempel låna form av en uppochnervänd sko! Tillsammans med den välkända broderiateljén Lesage skapade hon stilen »Schiap«.

»I djävulens tillhåll på place Vendôme fångas kvinnor i fällan. De kommer ut maskerade, utklädda och deformerade enligt Mme Schiaparellis fantasier«, skrev Jean Cocteau.

Elsa Schiaparelli introducerade olika inspirationsteman i sina kollektioner. Den första kallades »Stop, Look and Listen« och till de mest välkända hör »Le Cirque« och »La Musique«, med alla tänkbara cirkusmotiv och musikinstrument. Hon använde sig även av överraskande starka färger och skapade »shocking pink«, den chockrosa färg som sedan dess återkommit i modet med jämna mellanrum. År 1938 lanserade hon sin första parfym, »Shocking«, vars namn associerar till hennes favoritfärg. Flaskan – en provdocka med snörliv – har i sin tur inspirerat modeskaparen Jean Paul Gaultier till formen på flaskan till en av hans dofter.

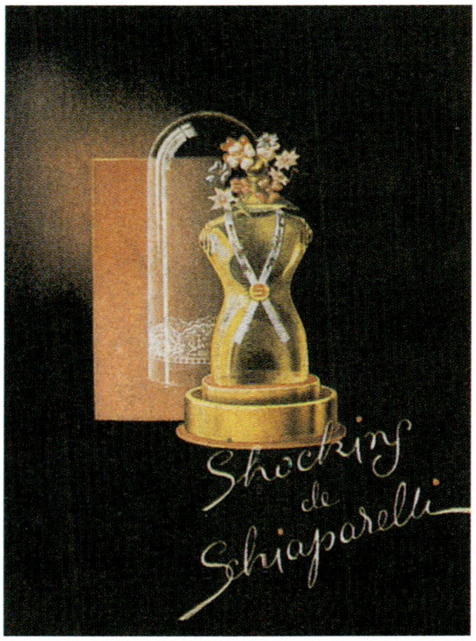

Vid slutet av Elsa Schiaparellis karriär bad Jean Paul Sartre henne att göra kläderna till hans pjäs *Le Diable et le Bon Dieu,* och 1952 stod hon för Zsa Zsa Gabors frou-frous, det vill säga cancan-kjolar, i John Hustons film om Henri de Toulouse-Lautrec, *Målaren på Moulin Rouge.*

Elsa Schiaparelli drog sig tillbaka 1954 och stängde då sin salong. Hennes frivoliteter låg inte längre i tiden. I stället blev hon den unge Yves Saint Laurents mentor och övergick till att enbart bära hans kläder. Två andra modeskapare som gick i lära hos Schiaparelli var Hubert de Givenchy och Pierre Cardin. Åter andra, som Azzedine Alaïa och Jean Paul Gaultier, har ofta med en dos »Schiap-inspiration« i sina kollektioner. Den senare gör ingen hemlighet av att han ofta hämtar inspiration från Schiaparelli och hennes krets av surrealister.

Elsa Schiaparelli är ett tidigt exempel på hur konst föder mode och att modet och konsten har parallella historier.

Elsa Schiaparellis doft »Shocking« lanserades 1938. Hon blev inspirerad till flaskans form av Mae Wests kurvor.

Issey Miyakes experiment

Japanen Issey Miyake arbetar med kläder som en konstart och är en klädskapare med stort inflytande genom sina experiment med hur klädedräkten kan fogas in i ett arkitektoniskt sammanhang. Han är, tillsammans med Yohji Yamamoto och Rei Kawakubo, en radikal förebild för många unga modekreatörer. Dessa tre föregångares klädskapande utgör en konstnärlig riktning, som på senare år anammats av den belgiska skolan, Académie Royale des Beaux-Arts i Antwerpen, den i dag mest eftertraktade designutbildningen i Europa.

Issey Miyake kom till Paris år 1965 som nyutexaminerad grafisk designer från konstuniversitetet Tama i Tokyo. Väl där ville han fortsätta att studera vid den franska coutureskolan École de la Chambre Syndicale de la Couture Parisienne för att i stället bli modedesigner, ett begrepp som då ännu inte fanns i Japan. Efter avslutade studier fick han anställning vid modehusen Guy Laroche och Givenchy. Issey Miyake förstod att hans asiatiska bakgrund och brist på västerländsk »fostran« var en fördel. Han kunde känna sig fri från givna klädregler och såg däri en enorm möjlighet. Efter fyra år i Paris reste Miyake till New York för att arbeta med den amerikanske modeskaparen Geoffrey Beene, men återvände 1970 till Tokyo, där han skapade Miyake Design Studio, en experimentell plattform för möten mellan konst, mode och design.

Miyake arbetar med liknande idéer som Bauhausrörelsen gjorde på sin tid, det vill säga på 1920-talet. Det handlar om att utveckla en skapandeform för objekt som är ämnade att användas i människors vardag. Designstudion i Tokyo är ett slags laboratorium, där Miyake och hans team experimenterar kring innovativa material och tekniker.

Issey Miyake presenterade sin första egna klädkollektion 1971 i New York och blev året därpå inbjuden till Paris av organisationen Créateurs et Industriels, som arbetade hårt för att skapa en god relation mellan industri och nytänkande formgivare. Miyakes premiärvisning i Paris ägde rum 1973 i Bourse de la Commerce. Hans kollektion hyllades genast som unik klädkonst av den franska modepressen, som gärna intellektualiserar modenyheter innan den diskuterar de kommersiella värdena.

Issey Miyake gör även konstutställningar kring sitt arbete. Den första, från 1977, kallade han »Issey Miyake in Museum«, därpå har en rad andra följt, såsom »Issey Miyake Spectacle/Bodyworks« och »Making Things«. I den bok som utkom i samband med utställningen »Issey Miyake A UN« på Musée des Arts Décoratifs i Paris 1988, beskriver fotografen Irving Penn Miyakes kläder så här:

»Issey Miyake gör plagg som skyler kroppen men som först blir fulländade genom den som bär dem. Han inspireras av naturens former i snäckor och skal, stenar och havsväxter. Han arbetar med och utvecklar naturliga och traditionella material; papper, siden, bomull, bambu. Tillfälligtvis överraskar han med

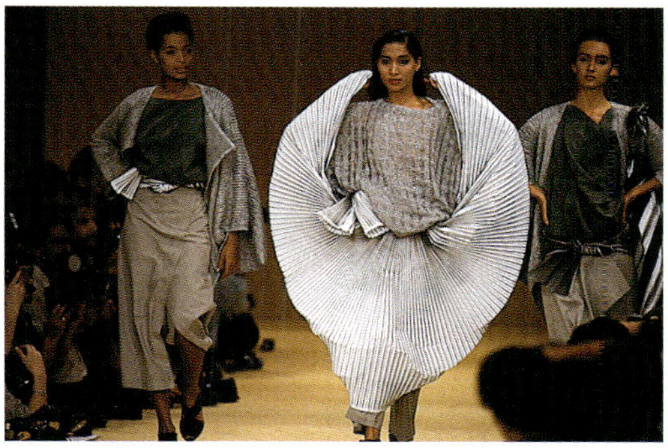

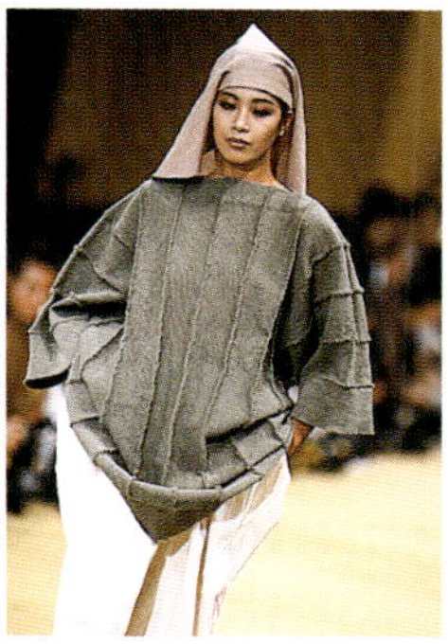

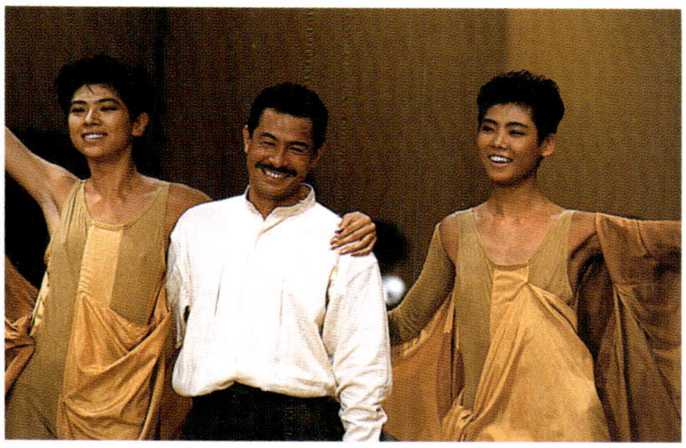

plast. Hans rötter sitter djupt i kulturen. Det finns övertoner av krigare, mytologi och folksagor i hans skapande. Hans design är inte moderiktig, men kvinnor med känsla för stil upplever skönheten och välbefinnandet i kläderna.«

Miyake arbetar med flera olika kollektioner som alla är typiska för hans skapande. »Issey Miyake« är en numrerad försöksserie, »Plantation« en förenklad kollektion som enbart säljs i Japan och »Permanente« en serie kläder som innehåller en vidareutveckling av äldre modeller. År 1993 lanserades »Pleats Please«, en kollektion som har sitt ursprung i de kläder Miyake skapade till en av William Forsythes baletter. Issey Miyake har alltid fascinerats av kroppens dynamiska förmåga. I »Pleats Please« har han använt skrynkelfria, plisserade tyger utan vare sig dragkedjor eller traditionella knäppningar och komponerat

Ända sedan 1970-talet har Issey Miyake utvecklat kläder för kroppens rörlighet, »kroppsförpackningar«. På 1980-talet introducerade han plissén i sina kollektioner, något som närmast har blivit hans kännetecken. Foto: Heinz Angermayr.

en modern garderob med olika former som går att koordinera efter behag.

Issey Miyake strävar ständigt efter att förena form och funktion och lyckas också alltid framkalla en ny syn på klädedräkten. Han låter kunden få uppleva sensationen mellan kropp och rymd, mellan det statiska och det dynamiska, mellan materia och förgänglighet. »Mina kläder integreras i upplevelser av fysiska tillstånd«, säger han själv. »Jag skapar kanske verktygen. Hos mig köper människor kläder som blir kreativa verktyg för dem som bär dem.«

Estetik och teknik i utbildningen

Det finns i dag en rad prestigefyllda konstskolor i Europa där världens bästa modeskapare tränat sina färdigheter. Dessa gedigna utbildningar inom de fria konsterna har väckt många modekreatörers rättmätiga lust att skapa nya uttryck. Så har till exempel John Galliano, Hussein Chalayan och Alexander McQueen studerat vid Central Saint Martins College of Art and Design i London, Julien MacDonald vid Royal College of Art, Martine Sitbon vid Studio Berçot i Paris, Ann Demeulemeester, Martin Margiela och Dries van Noten vid Académie Royale des Beaux-Arts i Antwerpen och Marcel Marongiu vid Beckmans School of Design i Stockholm.

Att de olika konstarterna influerat varandra ser man tydligt hos många av designutbildningarna runtom i världen. När Beckmans School of Design i Stockholm arrangerar sin årliga slututställning kan man i elevernas examensarbeten inom grafisk form, produktformgivning, visuell konst och mode tydligt spåra de olika influenserna. Modeeleverna är måna om att berätta om sina konstnärliga förebilder, intryck och referenser, vare sig det handlar om välkända konstnärer, historia, resor, media, film eller teater.

Inte heller gick det att ta miste på de konstnärliga ambitionerna hos avgångseleverna vid prestigefyllda Central Saint Martins College of Art and Design i London när de i juni 2001 hade sin examensvisning med temat »Elegance and Contradiction«. Varje designer hade experimenterat med tillskärningen i förhållande till materialets egenskaper och kapacitet och matchat sina kreationer med fantasifulla accessoarer. Dessutom hade L'Oréal Professionnel sponsrat visningen för att understryka att frisyr och mode hör ihop, vilket också lett till att designeleverna fått i uppdrag att föreslå nya hårfärger som ska följa L'Oréals modeidéer. Det är tydligt att London vill behålla sin särart som modestad.

I England har designskolorna sedan länge ansträngt sig för att profilera sig gentemot de skolor i Holland, Belgien, Frankrike och Japan som också anses ha hög konstnärlig nivå genom att satsa på modekonsten och skapa attraktiva utbildningar för ambitiösa elever.

Haute couture-designern Alexander McQueen, som själv utexaminerades 1991 från Central Saint Martins i London och som nyligen skrev på ett mångmiljonkontrakt för Guccigruppen, blev år 2001 – för tredje gången – utnämnd till »The British Fashion Designer of the Year«. När han samma år själv ombads att dela ut ett pris till den bästa nykomlingen under Graduate Fashion Week i London, valde han Sadaharu Hoshino från Nottingham Trent College, för att denne hade skapat »den mest fantasifulla och kreativa kollektionen« bland Englands alla designskoleelever. I en intervju i The Independent (8 juni

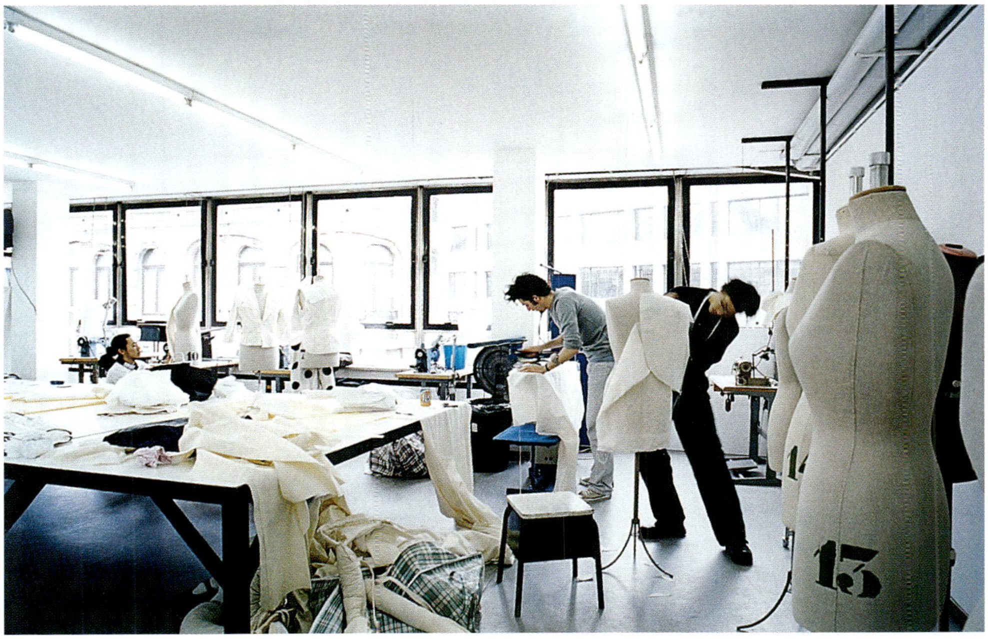

Tillskärningsateljén på l'Académie Royale des Beaux-Arts i Antwerpen. Foto: A. Weinberger.

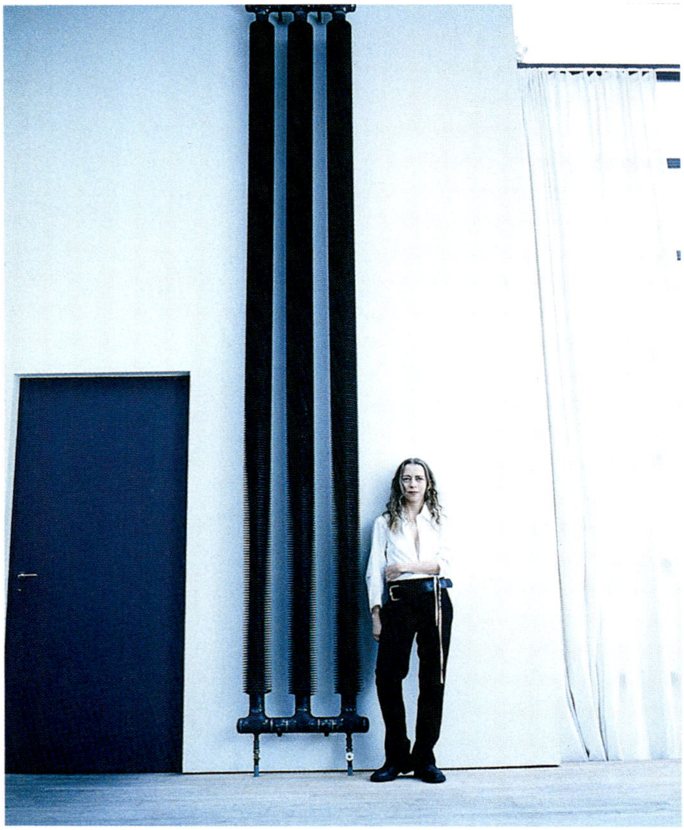

2001) i samband med prisutdelningen talade Alexander McQueen om hur viktigt det är att man i modeutbildningarna lägger ned mycket tid på tillskärning och på läran om proportioner, eftersom inte ens de bästa idéer fungerar om eleverna inte behärskar hantverkets grunder. Mode är som arkitektur, kreativt men också tekniskt.

Designutbildningarna bejakar oftast det fria skapandet, men det är först när eleverna också behärskar hantverket som deras skapande kan blomma och kanske resultera i det vi vill kalla konst. Detta gäller för modeskapare såväl som för alla andra konstnärer.

Ann Demeulemeester, avantgardedesigner som tillhör »The Antwerp Six«, det vill säga en grupp designers som gick ut l'Académie Royale des Beux-Arts i Antwerpen i början av 1980-talet och snabbt blev världsberömda; Dirk Bikkembergs, Ann Demeulemeester, Walter van Beirendonck, Dries van Noten, Dirk van Saene och Marina Yee. Foto: Pascal Chevallier.

Det belgiska modeundret

Konstskolorna och de högre design- och modeutbildningarna lär ut fundamentala estetiska regler och undervisar i tekniker och material, men sedan måste konstnären söka sina egna tolkningar och uttryck. Couturens formgivare är konstnärer, de skapar unika kläder med fantasi och skicklighet, precis som målare och skulptörer arbetar med sina verk.

På senare år har ingen stad i Europa, med undantag av Paris, så tydligt manifesterat sig som centrum för konstarten mode såsom Antwerpen i Belgien har gjort. Sedan 1980-talet har modebranschen berikats med särdeles talangfulla elever från Académie Royale des Beaux-Arts, som är stadens konstskola. Dries van Noten, Walter van Beirendonck, Ann Demeulemeester, Dirk Bikkembergs, Dirk van Saene och Marina Yee tillhör den kända grupp designers som brukar kallas »The Antwerp Six«. Efter de japanska modeskaparnas intåg i Paris trädde dessa belgiska klädskapare fram som just nu tillhör de mest intressanta modeformgivarna tack vare sina hantverkskunskaper, sin fantasi, spontanitet och originalitet. Deras produktion har också haft en mycket stor ekonomisk betydelse för den belgiska textilindustrin.

Kulturevenemanget »Mode 2001 Landed-Geland«, som ägde rum mellan maj och oktober 2001, var ytterligare ett sätt att stärka Antwerpens plats på modekartan. Initiativtagare var Flanderns modeinstitut (FFI), med modeprofilen Linda Loppa i spetsen, samt kulturorganisationen Antwerpen Open. I samarbete med Antwerpens museum för modern konst (MUHKA), det nya modemuseet (MoMu), Flanderns turistbyrå och Antwerpens stad, anordnades en rad utställningar och aktiviteter runt om i staden. Till konstnärlig ledare för hela projektet utsågs den kontroversielle designern Walter van Beirendonck, en av »The Antwerp Six«.

Under sitt eget märke W&LT experimenterar Walter van Beirendonck med sitt formspråk, som är både positivt och naivt men också provocerande och ifrågasättande. I den 1 000 kvadratmeter stora butiken på St Antoniusstraat, med inredning designad av Marc Newson och med en sovande jättebjörn på golvet, säljer han sina herrkollektioner på teman som »Gender?« och »No References«.

Walter van Beirendoncks framtidsvision, som också kom att bli ledmotiv för 2001 års modemanifestation i Antwerpen, lyder: »Think & Dream.«

Skönheten i Avignon

Den sydfranska staden Avignon var en av Europas kulturhuvudstäder år 2000. Och skönheten – »La Beauté« – var huvudtemat för de utställningar och installationer som ägde rum i staden under sommaren. Som utställningskommissarie Jean de Loisy påpekade har Avignon med sin antika historia och långa kulturtradition alltid bjudit på skönhetsupplevelser inom teater, musik, mode, dans, måleri och skulptur. I Avignon anordnas också ett av Frankrikes mest berömda, årliga kulturevenemang, Festival d'Avignon.

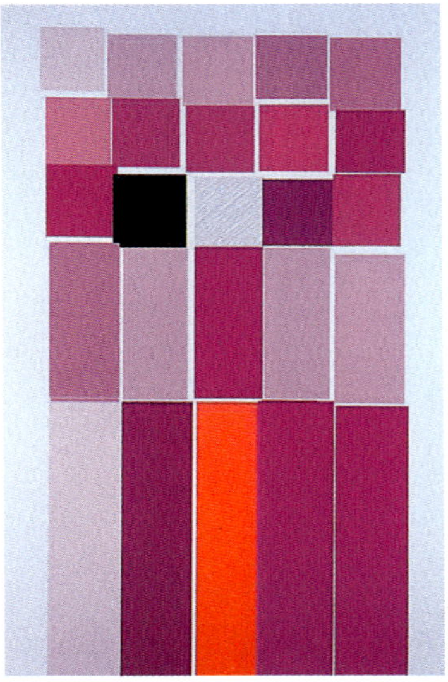

I Avignon tillbringade den italienske 1300-talsförfattaren och humanisten Francesco Petrarca en stor del av sitt liv. I sina kärleksdikter, samlade i *Il Canzoniere,* besjunger han den sköna Laura, som han lär ha skymtat i en av stadens kyrkor år 1327: »Kom, Amor, se med mig vår höga ära, / den skönhet som allt annat överskuggar: / se ljuvheten som över henne duggar / och ljuset himlen lät oss komma nära.« Så vilken annan plats skulle kunna vara mera lämpad för en utställning kring temat skönhet?

I de grandiosa salarna i Palais des Papes, där Avignons påvar härskade under medeltiden, pågick under sommaren 2000 »La Beauté in Fabula« med verk av kända målare, skulptörer, fotografer och videokonstnärer från hela världen. Modefotografen Nick Knight, som arbetar med begreppet skönhet i den kommersiella världen, visade bland annat en bild av Björk stylad av Alexander McQueen. James Turrells »Wide Out« var en enastående ljus- och färgupplevelse: ett för ögat oändligt rum i koboltblått. Jeff Koons hade åstadkommit »Split Rocker«, ett stort djurhuvud i rostfri stålform täckt med vackra, levande blommor. Foto-

Skiss av Christian Lacroix på gatudekoration till utställningen »La Beauté« i Avignon 2000.

graferna Pierre & Gilles kitschiga diptyk »Radha, Lisa Marie« – »Krishna, Tao« visade en naiv parafras på det asiatiska skönhetsidealet.

I påvepalatsen fick åskådaren göra sin egen resa och samtidigt uppleva olika konstnärers tolkningar av skönhetsbegreppet. Palatset, med sina mäktiga stensalar i gotisk stil, är en historisk skönhetsupplevelse i sig, och dess möte med den samtida konsten var hänförande.

Genom olika installationer runtom i den medeltida staden under temat »La Belle Ville« ville man rikta uppmärksamheten på den vardagliga skönheten i staden. Modeskaparen Christian Lacroix hade fått i uppdrag att dekorera Avignons alléer och gator, vilket han gjorde med hjälp av hängande textilier i starka provencalska färger. Christian Lacroix kommer själv från Arles i Provence, och i sitt mode låter han sig ofta inspireras av den lokala kulturtraditionen. Efter invigningen slet dock den kraftiga mistralen loss alla tyger som blåste i väg och flög upp i himlen. Det var en vacker syn, som vore den iscensatt.

Ett annat tema, »Décors à corps«, ville trotsa det allmänna motståndet mot nya klädformer som gör det svårt för nya talanger att komma fram. Att dessa finns bevisades genom intressanta verk av klädskapare som Hussein Chalayan, Jeremy Scott och Isabelle Ballu, av hattkreatören Philip Treacy, smyckekonstnären Patrick Veillet, skokreatören Benoît Méléard och hårkonstnären Barnabé. Deras avantgardistiska verk var fotograferade av bland andra Nick Knight, Jean-Baptiste Mondino och Dawide.

»La Beauté« i Avignon var en utställning som inte bara intellektualiserade de konstnärliga uttrycken utan också gav utrymme åt betraktarens egna upplevelser, en utställning som visade hur nära vardagen konsten kan ligga.

Couturens nya konstnärer

Klädkonsten under haute couturens storhetstid handlade om idéer som förverkligades genom ett utsökt hantverk. Den franska organisationen Chambre Syndicale de la Couture såg till att reglerna följdes, tillvaratog couturehusens intressen och motarbetade alla former av plagiat. Men när mode i takt med den ökade levnadsstandarden kom att röra en större allmänhet och blev ett begrepp som fick ett uttalat kollektivt uttryck, införde Chambre Syndicale de la Couture

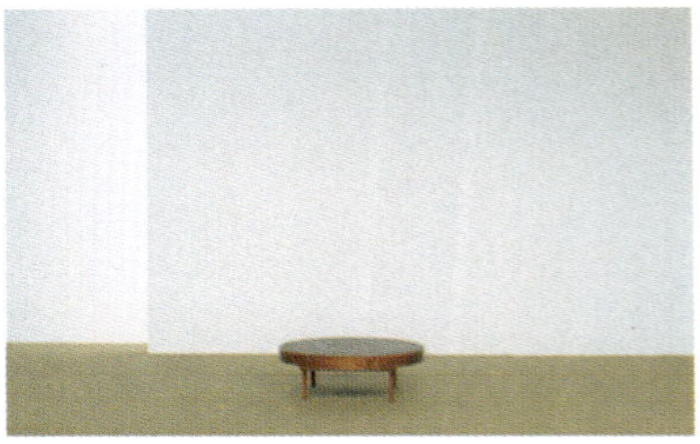
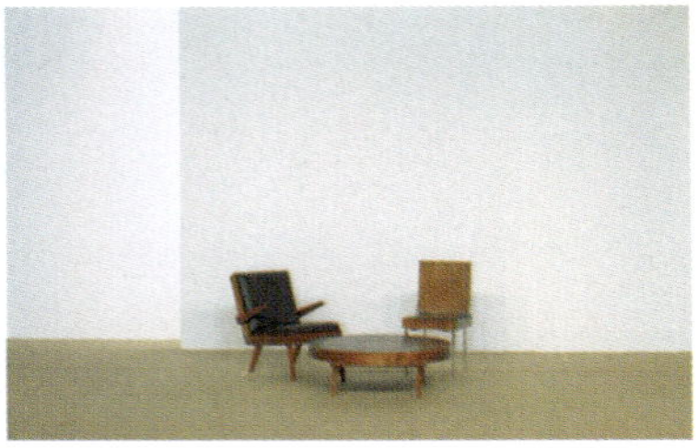
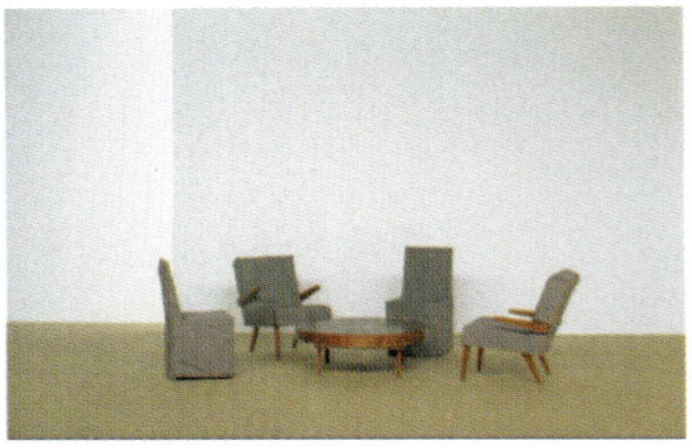
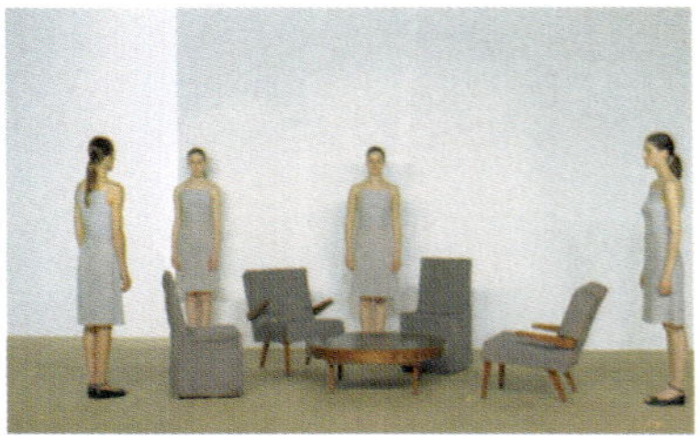
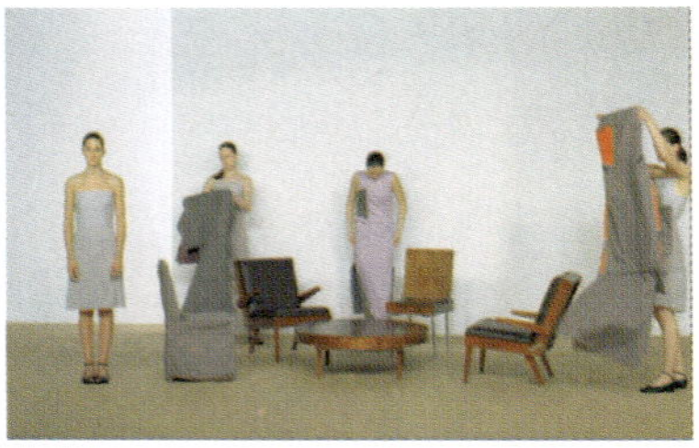
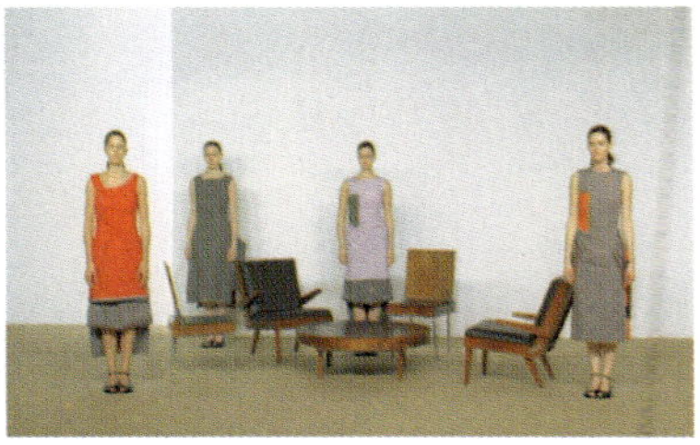
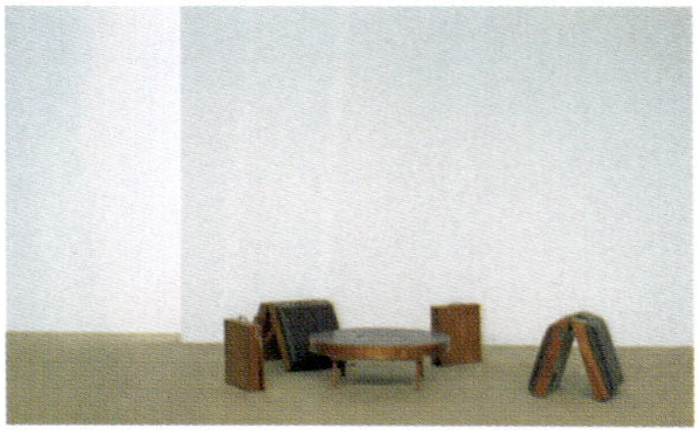
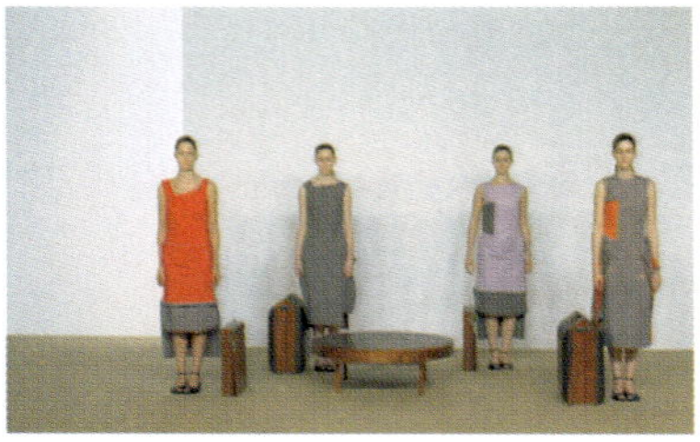
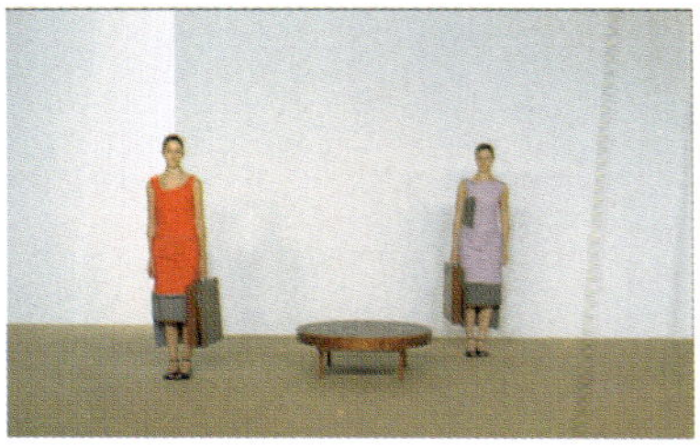
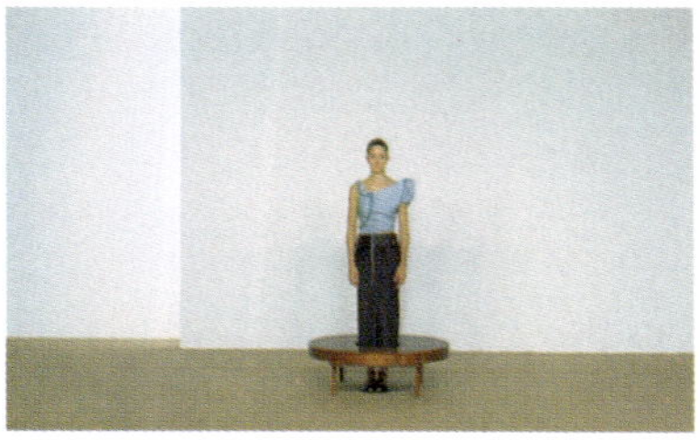
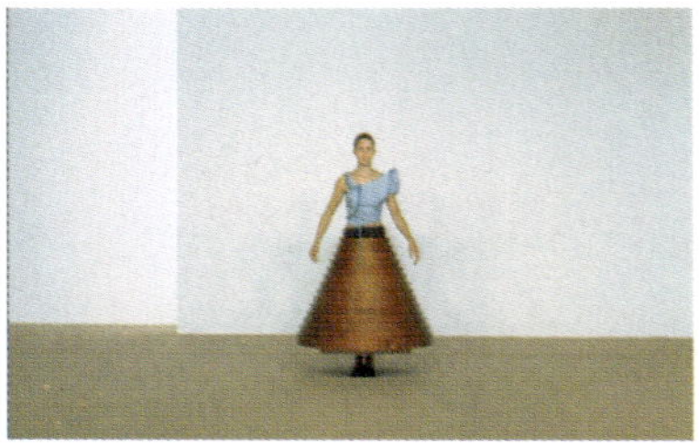
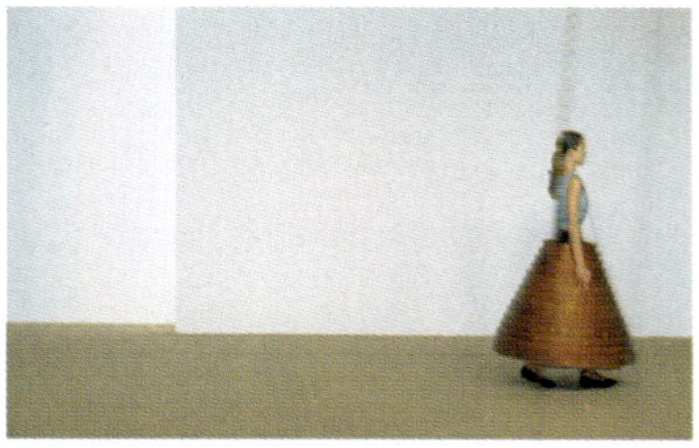

ett nytt regelverk för de klädskapare som designade även för konfektionsindustrin, och sedan 1973 heter den övervakande organisationen Chambre Syndicale du Prêt-à-Porter des Couturiers et des Créateurs de Mode. Inom den nya organisationen arbetar man vidare för att bevara kunskapen om konsten i klädskapandet.

I dag är det få modekreatörer som enbart håller sig till den högre skrädderikonsten. Vanligast är de som arbetar med både couture och konfektion. Dessutom har den förnämliga tekniken gjort att även serietillverkade kläder kan uppnå en kvalitet som tidigare enbart var möjlig för skräddade plagg. Förvånansvärt många av dagens unga klädskapare är ändå oerhört influerade av den renodlade couturen och koncentrerar sig på att utveckla den i stället för att som bara för några säsonger sedan ägna sig åt att provocera och ifrågasätta genom att i förfallna industrilokaler presentera *trash and destroy*. Jag tror att detta är något som vi kommer att få se under en lång tid framöver. Publiken, den nya generationen modelejon, bevakar chic couture, designad av unga modeskapare som Nicolas Ghesquière, Éric Bergère, Gaspard Yurkevich, Alexandre Matthieu (designduon Alexandre Morgado och Matthieu Bureau som blivit känd för de kläder den skapat för Björk), Viktor & Rolf (Viktor Horsting och Rolf Snoeren), Seredin & Vasiliev (Vladimir Seredin och Sergei Vasiliev) och Morteza Pashaï. Skrädderikonsten är den nya trenden, och det är den som i dag visar vägen för modeindustrin.

Teatermode och modeteater

Redan i mitten av 1940-talet fick Robert Ricci, vice vd för Chambre Syndicale de la Couture i Paris, idén att skapa en teater med 200 dockor, 70 centimeter höga, formade i ståltråd och gips av Eliane Bonabel och uppklädda av 52 av dåtidens mest kända modeskapare. Manifestationen kallades »Théatre de la Mode«. För dekor och koreografi stod bland andra Jean Cocteau och illustratören Christian Bérard. Teatern åkte därefter på turné, och dockorna figurerade som modeambassadörer i hela världen, vilket hjälpte till att återupprät-

Den engelske designern Hussein Chalayan experimenterar med modebegreppet. I höstkollektion 2000, som visades under »La Beauté« i Avignon, är gränsen mellan kläder och möbler oklar. Foto: Marcus Tomlinson.

ta Paris som modets huvudstad efter en lång period av krigsdepression.

Inom teatern och andra sceniska konster som opera och film har mode alltid använts för att förmedla antingen korrekta eller komplexa bilder av tid. Dramat rör sig i ett tidsuttryck, och skådespelaren kliver in i denna tid med hjälp av sin kostym. Teaterkostymören deltar alltså i det kollektiva skapandet (till skillnad från modeskaparen som står helt ensam i rampljuset). Modet på teaterscenen förmedlar allt det som kläder alltid förmedlat ute i verkligheten, nämligen makt, kön och social ställning. Färgerna, men även materialen, har också sina symboliska betydelser, sitt språk, och utgör en del av den dramatiska gestaltningen.

Sveriges nationalscen, Kungliga Dramatiska Teatern i Stockholm, har givit publiken många stora kostymupplevelser genom åren. Gunilla Palmstierna-Weiss, Charles Koroly, Lennart Mörk, Anna Bergman, Inger Pehrsson och Kersti Vitali är bara några av de erkända kostymskapare som medverkat till oförglömliga uppsättningar som *Kung Lear, Tupilak, Misantropen, Traum, Markisinnan de Sade, Peer Gynt, Spöksonaten* ...

Teaterkonsten med sina färgrika och konstfulla scenkläder har inspirerat många modeskapare, till exempel den italienske kreatören Romeo Gigli vars mode är som hämtat ur ett Shakespearedrama. Även fransmannen Thierry Mugler, som startade sin karriär som balettdansör, har hämtat inspiration från scenen. Många är också de kända modekreatörer som skapat kläder direkt för scenen, till exempel Jean Paul Gaultier för Regine Chopinots danskompani, Yohji Yamamoto för den tyska dansaren och koreografen Pina Bausch, Issey Miyake för William Forsythes baletter och Christian Lacroix för Michail Barysjnikovs balett *Pariserliv* som sattes upp på Metropolitan i New York år 1989. Och Giorgio Armanis och Nino Ceruttis kläder återkommer ständigt på filmduken.

När modeskaparna ska göra sin alldeles egna teater, modevisningarna, lägger de vanligtvis ribban mycket högt. De provocerar medvetet genom att dramatisera sina presentationer med scenografi, mask och hår, ljussättning och musik. Dessa föreställningar har också blivit ett slags konstform.

»Le Petit Théâtre de la Mode« var ett projekt som anordnades 1946 för att stödja den franska couturen. Under en period då det fanns begränsad tillgång till exklusiva tyger kom man på att anordna en miniteater med kläder av kända coutureskräddare.
Foto: Robert Doisneau.

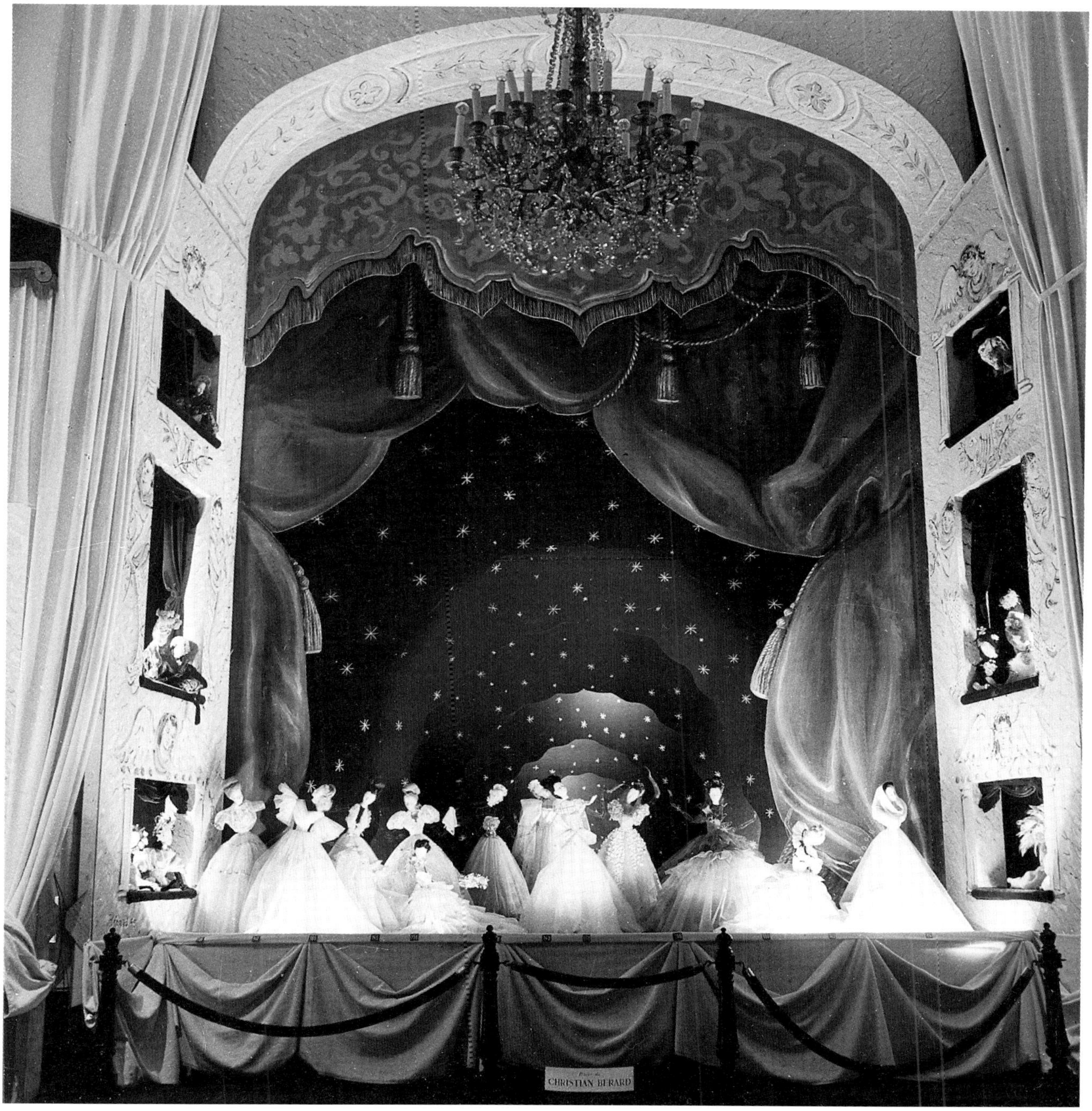

CHRISTIAN BERARD

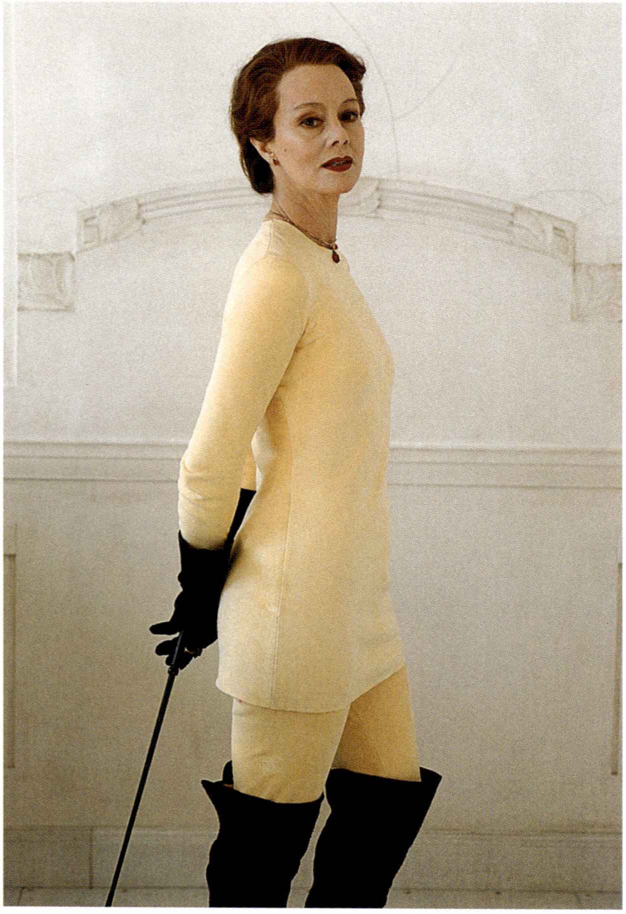

Agneta Ekmanner i en av Charles Korolys kreationer från Dramatens uppsättning av *Markisinnan de Sade*. Hans teaterkostymer tangerar ofta modet. När jag därför vid ett tillfälle bad honom koreografera en modevisning visste jag redan på förhand att det skulle bli ett spännande resultat. Foto: Bengt Wanselius.

När det kommer till kritan har modevisningarna inte så mycket med kläder att göra. Även på denna scen är det helhetsintrycket som gäller. Målet för klädskaparen vid det här tillfället är att uttrycka sin stilidé eller riktning. Och det är inte heller här som inköparna gör sina beställningar. De görs visserligen i anslutning till visningarna, antingen före eller efter, men alltid i lugn och ro efter tidsbeställning hos respektive designer på dennes försäljningskontor.

Vid modevisningarna presenterar modeskaparna säsongens nyheter men också sin konst. För att förstärka effekten väljer de ofta att göra detta i anslående lokaler. Många av de plagg som man ser på catwalken är dessutom enbart »showpieces« och tillverkas aldrig i större skala. Inte sällan är det som visas

»fantasiplagg« som ingen skulle kunna tänka sig att använda eller ens ta på sig. Tyvärr är det också dessa plagg som medierna på senare tid valt att visa, men man ska vara medveten om att kvällstidningarnas val av bilder från modevisningarna i Paris, New York, London och Milano ofta görs av manliga redaktörer som inte har en aning om vad som är vad. De väljer helt enkelt bilder som skapar sensation på ett eller annat sätt, till exempel ett naket bröst eller någon annan provocerande detalj. I alla fall något som säljer lösnummer! När jag gör mina egna moderapporter i TV4:s Nyhetsmorgon är mitt mål att inspirera publiken, inte att avskräcka den, och därför väljer jag ofta bort de mest spektakulära bilderna.

Allkonstnärer

Det oskarpa gränslandet mellan mode och reklam har naturligtvis på samma sätt som det mellan mode och konst med masskonsumtionen att göra. På 1970-talet gjorde konstnärer konst av reklam, men vart är vi på väg inom modeteatern i dag, när reklambyråernas idémakare gör anspråk på att få sina alster upphöjda till konst?

I början av 1990-talet, när reklamen började tappa greppet om konsumenten, började reklambyråerna i stället att försöka göra ekonomi av kreativa idéer genom att skapa varumärken och strategier för dessa. Men man förbisåg att de nya idéer som hela tiden föds inte går att stävja eller kontrollera med »branding«. Med andra ord: konst skapas inte bara för att påhittiga »event marketers« gör installationer av kommersiella produkter. Konsten måste komma före evenemanget! Konstnären kan dock med inspiration hjälpa till att föra fram en produkt eller en idé. Så tänkte exempelvis reklambyrån Lowe Lintas när de använde sig av bland andra konstnären Ernst Billgren som stylist för att iscensätta Myrornas modevisning i Stockholm hösten 2000. Även om second hand-kläderna som visades för den skull inte blev konst, fick publiken i alla fall uppleva konstnärlig fantasi.

När en konstnär hänger upp kläder som installation är det alltså inget problem att kalla det konst. Däremot kan det ibland vara svårt för modeskapare att bli erkända som de konstnärer de ofta faktiskt är.

Konstmuseer och modehus gör gemensam sak

För många av oss blir det allt svårare att förstå vad som är bra konst och vad som är dålig. Många menar att det är en kunskapsfråga. Jag tror att det också handlar om träning i att se. Ju oftare vi besöker utställningar, går på teater, opera och balett, desto mer lär vi oss om olika uttryck och övar upp vår förmåga att se.

Curatorer och idégivare till utställningar på museer och gallerier gör anspråk på att veta vad som är kvalitet. Av den nya generationen curatorer, som är utbildade konstpresentatörer, bör vi kunna förvänta oss ett ständigt flöde av nya uttryck. Den tidigare så stängda dörren till glamour på museerna är numera vidöppen. Och gångna decenniers kommersiella modefotografi exponeras i dag som finkultur. Eller räknas det också till postmodernismen? Modekonst har i alla fall blivit ett vedertaget utställningsbegrepp.

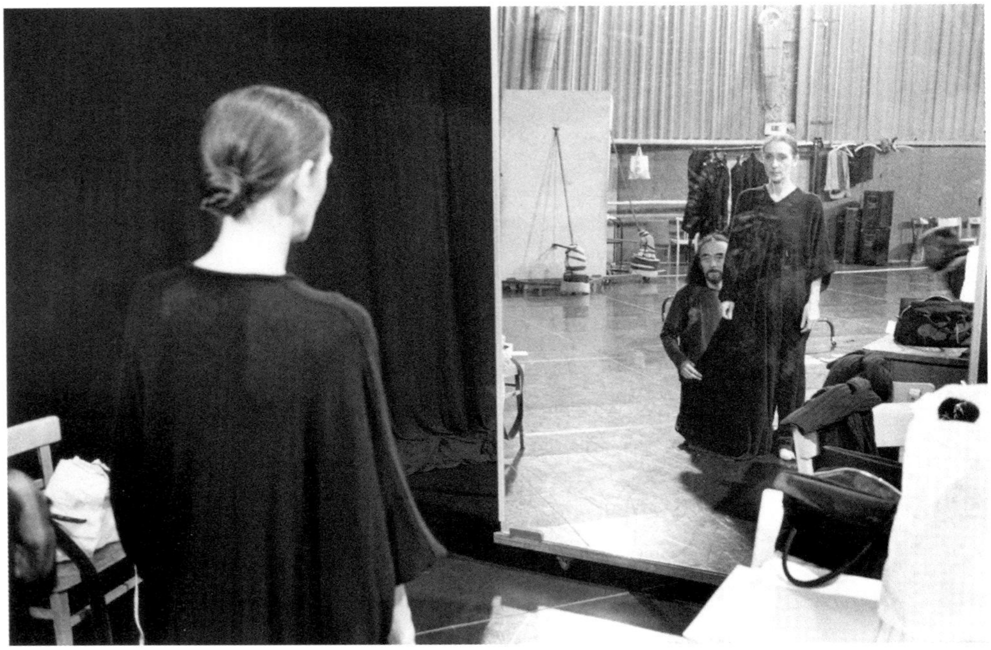

I oktober 1998 firade Pina Bauschs dansteater 25-årsjubileum. Designern Yohji Yamamoto, som utövar karate, bjöd in åtta karatemästare från Japan. Tillsammans med Pina Bausch och hennes ensemble skapade de en föreställning som blandade dans, mode och karate. På bilden utprovar Pina och Yohji den klänning hon bar i föreställningen. Foto: Bernd Hartung.

Flera av världens ledande modeföretag fungerar i dag som konstmecenater. Det franska juvelerarhuset Cartier har i många år uppmuntrat moderna konstnärer. År 1993 invigde de en ny hypermodern kontorsbyggnad på boulevard Raspail i Paris, ritad av Frankrikes mest anlitade samtida arkitekt, Jean Nouvel. Där ligger också Fondation Cartier pour l'art contemporain, i vars galleri samtida konst inom olika konstarter visas för allmänheten. Jean Nouvel har i sin konstruktion av byggnaden tagit hänsyn till variationen hos tidens konstyttringar och skapat en föränderlig miljö, där öppenheten och möjligheten till dagsljus välkomnar konstnären. Här visades bland annat Issey Miyakes utställning »Making Things« år 1988, där han presenterade sitt arbete kring dekonstruktion och rekonstruktion, kropp och rörelse, material, kontraster, struktur och transparens.

Azzedine Alaïa, som från början gick på konstskola och studerade skulptur, blev en av vår tids mest berömda klädskulptörer. Hösten 2000 hade han en retrospektiv utställning på Guggenheim Museum i New York, och han uttrycker sig så här om klädkonsten: »En skulptur är en skulptur, en målning är en målning, en klänning är en klänning, och en maträtt ... är en maträtt! Ändå, på en hög kreativ nivå, kan även en maträtt bli mästerlig och dess kock en lysande konstnär!«

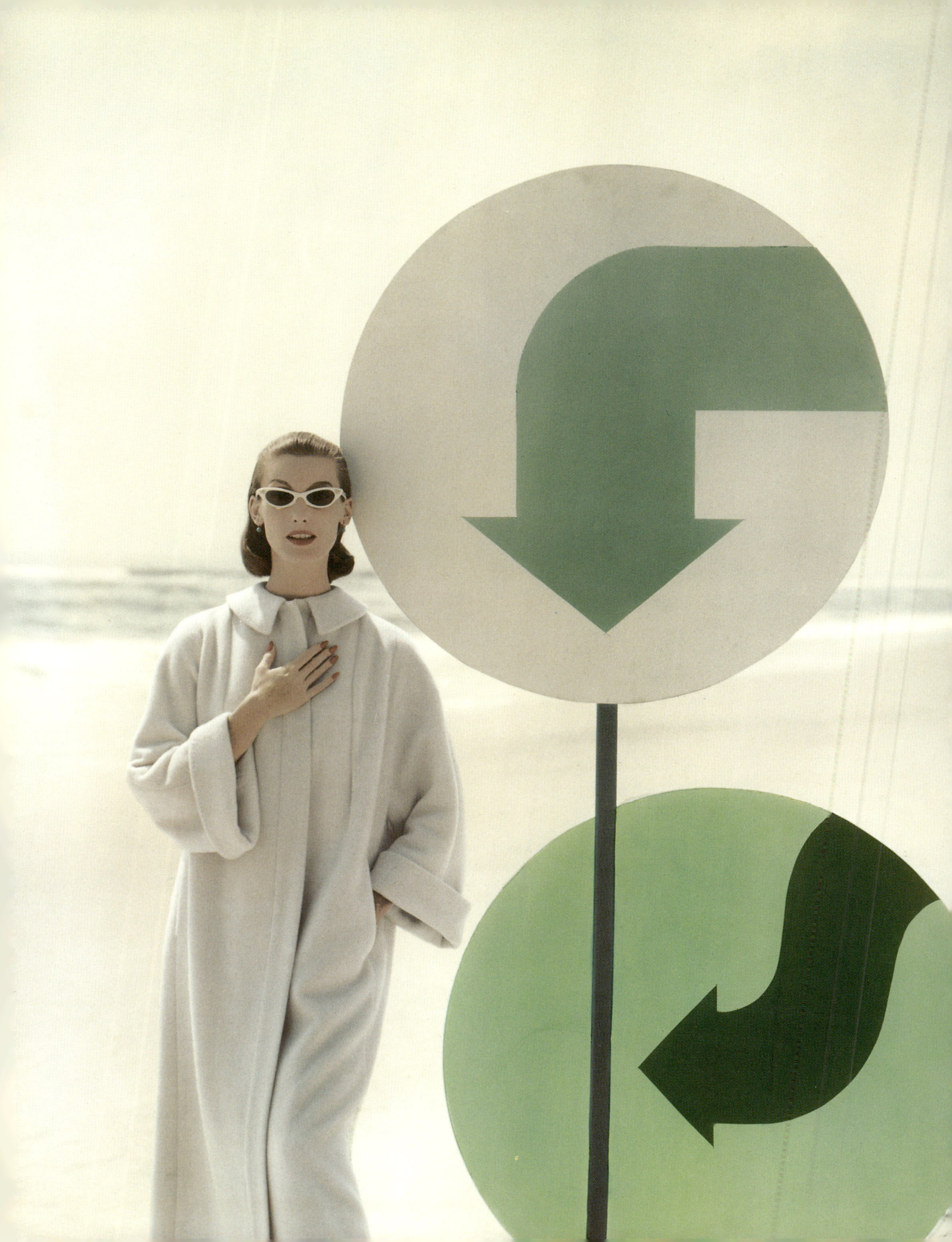

Modepressens pionjärer

och ett svenskt äventyr

Sofistikerade modemagasin

Från att ha varit en angelägenhet enbart för aristokratin kom klädmodet under 1800-talet att angå alltfler människor. Den illustrerade modepressen, som växte fram i takt med industrialiseringen, speglade den nya tiden och beskrev det senaste inom klädmodet för en intresserad allmänhet. De amerikanska tidningarna Harper's Bazaar och Vogue började under 1910- och 20-talen att anlita egna fotografer. Det mode som förmedlades var i hög grad framåtblickande – avantgarde och radikalt. Ambitionen att beskriva olika utvecklingslinjer inom klädkonsten fanns länge kvar hos dessa än i dag världsledande tidningar, men det konstnärliga har alltmer fått ge vika för det kommersiella.

Harper's Bazaar, grundad 1867 av förlaget Harper & Brothers, köptes 1913 av den amerikanske tidningsmagnaten och politikern William Randolph Hearst. Han var då på väg att bygga upp Hearst Corporation, ett medieimperium som redan på 1920-talet ägde ett stort antal tidskrifter, nyhetsbyråer, radiostationer och filmbolag. År 1932 lockade Hearst till sig modejournalisten Carmel Snow från konkurrenten Vogue. Under hennes tid som chefredaktör skulle Harper's Bazaar komma att bli det förnämsta modemagasinet i världen. Tillsammans med unika medarbetare som art directorn Alexey Brodovitch och moderedaktören Diana Vreeland skapade Carmel Snow en tidning med hög konstnärlig nivå – New York Times kallade henne för »denna modets sista intellektuella«.

Fotografen Louise Dahl-Wolfe, som var knuten till Harper's Bazaar, flyttade ut modefotografiet från studion och använde sig av det naturliga ljuset utomhus. Hennes stil hade inflytande på bland andra Horst P. Horst, Richard Avedon och Irving Penn. Bild från 1955.

I Harper's Bazaar beskrevs mode med konstnärens ögon. Det var den första modetidning som presenterade Coco Chanel, och till Carmel Snows favoriter hörde även modeskaparna Christian Dior och Cristobal Balenciaga. Alexey Brodovitch och Diana Vreeland engagerade fotografer som Erwin Blumenfeld, Man Ray, Irving Penn och Louise Dahl-Wolfe, och för illustrationerna stod konstnärer som Salvador Dalí, Jean Cocteau, Marc Chagall och Raoul Dufy. År 1946 knöts den då okände fotografen Richard Avedon till tidningen. Han arbetade för Harper's Bazaar i tjugo år och betraktas i dag som en av de mest nydanande och sofistikerade bland världens mode- och porträttfotografer.

År 1958 drog sig både Carmel Snow och Alexey Brodovitch tillbaka, och några år senare lämnade också Diana Vreeland Harper's Bazaar. Hon blev i stället chefredaktör för Vogue.

Vogue var ett annat slags prestigeprodukt som fått sin profil av en tidningsman med globala visioner, Condé Nast. Han köpte den lilla New York-tidskriften Vogue 1909, förvandlade den till en modern modetidning och byggde upp ett stort förlag, Condé Nast Publications, som ännu i dag är ledande inom sin bransch.

När Diana Vreeland, modets »first lady«, kom till Vogue från Harper's Bazaar år 1962, var den legendariske Alexander Liberman art director på tidningen. Tillsammans gav de nya fotografer chansen att förmedla ett samtida bildspråk. Liksom Harper's Bazaar hade Vogue redan tidigt satsat på fotografiet, och under 30-talet, ofta ansett som modefotografiets guldålder, slog många stora fotografer, bland andra Erwin Blumenfeld, Horst P. Horst och Arik Népo, igenom i dessa tidningar. Senare fotografer, som Irving Penn, Helmut Newton, William Klein, Guy Bourdin, David Bailey och Richard Avedon, var formmässigt mycket influerade av sina äldre kolleger, men med den nya tekniken följde också nya möjligheter att profilera sig.

Vogue utkommer numera i många länder och finns sedan 1998 även i en rysk upplaga. Tidningen vänder sig i dag till en begränsad publik som främst intresserar sig för modeindustrins lyxprodukter och har under den amerikanska chef-

---

Modepressen samlas på Diors modevisning, augusti 1955. Framför mannekängen sitter redaktören Marie Louise Bousquet och chefredaktören Carmel Snow, båda från Harper's Bazaar. Bakom dem syns Alexander Liberman, art director på amerikanska Vogue. Foto: John Chilingworth.

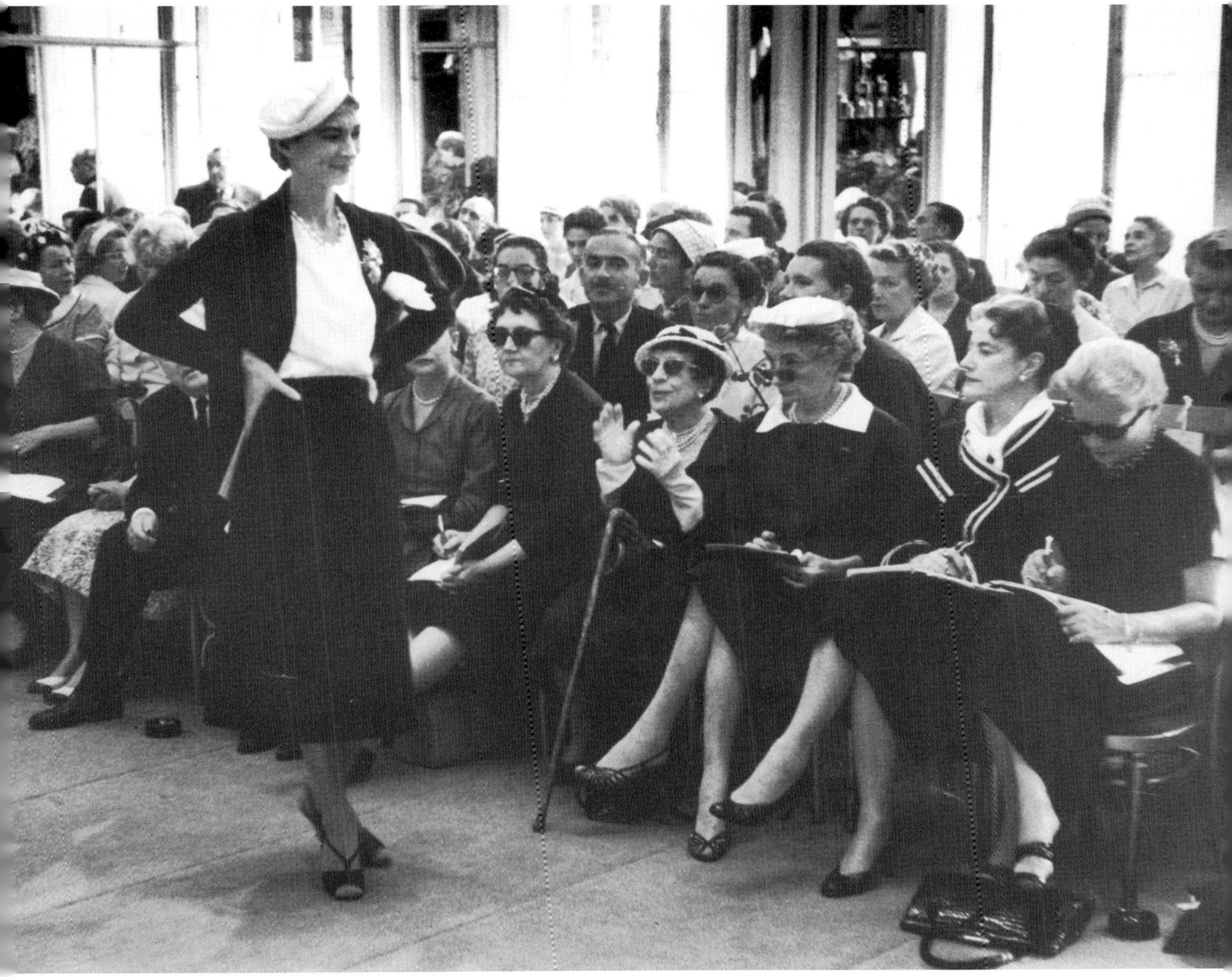

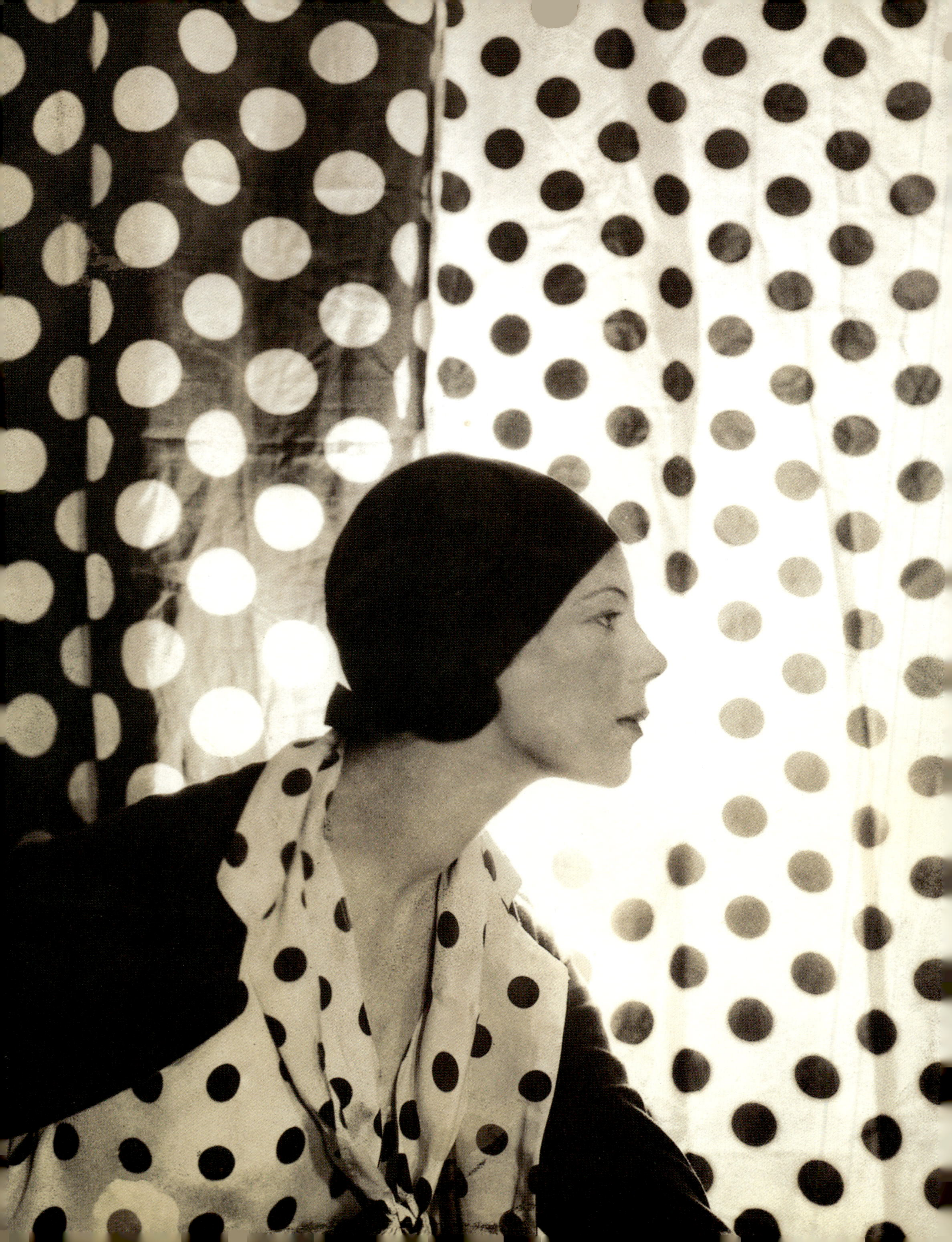

redaktören Anna Wintours ledstjärna, också hon med en bakgrund på bland annat Harper's Bazaar, utvecklats till att bli mer mondän än modern. De olika europeiska upplagorna skiljer sig mycket från varandra. I Frankrike och i Italien är tidningen till exempel mycket mer avantgardistisk än i England och Tyskland.

En parisisk modetidning

Även om jag alltid följt modefotografiet i både Harper's Bazaar och Vogue har den franska modetidningen Elle, ända sedan jag först kom till Paris på 60-talet, alltid varit en större inspirationskälla. Den guidade mig in i livet som parisiska.

Tidningen grundades 1945 av Hélène Gordon-Lazareff. Efter avslutade studier vid Sorbonne i Paris började hon skriva artiklar för olika tidningar, men det var först under en period i New York, hos Harper's Bazaar och New York Times, som hon på allvar lärde sig journalistyrket. Hon var gift med Pierre Lazareff, som var chef på dagstidningen France Soir, och med honom delade hon ett starkt litterärt intresse. Det litterära genomsyrade även tidningen Elle. Françoise Giroud, författare, kulturminister och sedermera statssekreterare med inriktning på kvinnofrågor, blev tidningens första chefredaktör. Inför det första numret engagerades också författaren Colette, som angav tidningens feministiska ton.

Elle kom att bli den första veckotidningen i Europa som riktade sig till en modern, aktiv, samhällsorienterad och oberoende kvinna. Tidningen skyggade inte för tabubelagda ämnen, vare sig det gällde sexualitet eller politik. Eftersom mode framför allt var en feminin angelägenhet var det en självklarhet för tidningen att ta upp kvinnofrågor, och man introducerade också sociala reportage i tidningen. På 1950-talet anordnade man en kampanj för födelsekontroll i världen och 1970 organiserade man en stor konferens, »l'États Généraux de la Femme«, för att belysa tendenser inom områden som politik och arbete, familj och hälsa från kvinnors perspektiv och därmed definiera feministiska frågor för sin franska läsekrets. På så vis fungerade Elle som en röstbrevlåda för en generation kvinnor som utbytte åsikter och upplevelser, vilket var en ovanlig tidningsföreteelse då.

Sir Cecil Beaton, brittisk fotograf, scenograf och kostymtecknare arbetade för Vogue. På bilden dansaren Tilly Losch, maj 1930.

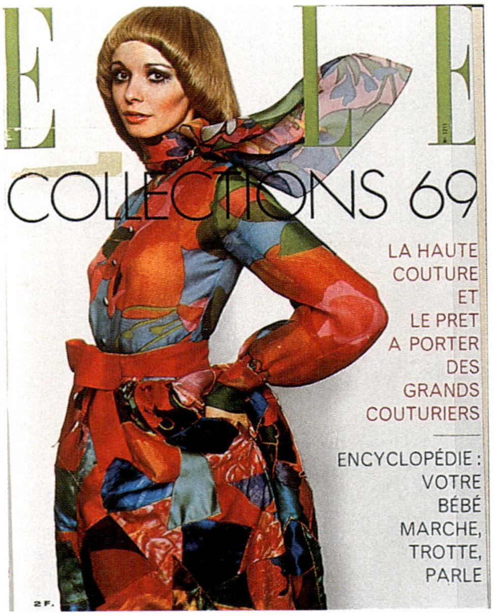

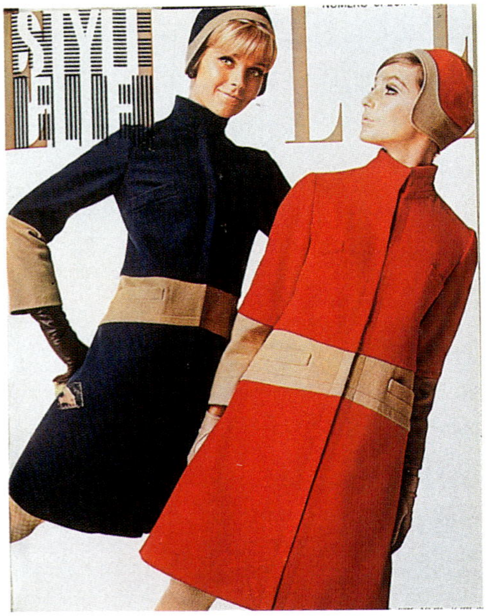

I tidningen Elle, som intuitivt och kunnigt följde litteraturen, konsten och modets avantgarde, fick några av världens främsta fotografer och journalister möjlighet att spegla tidens olika uttryck. Under 1970-talet introducerade man till exempel Kenzo, vars kläder låg helt i linje med Elles naturliga språk. Fotografen Hans Feurer blev något av Kenzos och tidningens hovfotograf under denna period. Han fotograferade Kenzos kollektioner, som alltid bar influenser från olika kulturer, i attraktiva, exotiska miljöer med natursköna fotomodeller, flera av dem svenskor, såsom Gunnel Hemmel, Eva Shivdasani och IngMarie Lamy.

En annan designer som återfinns bland Elles favoriter är Agnès B. Hennes radikala inställning till kläder står helt i paritet med tidningens policy. Elle har också uppmärksammat vår svenske designer Marcel Marongiu och verkar nu dessutom ha ett mycket gott öga till Isabel Marant, vars kläder representerar den avdramatiserade klädstil som tidningen vill förmedla till sin moderna, kvinnliga läsekrets.

I dag finns Elle i många länder och på 32 olika språk, men den franska utgåvan bibehåller sin särpräglade inriktning som parisisk modetidning, ständigt

Ovan franska Elle, 1960-tal. T.h.: CliC från mitten av 1980-talet.

öppen för nya talanger bland såväl modeskapare som fotografer. Medan övriga utgåvor är månadstidningar utkommer franska Elle varje vecka, vilket också bidrar till dess aktualitet.

En svensk tidningsidé tar form

Då jag arbetade som bildredaktör hos Åhlén & Åkerlund hade jag ett intensivt samarbete med Elles fotoarkiv och dess chef Nicole Clarence. (Det var hon som sedermera utvecklade tankarna kring att starta Elle i andra länder än Frankrike. Men då, på 60- och 70-talen, hade tidningen ännu inte börjat planera sina utländska utgåvor och den svenska var långt ifrån påtänkt.) Jag förmedlade utländska modebilder till svenska tidningar och när jag också började göra egna modejobb som journalist, blev jag ständigt påmind om vilken begränsning det var att arbeta för billiga veckotidningar i Sverige – det var ju den utländska pressen som stod för inspirationen till nya idéer. Det som fanns i många andra länder saknades helt enkelt i Sverige!

Men så kom min dåvarande man, fotografen Heinz Angermayr som jag ofta samarbetade med, på idén att vi skulle starta en ny svensk modetidning med kvalitet. För mig skulle det innebära en möjlighet att informera om mode och

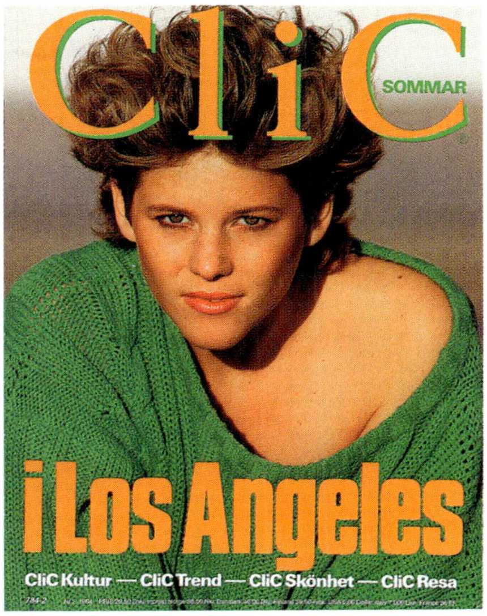

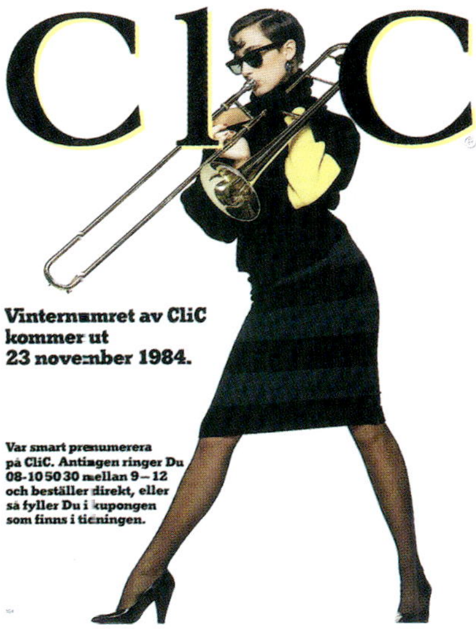

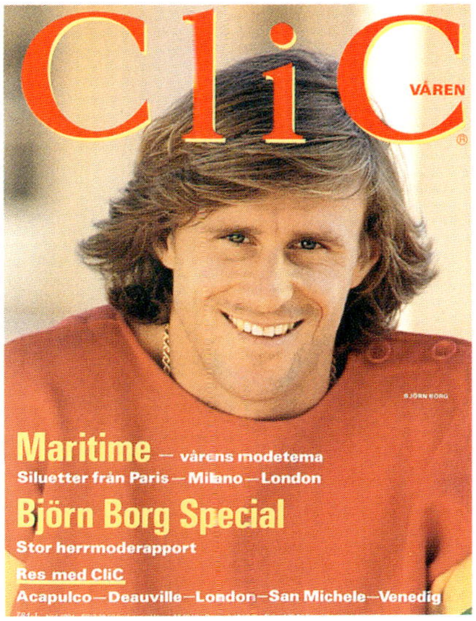

kläder på ett nytt och inspirerande sätt. Vi ville förändra den profana synen på mode i Sverige, det beteende som handlade om »köp, slit och släng«, och istället skapa en estetisk modetidning med bästa möjliga innehåll. Modet skulle sättas in i ett kulturellt sammanhang och beskrivas utifrån modeskaparnas och designprocessens perspektiv. Vi ville att tidningen skulle fungera berikande på en utarmad marknad.

Efter att under ett år ha prövat tankarna med kolleger och vänner utarbetade vi en tidningsdummy. Nu gällde det att hitta ett förlag som var intresserat av vår idé. Visserligen hade både Heinz och jag en god relation till Åhlén & Åkerlund, han som fotograf och jag som skribent och bildredaktör, men trots det valde vi att inte visa vårt förslag för dem. Vi ville inte att vår skapelse skulle hamna i den kommersiella grottekvarnen; vi ville ju åstadkomma en förändring och antog att den tid som vår nya tidning kanske skulle behöva för att nå sin publik inte fanns hos ett stort förlag.

En förutsättning för att vår idé skulle lyckas var också att tidningen fick bästa möjliga repro och tryck. Därför beslutade vi oss för att ta kontakt med Scandecor i Uppsala. Det var ett företag som var känt för sina reprografiskt och tryckmässigt högkvalitativa posters, affischer och *wallhangings* (stora fotomotiv som var populära i inredning på 1980-talet) som sålde i hela Europa. Vi träffade en av ägarna, Bertil Hjert, som genast såg potentialen i vår tidningsidé och slog till. Scandecor arbetade redan med avancerade tryckerier i Sydtyskland, och de såg tidningen som en möjlig fjäder i hatten för företaget på den internationella marknaden.

Premiär för CliC

Det första numret av den nya modetidningen, som fick namnet CliC, kom ut i september 1981. Det var alltså precis i början av det frivola 80-talet. Det känns lite kluvet att tänka tillbaka på den tiden nu, eftersom de som i dag lever av och i »den nya ekonomin« tycks fascineras av den tidens krystade lättsinne, som då säkert berodde på att människor tyvärr hade tröttnat på alla tidigare politiska engagemang. Plötsligt var »nya« möjligheter, kapitalism och marknadsekonomi tillåtet.

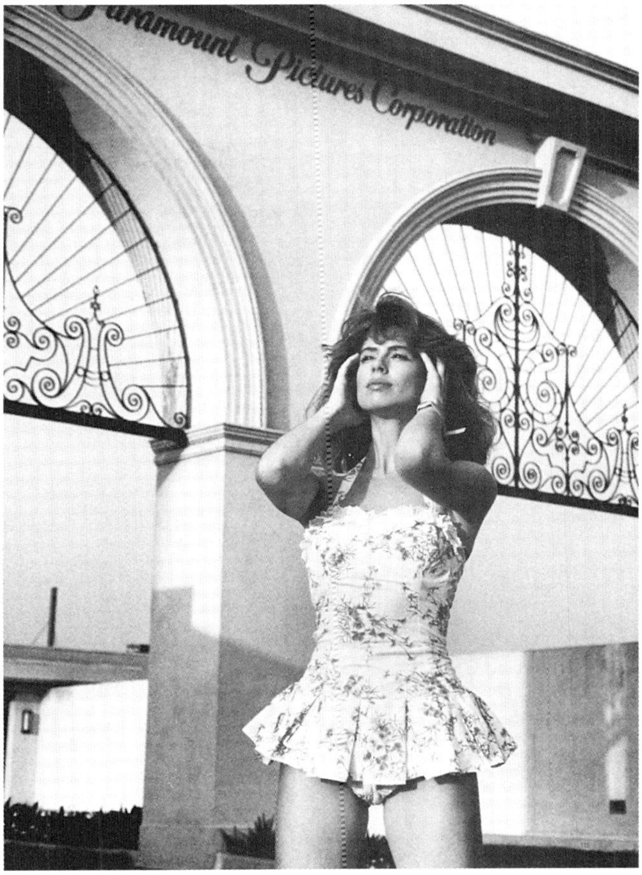

1982 åkte CliC:s redaktion till Los Angeles för att göra ett specialnummer. Bobo Karlsson skrev om krogar och hotell, Françoise Pourcel-Boubil om de nya gymmen, jag iscensatte modet. På bilden modellen Julianne Philips, som för övrigt gifte sig med Bruce Springsteen, i en 40-talsinspirerad soldräkt framför portalen till Paramount Pictures. Foto: Heinz Angermayr.

Vår inställning var inte den, men det var faktiskt så att för vår tidningsidé var just denna tid oerhört gynnsam. Möjligheterna att presentera mode på ett stilfullt sätt, både med historisk förankring och utifrån ett internationellt perspektiv, öppnade sig. Man ska veta att fotografer och marknadsförare tidigare knappast hade ansett att modetidningar och modereklam var en »seriös« sysselsättning. Utländska modetidningar fanns nästan inte att få tag på i Sverige! De få som var intresserade köpte sina tidningar på resor. Det kan vara svårt att föreställa sig i dag, när tidningar från hela världen säljs nästan överallt och har blivit ett dragplåster på alla populära kaféer i Sverige.

Vår tidning byggde på mode och influenser från olika kulturer och hade en bevakning inom många områden: konst och arkitektur, design och media, musik, litteratur, teater, film och dans, sport, hälsa och resor. Vi var mycket måna om att också reklamen skulle hålla måttet. Därför lade vi redan tidigt upp en plan, varefter jag personligen sökte upp duktiga reklammakare och art directors. Syftet var dels att berätta om att tidningen skulle bli verklighet, dels att få byråerna att höja bildkvaliteten på de annonser som vi önskade ha med. Våra möten blev oerhört positiva och de flesta hängde entusiastiskt med på noterna. De förstod att marknaden skulle kunna förändras. Svårare var det att övertyga traditionella annonsförsäljare som väl aldrig ens kunnat drömma om att någon skulle kunna välja sina annonsörer och avstå från dem som inte passade in i sammanhanget!

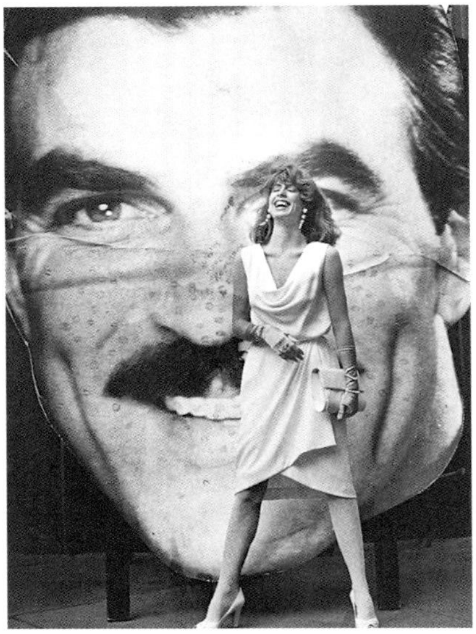

Heinz och jag skapade en liten redaktion med oss själva i ledningen och med marknadschef Per Schött från Scandecor som ansvarig utgivare, Ebba Wachtmeister, gammal vän och kollega, som redaktionschef, Marianne Erdös som modeassistent, Per Nærvik som formgivare och Ann Ringquist som originalare. Vi knöt också till oss duktiga skribenter i världen, som Bobo Karlsson och Claes von Sydow från New York, Elisabeth Paillié och Françoise Pourcel-Boublil från Paris och Donatella Sartorio från Milano och hade dessutom ständigt olika, gästande skribenter och modejournalister i varje nummer. Vi höll till i de arbetslokaler vi redan hade i Gamla stan, där Heinz hade sin ateljé och jag mitt kontor med anställda.

Nu, tjugo år senare, när vi befinner oss i en tid av oerhört drivna produktkoncept, blir jag nästan upprymd av den naivitet som vårt första trevande nummer utstrålade. Så löd till exempel vår introduktionstext så här:

CliC – ett modemagasin! Vänder den sig till Honom? Till Henne? Eller till CliCs redaktion? Svaret är ja! Vi har gjort en tidning, precis som vi vill ha den.

Framför en affisch på Tom Selleck fotograferade vi modellen i Yves Saint Laurent-klänning och Charles Jourdan-skor. Foto: Heinz Angermayr.

Utan marknadsundersökningar. Utan sidoblickar på vad som passar sig bäst för en så bred publik som möjligt. Vi har fotograferat, skrivit och valt material som vi känner för. Vi tror att det är en riktig linje. Frågar man 100 personer vad de vill ha, får man lätt 101 svar. Och resultatet brukar bli därefter. Som ett lapptäcke. Med många bristande sömmar.

Vänder sig CliC till Henne? Oh ja. Med massor av kläder, miljöer och fina tips. Vänder sig CliC till Honom? Jaja mensann.
Med massor av kläder, miljöer och fina tips.

Vad är miljöer? Eleuthera i Västindien är sannerligen miljö. En underbar liten ö. Vi har gjort ett kalasjobb därnere med Frida. Som blev så förtjust att hon själv skrivit om det.

Vad är mode? Är det killens jeansjacka från Vroal för 189 kr? Eller är det klänningen från Yves Saint Laurent för 4 100 kr? Vi tycker att svaret igen är ja! Mode är det som känns bra på dig. Som du trivs i helt enkelt. Mode behöver inte vara kläder. Det finns fashion i allt! Det gäller bara att titta!

Välkommen till CliC!

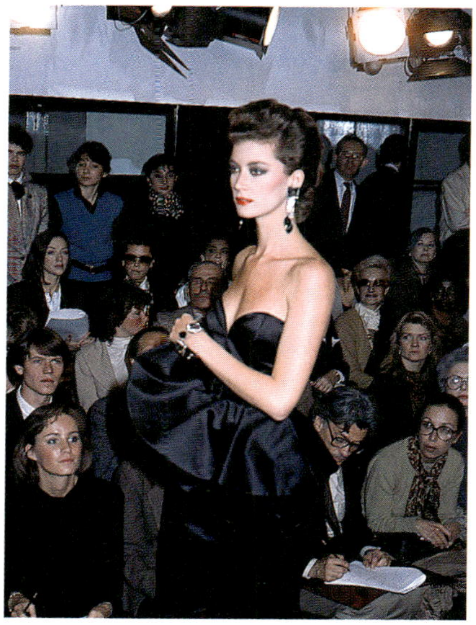

Så här i efterhand kan det vara svårt att förstå varför tidningen blev så revolutionerande som den blev. Faktum är att den rörde om riktigt ordentligt i grytan. Vi återinförde elegansen och lyxen – i bemärkelsen »motsatsen till det vulgära«, vilket länge hade varit tabu. Vi fick med oss en rad annonsörer för utländska märken, som Benetton, Estée Lauder, Celine, Hugo Boss, Hermès, Cartier, Guerlain, Yves Saint Laurent och Charles Jourdan, som nu för första gången lanserade sina produkter på den nordiska marknaden. Men vi fick också med oss nordiska supportrar, som Helly Hansen, Jackpot, Götrich, Stigbert, Getti Spa, A-One, Rizzo, Jersey Modeller, InWear/Matinique och Gul & Blå.

Tidningen såldes från början i alla skandinaviska länder, ända tills en norr-

CliC:s moderedaktör Cay Bond i publiken på Calvin Kleins modevisning i New York 1984. Foto: Oscar Abolafia.

man kom på att han skulle starta en elegant tidskrift som hette Tique! Vi träffade honom på en tillställning i London. Han visste inte vilka vi var och började berätta om sin tidning. Kunde han möjligen ha blivit inspirerad av svenska CliC? undrade vi. På fullaste allvar svarade han att den tidningen kände han inte till men förlorade ansiktet efter en stund, när han förstod vilka det var han pratat med.

Modehändelse av oväntat slag

Att arbeta med CliC var länge i det närmaste en skräddarmässig syssla. Vi arbetade med produktionen ständigt och jämt och släppte inte ett enda moment. Heinz Angermayr följde nogsamt repro och tryck och tillbringade inför varje nummer ett par veckor på tryckeriet under de första åren innan allt satt som det skulle. Också vad gällde innehållet utgick våra ambitioner från ett slags hantverkstänkande; vi skulle själva helt och hållet stå för det. Vi fotograferade modereportagen i spännande miljöer över hela världen och eftersträvade alltid att vara först med nya händelser inom de områden vi skrev om. Vi fick stor uppskattning från våra utländska annonsörer, som välkomnade ett modernt modemagasin i Norden.

1980-talet var som sagt en gynnsam tid för en ny tidning som CliC. Internationella varumärken introducerade nya produkter och anordnade ibland häpnadsväckande evenemang kring sina lanseringar. Som CliCs moderedaktör fick jag inbjudningar från hela världen, och jag minns särskilt ett tillfälle då det exklusiva juvelerarhuset Cartier, som även hade introducerat den mer kommersiella accessoarkollektionen »Le Must de Cartier«, skulle lansera ett nytillskott, glasögonbågar i guld!

Cartier hade inför denna lansering planerat en fest som skulle gå av stapeln i en semesterby i Port el Kantaoui, vid randen till öknen i Tunisien. Inbjudna gäster från hela världen flögs dit i två chartrade Airbus från Paris. Från Sverige hade tre journalister bjudits in: Kid Severin, som skrev för Expressen, Lotta Lewenhaupt från Damernas Värld och jag. På plats möttes vi av ett extraordinärt arrangemang. Aldrig har jag hört talas om eller upplevt något liknande. Allt var genomtänkt in i minsta detalj. Här skulle vi tillbringa en helg med ett digert

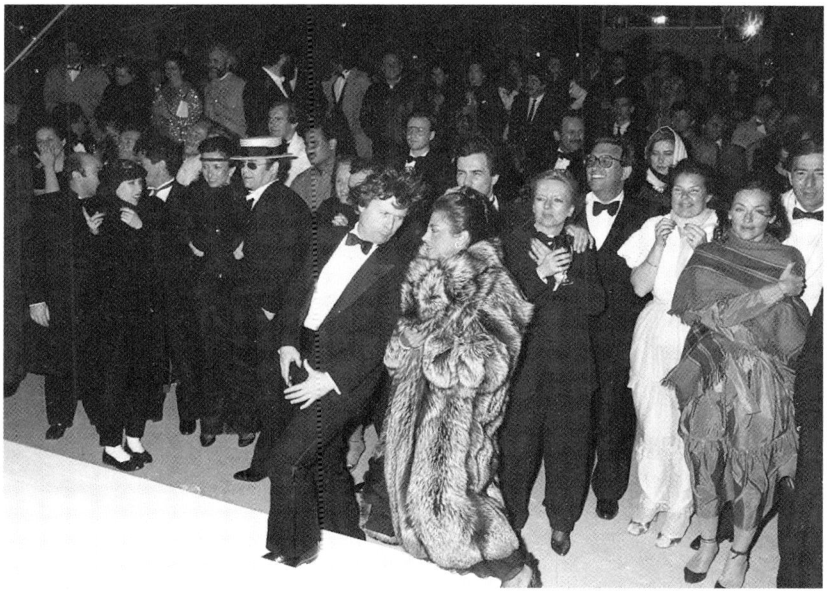

program. Kulmen var en middag i ett jättetält, uppbyggt vid havet, på stranden under stjärnorna. Tälttaket lämnade en stor öppning mot himlen. Borden var dukade och dekorerade med de vackrast tänkbara blomsterarrangemang på vita långa dukar, och där slog vi oss ner på guldmålade stolar. En Tusen och en nattmåltid var förberedd, med Elton John vid flygeln.

Men så hände någonting av det slag som ingen rår på. En gigantisk sandstorm tog bokstavligen tag i hela arrangemanget. Tältet blåste delvis ner, alla blomsterdekorationer flög tillsammans med de vita dukarna bort över havet, porslin och glas kraschade. Det var en vacker katastrof. De åttahundra gästerna evakuerades till en hotellanläggning och spontana lösningar ledde till ett storslaget party med Elton Johns improvisationer. Den förväntade upplevelsen blev tack vare stormvindarna grandios. Vid midnatt projicerades med hjälp av laserteknik Cartiers nya glasögonmodell mot den mörkblåa tunisiska stjärnhimlen. Ja, så kunde det gå till under det sorglösa 1980-talet, då varumärkesbyggandet ännu låg i sin linda.

Under en stjärnspäckad natthimmel i Tunisien. I förgrunden Cartiers vd Alain Dominique Perrin och juveldesignern Nathalie Hocq, till vänster Elton John iförd glasögon och hatt.

Ett äventyr tar slut

CliC genomgick flera olika faser. Vi kunde snart konstatera att tidningen var en framgång, och redan ett par år senare betraktades den som ett intressant investeringsobjekt av unga finansiärer.

CliCs septembernummer 1984 hade 304 sidor! Mängden annonser, som inte fick uppgå till mer än 48 procent av det totala innehållet, styrde sidantalet. Annonsförsäljningen gick mycket bra och saknade motsvarighet i Sverige. Vår upplaga nådde 60 000 exemplar när den var som högst, och det ska jämföras med amerikanska Vogues omkring 120 000 exemplar. Men glädjen varar aldrig, som bekant. Scandecor omorganiserades och CliC såldes. Därefter följde en tid av ägarbyten som i varierande grad och på olika sätt blev störande moment i vårt egentliga arbete, det redaktionella.

Att tidningen skulle bli ett attraktivt byte i penningleken hade nog varken Heinz eller jag räknat med, och det tog faktiskt udden av skaparglädjen. Jag hade egentligen inte heller tänkt satsa mer än fyra år på tidningen, men det hann gå sex år innan jag kunde dra mig ur spelet. Starten var spännande, men när nya rutiner tog över var det roliga slut för min del. Ironiskt nog gick CliC några år senare i graven. Det franska förlaget Hachette hade köpt tidningen av dess dåvarande ägare och lade sedan ner den för att minska konkurrensen vid lanseringen av svenska Elle.

Efter tidningsäventyret gick jag tillbaka till mitt eget företag, som rullat på under tiden.

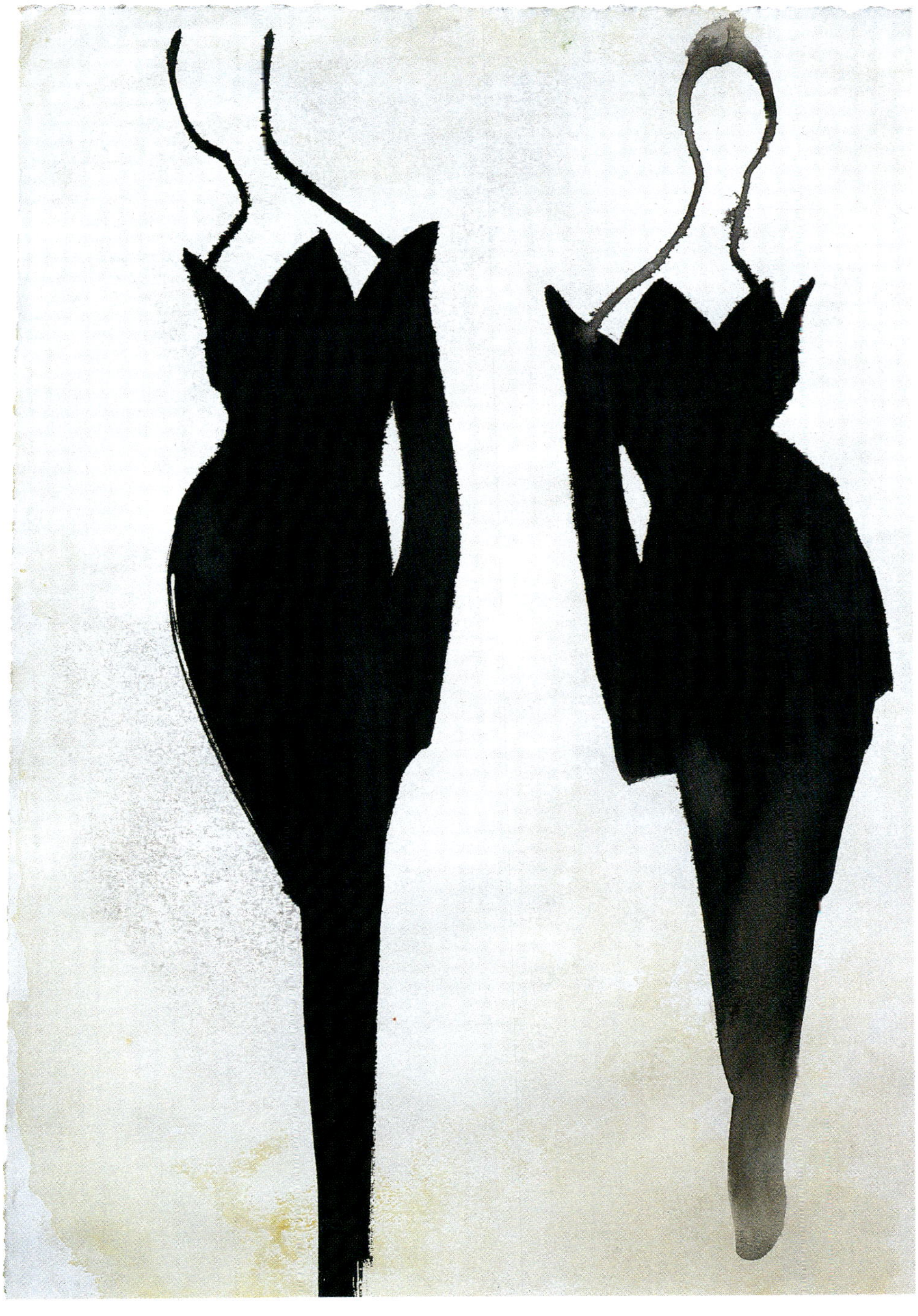

Den italienske modeskaparen Romeo Giglis kläder i tolkning av Mats Gustafson. Skiss från 1990. Mats illustrerade också många artiklar i CliC på 1980-talet. Numera kan hans verk ses på gallerier världen över.

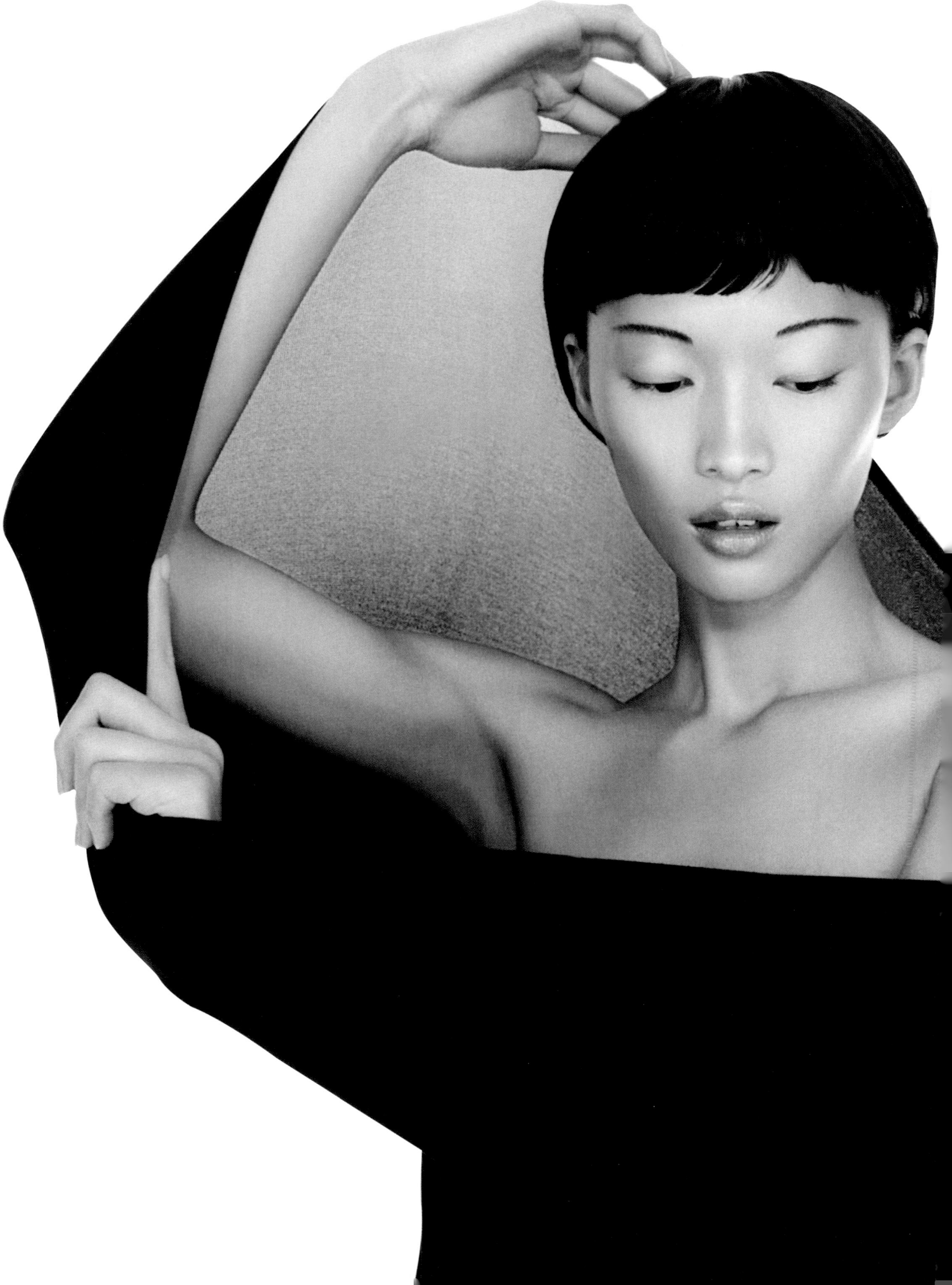

Koncept för livsstil och identitet

Tillhörighetskoder

I dag handlar den ekonomiska verkligheten i västvärlden i huvudsak om konsumtion. Och tyvärr har konsumtionen blivit ett sätt för oss människor att definiera oss själva och omvärlden. Hur vi sedan väljer att uttrycka vår identitet och tillhörighet beror på intressen och kunskap, tid och pengar.

För att lyckas i sin försäljning måste handeln nogsamt följa konsumenternas val. Och reklambyråerna försöker med hjälp av olika försäljningskoncept leda oss människor till val av vissa produkter.

Influerade av medier och reklam har människor blivit alltmer konsumistiska. De koder vi utifrån våra val av varor och tjänster använder för att signalera tillhörighet har blivit allt tydligare. Dessa koder, medvetet eller omedvetet skapade, kan ses överallt; i den mat vi äter, i hur vi bor och inreder våra hem, vad vi läser, vilken musik vi lyssnar på, hur vi klär oss, vart vi reser på semester, vilken bil vi kör och så vidare.

När vi på Promostyl arbetat med att analysera dessa koder som handlar om tillhörighet har vi tidigare använt oss av det engelska ordet *tribes* (stammar), som betecknar grupper av konsumenter i västvärlden som är med och skapar trender, det vill säga produktutvecklingsriktningar. Exempel på några grupper som vi studerat under de senaste femton åren är:

De nyborgerliga – en ny, ledande klass av designers, kommunikatörer, grafiska

Philippe Starcks multifunktionella tubklänning »Starck Naked«, för Wolford 1998. Två meter stretchig lycra som bäraren kan forma på en mängd olika sätt. Foto: Jean-Baptiste Mondino.

formgivare, arkitekter, bildskapare. Det var inom den här gruppen minimalismen föddes, och det är denna grupp som nu mjuknar, som kolorerar och ornamenterar, som ägnar sig åt komfort, säkerhet och lyx.

Borgar-rebeller – egentligen samma yrkesutövare som i tidigare grupp, men dessa ägnar sig i stället åt effektsökeri, uppror och skandaler. De har skapat modebegrepp som »destroy«, »sado-maso«, »chic & dirty«. Denna »tribe« har återupptäckt barocken, alltså allt som är utsmyckat, och detta börjar nu massproduceras.

Kultur-avantgardister – en grupp som lyder mindre under systemet och som är fria nog att ta avstånd från givna mönster. De ironiserar och raljerar med humor och allvar. De gör gärna narr av konsumtion och tillhör en mycket köpstark skara. Globala, välkända varumärken bevakar noga denna grupp.

Baby-boomers – en grupp som mer eller mindre passerat höjdpunkten i sitt yrkesliv, i princip 40- och 50-talister. Efter att ha offrat mycket för karriären lutar de sig nu lite tillbaka. De sätter värde på naturen, på kultur och konstnärlighet och autenticitet, alltså helt enkelt på livskvalitet.

Produktutvecklarna är självklart intresserade av att ta del av dessa analyser av olika »tribes«, eftersom analyserna redogör för trender och influenser, var dessa kommer ifrån och vilken påverkan de har. För att veta vilken ny design de ska satsa på, måste de förstå konsumentens behov och drömmar.

Moden förändras ofta mycket snabbt; de kommer och går. Men med all den kunskap vi har om hur trender och influenser fluktuerar borde produktplaneringen kunna vara mer långsiktig än vad den är i dag. Konsumtion behöver inte vara ett beroende, ett omedvetet behovstillfredsställande; det skulle i stället kunna röra sig om ett medvetet inhandlande av funktionella, välgörande, värdefulla och estetiska produkter.

Massmarknadens vagga

En grundläggande orsak till de snabba flöden och förändringar som pågår i vårt samhälle är det amerikanska massmarknadsbeteendet. Det har fångat oss i sitt garn. Konsekvenserna av den ursprungliga nybyggartanken, den som sa att alla har möjlighet att skapa sig ekonomisk framgång och materiellt välstånd, är någonting vi i dag lever med. Framgång mäts i pengar, och om man inte »lyckas« i ekonomisk bemärkelse, riskerar man att bli utfrusen ur systemet, det vill säga konsumtionssystemet.

I och med popkonsten, som speglade moderna massprodukter och glorifierade det banala, blev konsumtionssamhället på 60-talet ett kulturbegrepp i USA. Andy Warhol hävdade till och med att hans konst inte var kritisk. Konstnären Barbara Kruger, som också arbetade som art director under den perioden, ger dock i sina grafiska bilder från 80- och 90-talen vissa signaler som manar till eftertanke, till exempel orden: »I shop therefore I am.«

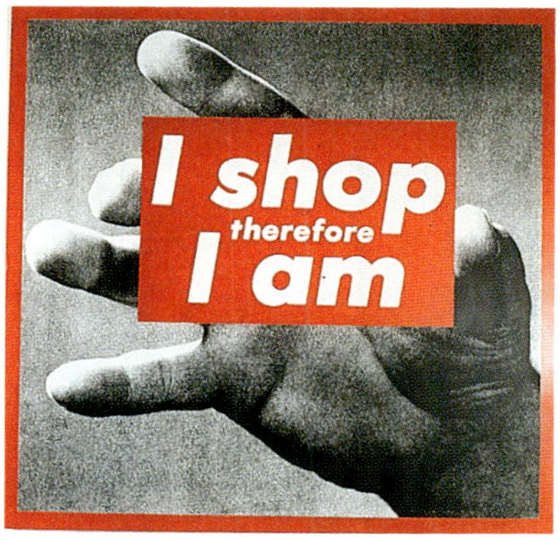

Om själva skapandet i begynnelsen var grunden, så har kapitalet numera tagit över. Det enda vapen som existerar för att skapa balans är kunskap. Inga pengar i världen slår kunskap. I dag handlar det alltmer om vem som har kunskapen och inte om vem som har pengarna.

Det konsumistiska systemet ser olika ut i USA och i Europa och Asien. Ursprunget är inte detsamma även om vi numera ser samma varumärken här som där och konceptet »köp, slit och släng« spritt sig åt alla håll. I USA tillhör inte innehåll och beständighet affärsidén – »money makes the world go around«. Där är kvalitet inte värdefullt i sig, vilket det trots allt fortfarande i ganska hög grad är i Europa. Men även i USA är en förändring på gång. En ökad medvetenhet om miljö och hälsa har inträtt, och man vet i dag att överproduktion kostar mer än det smakar.

Även skapandet har kommit att handla om massmarknad; det gäller att leverera allt snabbare upplevelser, underhållning och förströelse för människor att konsumera. Vi tycks ha fått en enda stor nöjesindustri som producerar avledande stimulantia. Det är vad konsumtionen av mat, mode, musik, tv, film, nättjänster och inredning ofta innebär. Ett påfallande stort nöje tycks koncepten kring varumärkena skänka. Varumärkesbyggande går ut på att skapa en re-

Budskap att begrunda. Barbara Kruger, »Untitled« (I shop therefore I am), 111' x 113', 1987, photographic silkscreen/vinyl.
Courtesy: Mary Boone Gallery, New York.

lation mellan produkt och konsument. Meningen är att en känsla av tillhörighet ska uppstå hos konsumenten. En annan allmän tendens är *cross-over,* det vill säga en mix av produkter från olika etniska kulturer. Dessa produkter översvämmar våra snabbköpshyllor och kittlar konsumenten som vill skaffa sig identiteten av att vara en person som har insikt i eller förståelse för andra kulturer och traditioner.

Var finns det kreativa samtalet?

Vid sidan av denna massmarknad kämpar skapande konstnärer för att nå ut med sina högst personliga arbeten, ofta exponerade i små estetiska gallerier. Men också konstnärsnamn behandlas nu som varumärken. En konstnär tävlar på samma bana som den reklammakare som gör sina »installationer« och som bygger sina försäljningskoncept. Det blir svårt för konsumenten att skilja dessa två åt, när allt nu exponeras i miljöer, till exempel museer och andra kulturella mötesplatser, som tidigare verkligen inte ansågs vara några marknadsplatser. Formkoncepten får i dag de »fina« salongerna att öppna sina dörrar för kommersen. Men diskussionerna huruvida kulturen, nerven i samhället, ska sälja sig åt mammon eller inte, är heta. Gör sig kulturen beroende av sponsorpengar från dem som vill hamna i en bättre och mindre kommersiell dager?

Betyder detta att konsumtionen har gått för långt och att produktindustrin behöver be om ursäkt för sin existens? Jag tror dock inte att just designen är lösningen. Eftersom det är konstnärerna som skapar idéerna som marknaden har revenue av, borde samhällets stora ekonomiska aktörer självklart avsätta en årlig summa till en särskild kulturfond för finansiering av konstnärliga arbeten.

Också teatern hetsar för att dra publik, och även där kan formen ibland tillåtas ta över. Som i de nya musikalerna och ibland överscenograferade pjäserna runt om i världen. Man frestas att glömma att god teater vanligtvis beror på att en bra text iscensatts av en kunnig regissör och skickliga skådespelare med hjälp av en harmonierande scenografi, det vill säga att också ett koncept eller en de-

En ny blick på modets framtid. Med ögon för det primitiva och samtidigt det historiska har fotografen Benjamin de Diesbach skapat denna bild tillsammans med maskören Patrick Veillet och stylisten Sébastien Meunier. Bilden var utställd på »La Beauté« i Avignon.

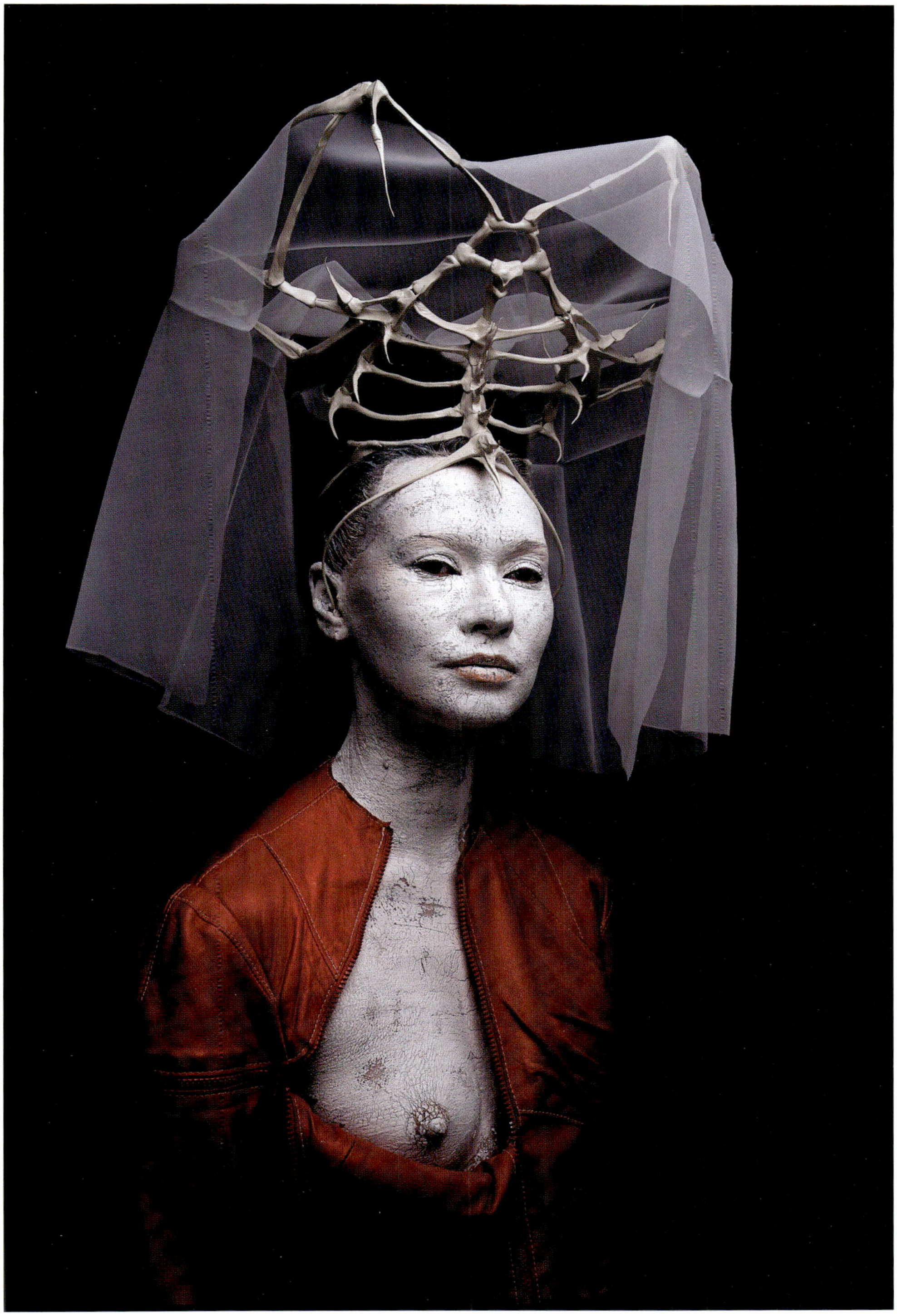

sign blir fulländad först när den har ett innehåll. Det är då publiken kommer självmant.

De stora aktörerna på modescenen förmedlar en idé, ett koncept, ett sken. En sådan aktör är Tom Ford, designern bakom Gucci och nu även för Yves Saint Laurent Rive Gauche. Eftersom varumärket verkar vara det viktigaste för honom, är det tydligt placerat på produkten. Och detta går den konsumistiska människan på: hon synar inte produkten i sömmarna, det räcker att den skapar rätt tillhörighet. Det är detta som fått pengarna att rulla. Industrierna har förstått vilka förtjänster de har att hämta och hetsar fram modekreatörerna. Den respekterade modeskribenten Suzy Menkes beskrev efter couturevisningarna i Paris (International Herald Tribune 17 juli 2001) den schism mellan Tom Ford och Yves Saint Laurent som uppstod efter det att YSL köptes av Guccigruppen och som senare resulterade i Yves Saint Laurents avgång: »Samarbetssvårigheterna mellan dem båda beror på att Yves Saint Laurent är mästare på couture där tillskärningen betyder allt, och att detta är något som Tom Ford inte visar att han behärskar.«

Följden av alltför kommersiella och mediala lösningar blir att nya kläddesigners och industriformgivare hellre arbetar med icke-kommersiella konstuttryck än med användaranpassade och ergonomiska lösningar. Vad modemarknader dock står och faller med i den så kallade nya ekonomin, är det kreativa samtalet, det som leder till nyskapande. »The most creative worktool in the new economy is the creative conversation«, säger Alan M. Webber, en av tidskriften Fast Companys grundare. (Fast Company juli 2001.) Samtidigt tycks det kreativa samtalet vara just det man inte har tid för i den nya ekonomin, det är nästan som om man inte tror på det. Alan M. Webbers recept för kontinuerlig utveckling inom ett företag är den kreativa diskussionen. Att samla tio företagsledare, visionärer inom teknologi, videospel, detaljhandel, sjukvård, design och finans till en diskussion och sedan begränsa mötestiden till 90 minuter. Vad får man? Omedelbar innovation!

Vi trendanalytiker som under många år har bedrivit lobbying för att skapa medvetenhet om betydelsen av konst och design i ekonomin ser nu att det äntligen börjar bära frukt.

Min uppfattning är att det är kultur som i framtiden kommer att ersätta

»jag&jag«-människans behov av identitet och tillhörighet. De »tribes« vi sett under 1990-talet lämnar successivt utrymme åt både gamla och nya filosofier. För att komma vidare måste samhället ta två steg tillbaka och reflektera över de egentliga värdena.

Nordisk design

Omvärldens intresse för Norden har åter vunnit terräng och blivit en ekonomisk faktor att räkna med. Det är ju ett tag sedan Sverige ansågs vara ett välorganiserat idealsamhälle, ett exempel värt beundran ute i världen, som när arkitekten och möbelformgivaren Gunnar Asplund på Stockholmsutställningen 1930 initierade funktionell formgivning med Nordens genuina naturmaterial. Ett nytt samhälle byggdes och med det vackra tankar om människans boende och officiella miljö. Det höll i princip fram till 1960, då förändringstempot tog över och vi i stället fick ersättningsmaterial och kompromisser.

Det har gått några decennier sedan dess, men den ursprungliga 30-talstanken lever kvar bland nordiska arkitekter och industriformgivare. Man kan tydligt se varifrån inspirationen kommer i den internationellt nu så uppskattade nordiska möbelformgivningen. De äldre namnen lever kvar vid sidan av de nya. För tio år sedan satt jag med i en projektgrupp för Sveriges Möbelindustriförbund, initierad av arkitekten Jerry Hellström. Vår uppgift var att lägga upp ett internationellt presentationsprogram för svensk möbelformgivning. Arbetet ledde dock ingen vart eftersom de svenska möbelproducenterna ännu inte var mogna för att se de oerhörda utvecklings- och exportmöjligheter som fanns. Men de svenska möbelföretag som nu, tack vare den internationella uppmärksamheten, förstått värdet av svensk design har en intressant utveckling framför sig.

Trots att vi i Sverige alltså haft en utvecklad formmedvetenhet, är det få svenska kläddesigners som vunnit samma internationella framgångar som möbelformgivarna. Det beror till stor del på att vi inte längre har någon modetextilindustri att tala om; en sådan behövs för att nyutexaminerade designelever ska kunna tas emot och utvecklas till skickliga klädformgivare och skräddare. Att det i dag är fler än någonsin som vill bli kläddesigners och att vi har en utbildning som är bättre än den tidigare varit borde, tycker man, inspirera in-

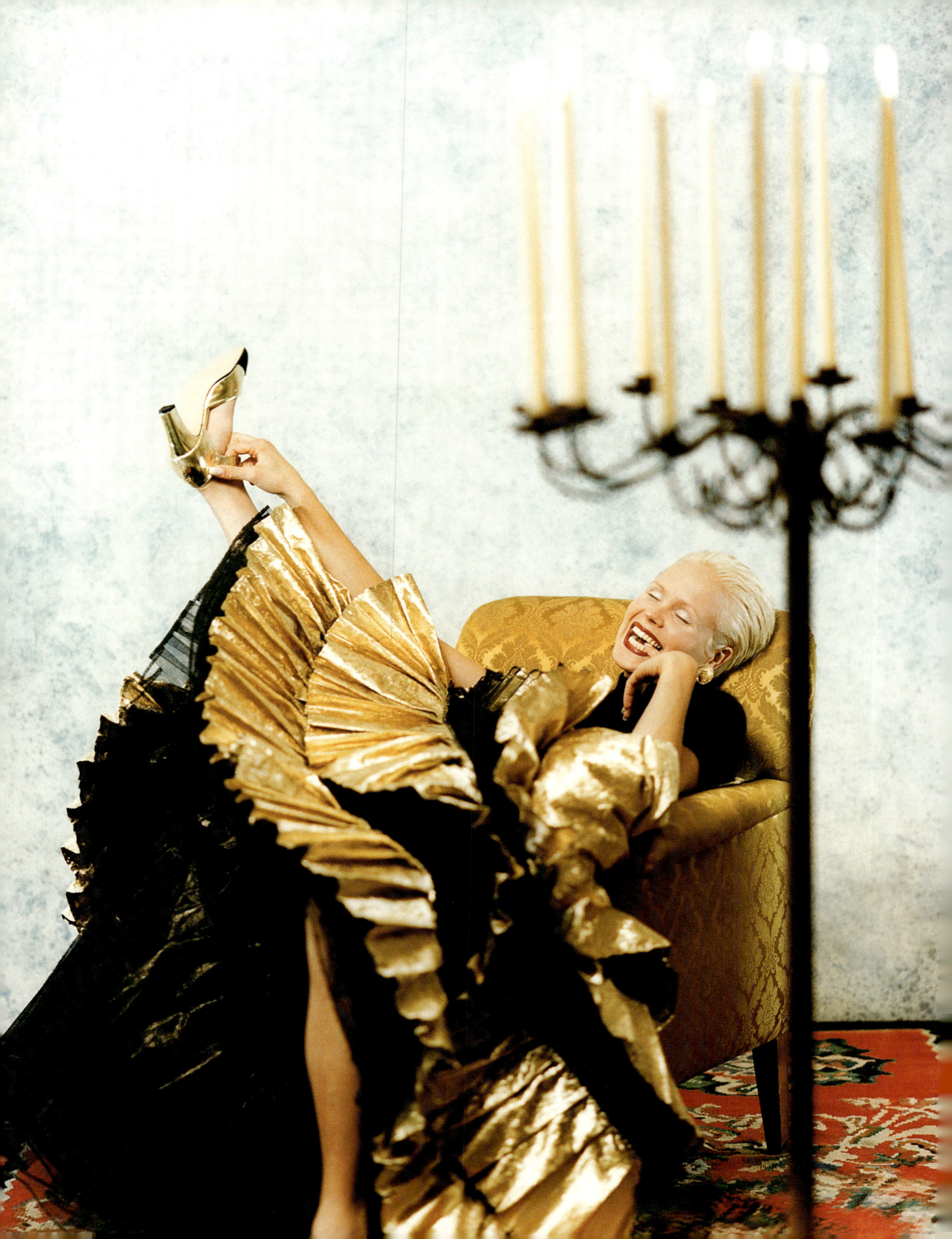

dustrierna, men så är icke fallet. Varje år kan man följa en ny kull kreatörer som genast vill bli betraktade som modeskapare och få uppmärksamhet, precis som kreatörerna i London, Paris och Milano. Men Sverige är ännu inte rustat att hjälpa sina unga modedesignelever på traven. Stockholm har enligt utländsk press blivit en liten storstad i Europa att räkna med. Många designers försöker därför kämpa sig fram med egna syateljéer. Sakta men säkert, genom ihärdigt arbete och med hjälp av medierna som alltid är tacksamma för nya uppslag eftersom de inte själva gör några upptäckter, har dessa kreatörer lyckats skapa en egen »stockholmsk« modevärld. Lars Wallin, Lovisa Burfitt, Marina Kereklidou, Pär Engsheden, Gudhild Nieriker, Marielle Kerber, Jenny Hellström och Whyred är några av de designers som klarat sig bra på egen hand. Många har egna butiker som har skänkt Stockholm attraktiva modestråk. Några av de unga svenskarna har också börjat vinna uppskattning i utlandet. Andra talanger blir infångade av de stora modekedjornas design- och inköpsavdelningar.

På Jylland i Danmark har man kvar en stark textilindustri, vilket skapar helt andra, och framför allt fler, arbetstillfällen för kläddesigners. Danska designvarumärken växer i popularitet och danska textilindustriorganisationer arrangerar attraktiva, tidsenliga och av en internationell publik mer och mer välbesökta modeevenemang i Köpenhamn.

I Sverige är vi egentligen inte kända för någon som helst klädkultur, trots att vi själva konsumerar kläder för runt 40 miljarder kronor om året. I motsats till de svenska möblerna finns det ingen utländsk definition för vad svenska kläder är. Möjligtvis har man utomlands någon form av uppfattning att vi i Norden klär oss sportigt – Fjällräven och Helly Hansen är märken som är internationellt välbekanta. I Sverige är vi vana vid kläddemokrati som innebär att alla ska ha möjlighet att handla bra och billiga kläder med hög modegrad. Så har klädhandeln, där de stora kedjorna varit marknadsledande, sett ut under en mycket lång tid. Därför svarar konsumenterna i Norden på pris snarare än på design.

Det har varit svårt för mindre modemärken att göra sig hörda – fram till nu, då själva designnamnen fått en avgörande betydelse. Danmark har lyckats exemplariskt med detta. Varumärken som Bruuns Bazaar, Charlotte Sparre,

---

Den vida aftonkjolen har nästan blivit den svenske designern Lars Wallins signum. Foto av Heinz Angermayr för Damernas Värld med modellen Ingy.

Munthe plus Simonsen, Bitte Kai Rand och Day Birger et Mikkelsen gör goda framsteg. En anledning är att man haft vett att presentera designmärken i större sammanhang som Jan Busch Carlsens Copenhagen Vision som startade 1997, en kläddesignmässa i Øksnehallen i ett renoverat gammalt slakthus mitt i staden. Det är ett exempel på ett tidsenligt koncept med form och innehåll som lyckats föra fram en ny idé och som dessutom inrymmer designernamn från hela Norden, även Island.

Att hålla hög modegrad på billiga kläder har klädmodekedjan H&M blivit specialister på sedan 60-talet. Med sina 771 butiker i 14 länder och med en affärsidé som i princip går ut på att vara först ut med det nya från modeskaparna i Paris, har företaget lyckats attrahera alla typer av kunder. Plagiat kallades detta tidigare, även om man också kunde kalla det »inspiration«. Och för cirka tjugo år sedan kunde jag se H&M-folk »hämta inspiration« på visningarna i Paris och stilla undra hur de kunnat skaffa sig invitationer till de så noggrant bevakade modevisningarna.

I dag har H&M en skicklig grupp av designers som gemensamt skapar en stark varumärkesprofil. Margareta van den Bosch är designchef på företaget sedan 1987 och leder designavdelningen »vita rummet« där omkring 80 designers arbetar. Margareta, som är en av mina trofasta kunder, förstod tidigt värdet av att ständigt hålla sig à jour med nya uttryck, ny formgivning och kulturella händelser. Hon har ett säkert öga för nya talanger och vett att ge dem förtroende. Det är detta som utvecklar designelevers kapacitet. Genom ett gott samarbete med till exempel Beckmans skola, kan hon också erbjuda talangfulla elever jobb som ger dem en värdefull erfarenhet och ett första möte med den kommersiella verkligheten i ett av världens största textilföretag. Med tidsenlig design, snabb logistik och påpasslig marknads- och omvärldsanalys har H&M förstått att ta vara på sina kunder. Det beror inte, som man lätt kan tro, enbart på det låga priset utan mer på ett helhetstänkande kring produkt, presentation och kommunikation. H&M, som tidigare var känt för »29:90«, har i dag nått den höga modestatus de eftersträvat. Detta har i sin tur inspirerat andra kedjeföretag i Norden att ha design som en lönsam affärsidé. Hösten 2001 fick

---

Day Birger et Mikkelsen, höstern/vintern 2002.

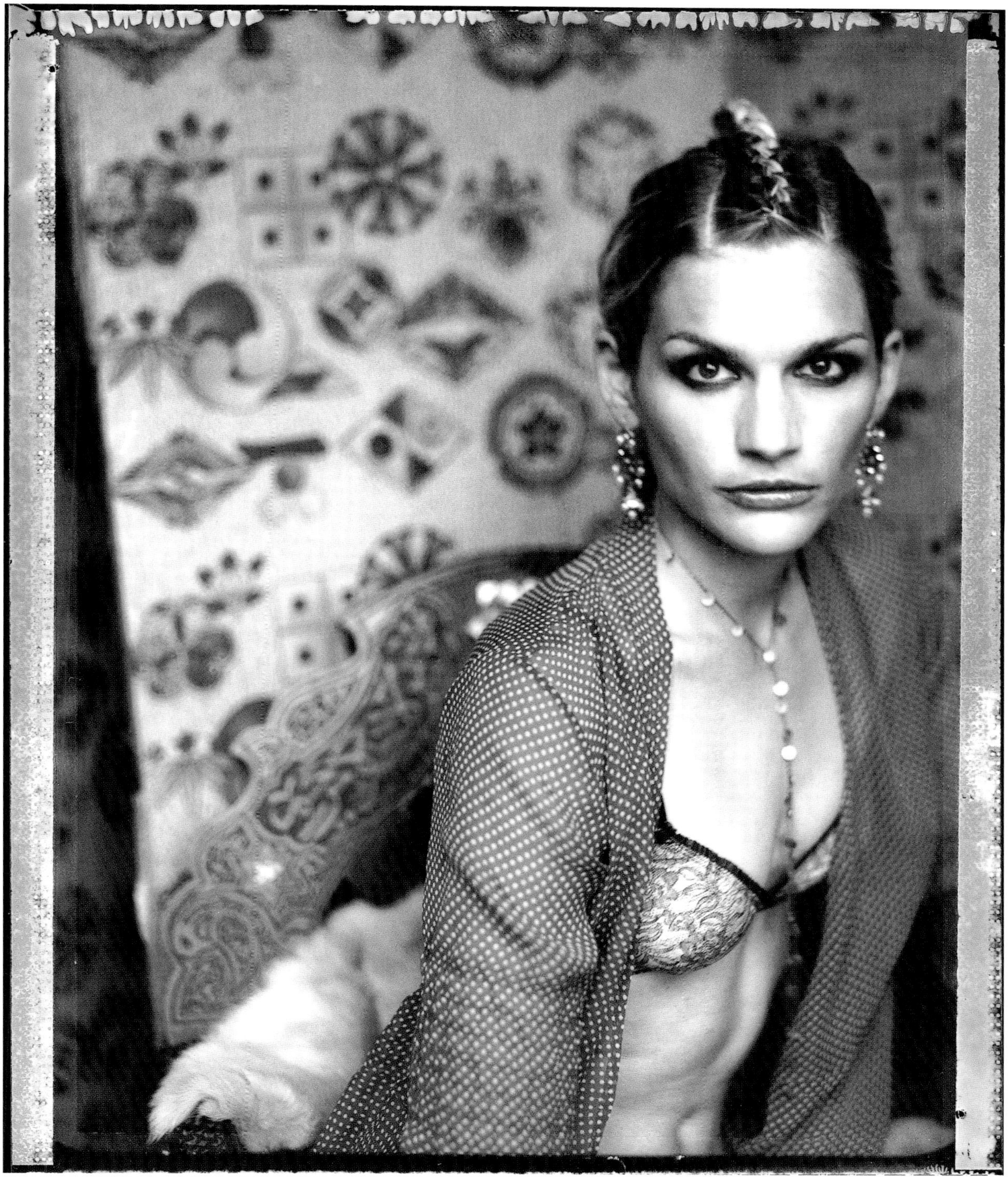

H&M utmärkelsen »Guldknappen«, ett modedesignpris som årligen utdelas av tidningen Damernas Värld.

En konkurrent till H&M är det spanska företaget Inditex med sex varumärkeskedjor: Zara, Massimo Dutti, Pull and Bear, Bershka, Stradivarius och Oysho. De har över 1 000 butiker i världen, 24 000 anställda, varav 2 000 modedesigners, och säljer cirka 90 miljoner plagg per år. Jämfört med H&M kan man säga att Inditex varumärken hållit en lägre profil; inte lägre modegrad, bara annorlunda. Detta är strategier som också andra svenska klädkedjor, som KappAhl och MQ, arbetar med i dag i hela Norden.

Stil för pengar

Mode, trender och design är någonting som alla människor i dag verkar ha ett förhållande till. Vi har alla olika uppfattningar och inte minst olika kunskaper. Kunskapen förmedlas framför allt via medierna, som följer designföretagens försäljningsframgångar som ofta bygger på affärsidéer med kreativitet, kontinuitet och kvalitet som honnörsord. Alltså precis som i den »tunga« industrin. Inställningen till »det nyckfulla modet« håller sannerligen på att förändras!

Det är inte längre någon större skillnad på klädmodet och modet inom inredning och industriformgivning. Nyheter presenteras lika ofta inom alla dessa områden, och dagens konsumenter som accepterar nyhetstakten är indoktrinerade till att tro att samhällets ekonomi skulle rasa om vi slutade att konsumera.

Modevarumärken och designernamn bakom koordinerade produkter är tidens uttryck. Det gäller kläder, accessoarer, skor, porslin, möbler, kosmetika och tidningar, såväl som bilar och mobiltelefoner, yoghurt, choklad och mycket annat. Bakom en försäljningsframgång finns alltså ofta ett välkänt designernamn.

Det var med en viss förundran jag förra året läste om hur till och med seriösa industriföretag som Ericsson drogs in i ett slags dagligvaruhandelspolitik gällande konsumentprodukter, när tidningarnas ekonomianalytiker kritiserade bristen på nya modeller och hade synpunkter på designen. Som om konsumtion av mobiltelefoner skulle vara den enda förlösande faktorn för Ericsson. På bolagsstämman förra året fick en ung tonårsflicka komma till tals och påpekade

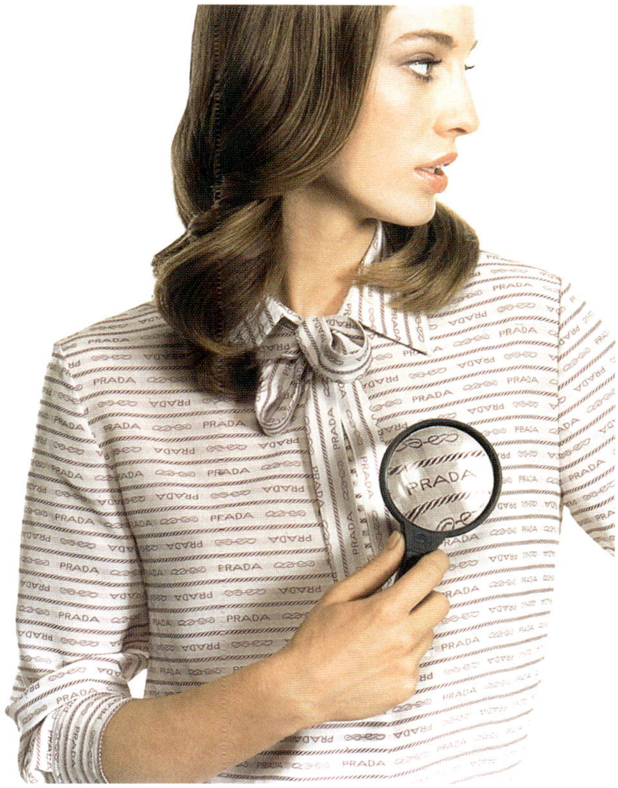

I begynnelsen av den senaste varumärkeshysterin på 1990-talet. En modebild som minst sagt är övertydlig. Foto: Hervé Lafond.

då att Ericssons telefoner inte hade samma hippfaktor som Nokias. Och detta förmedlade medierna på fullaste allvar! Men, det är klart, vi skapar ju alla vår egen verklighet. Ju mer »tyckande« medierna matar in i våra hjärnor, desto svårare blir det för oss att urskilja hur vi, på grund av detta, sakta men säkert förändrar våra värderingar och uppfattningar om vad som egentligen föder och göder ett samhälle. Och det förefaller som om design skulle vara den allenarådande lösningen, nu, när det redan är dags att fundera över vad som kommer efter design.

Samtidigt erinrar jag mig hur många industriföretag som för inte så länge sedan fnös åt designers, eftersom man ansåg att dessa inte förstod sig på vad som gick att sälja. De ansågs vara flummiga konstnärstyper som inte hade ett hum om business. Svängningen kom under 1990-talet, då en yngre, framgångsrik IT-generation (i Sverige från Handelshögskolan, i USA från Harvard Business

School, University of Maryland och inte minst Massachusetts Institute of Technology) fick ekonomiskt svängrum och krävde att bli sedda och respekterade. De började tala om hur avgörande det var med designorienterad konsumtion utan att ha kunskap om att trendinstitut som Promostyl, Peclers och Trend Union länge har arbetat för att visa på det betydelsefulla sammanhanget mellan design och konsumtion. Aldrig har väl så många unga män framträtt i så många väldesignade kostymer från varumärken som Ralph Lauren, Hugo Boss, Gucci, Armani, Prada, Kenzo, Cerutti eller Paul Smith. Omedvetna om hur påverkade de själva var som konsumenter förstod dessa unga ekonomer att konsumera yta när deras trovärdighet stod på spel. Klädkonceptet för dem själva blev lösningen. Kostymen hade ju fungerat i den gamla ekonomin, så varför skulle den då inte göra det i den nya! De unga lejonen köpte stilråd av personliga assistenter på varuhus och i butiker och började nogsamt följa med i modemedierna, något som varit helt otänkbart tidigare inom finansvärlden, då klädkoderna var föreskrivna enligt mall. Även kvinnliga ekonomianalytiker tog till kostymen för att platsa i den mansdominerade sfären.

Livsstils-»kit«

I dag när det gått mode i accessoarer, inredning, elektronik och mycket annat har modevarumärkesföretagen utökat sina sortiment till att gälla koncept som utlovar rationella lösningar. Konsumenterna tenderar nu att välja dessa »kit« av varor, dessa färdigtänkta produktkoncept som presenteras i ett sammanhang och saluförs genom att erbjuda identitet. Halva idén är naturligtvis att omgivningen känner igen de olika koncepten, eftersom konsumenten annars riskerar att inte bli rätt uppfattad. Detta kräver idog marknadsföring. Det är ett spel som bortsett från att modeföretagens sortiment i dag har en oerhörd bredd liknar 1980-talets märkeshysteri. Men samma nyrika och därmed okultiverade konsumtionsbeteende florerade då som nu.

De senaste modebutikerna i världens storstäder ser i dag ut som varuhus i miniformat. Här säljer man kläder, kosmetika, böcker, kastruller, smycken, väskor, mobiltelefoner, möbler och prylar på ett och samma ställe och med tydliga avsändare. Ofta finns det också i dessa butiker möjlighet att inta mat och dryck, i allt från en kaffebar till en gourmetrestaurang. Dessa butiker ligger ofta i kvarter med utpräglad karaktär av folkliv, som Londons East End, i Stockholm på Södermalm, i Berlin på Friedrichstrasse, i Paris vid Canal Saint-Martin, i Tokyo på Propeller street och i Marseille vid le Vieux-Port.

Butiken Colette på rue Saint-Honoré i Paris, som startades av garvade klädhandlare från kvarteret Le Sentier i Paris där man tillverkar och säljer kläder i parti och minut, är just en sådan konceptbutik. Den drivs under devisen »style-design-art-food«. Jag går själv mycket gärna dit för den goda matens skull, men jag är inte ett dugg intresserad av de likriktade varumärkesprodukterna. Och med kunder som tänker så kan man fråga sig om inte hela idén faller. Jag kanske inte skulle vara välkommen om de visste. Det finns förmodligen dock tillräckligt med »fashion victims« i världen för att sådana butiker ska gå runt.

De klassiska varuhusen i världen försöker å andra sidan ge ett mera småskaligt intryck genom att skapa en intimare känsla med minishoppar för designervaror. Barneys i New York och Harvey Nichols i London har varit föregångare när det gällt att presentera varumärken inom allehanda varugrupper. Det engelska billighetsvaruhuset Marks & Spencer, en tidigare ganska påver dagligvaruhandelskedja som nu fått hjälp med koncepttanken av Promostyl, har lyckats höja nivån på sina produkter med hjälp av god design. Inte minst livsmedel, som har fått ett avsevärt lyft genom ny inredning, nya förpackningar, stilren grafisk form och ekologiskt innehåll. Ett annat exempel i England är varuhuset Liberty, som satsar på unga modeskapare och som har utvecklat sin egen design inom mode och inredning, samtidigt som de förstärkt sitt klassiska namn. Även NK i Stockholm och Göteborg, som fyller hundra år 2002, har genomgått en förvandling från det storskaliga till det småskaliga.

I dag gäller det alltså att bygga

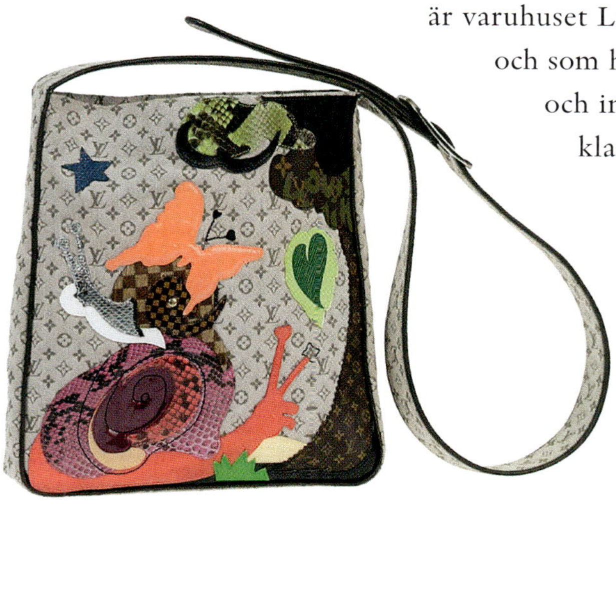

Det monogramprydda canvastyget, som funnits med sedan 1896, har blivit en välkänd symbol för Louis Vuitton. Under designern Marc Jacobs ledning har det ursprungliga sortimentet av väskor och accessoarer utökats med klädkollektioner och skor.

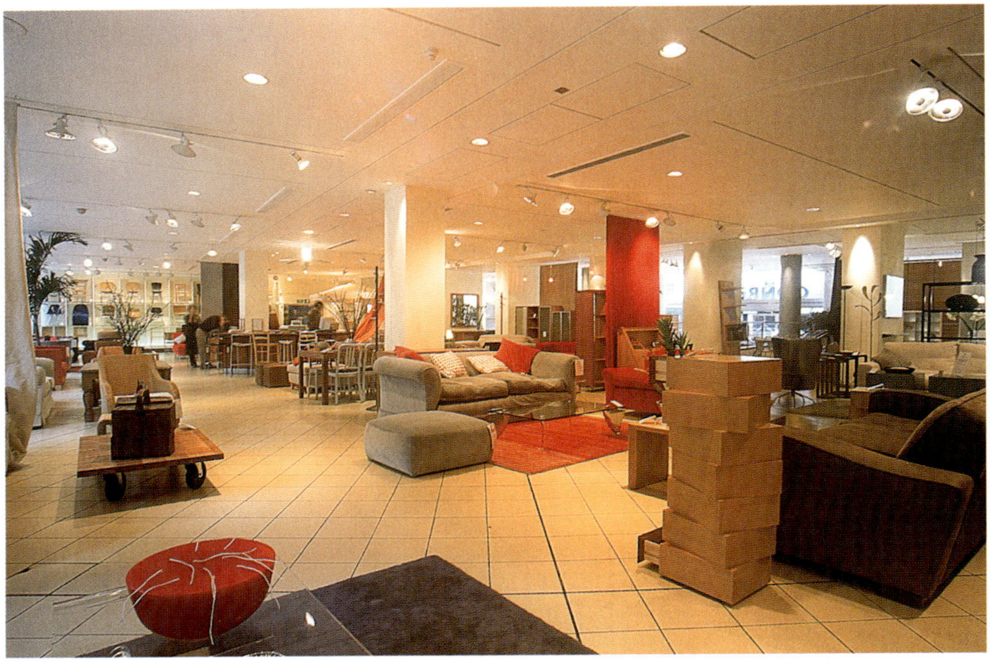

upp hela produktvärldar kring designernamn. Calvin Klein säljer inte bara kläder utan också hemtextil och parfym. Ralph Lauren presenterar sin värld på Madison Avenue i New York med ett varuhus som ser ut som ett klassiskt högborgerligt hem, där allt från sängen till aftonkläderna bär samma märke och matchar varandra. I Donna Karans klädtempel, såväl i New York och London som i Berlin, kan man nu förutom kläder köpa hennes porslin, doft, joggingskor och väskor. Den svenske kläddesignern Marcel Marongiu formger sedan några säsonger tillbaka Limogesporslin, som man kan hitta i hans klädbutik på rue Saint-Honoré i Paris. Och i Notting Hill i London har Paul Smith, som är en känd samlare av objekt från exotiska resor, en butik i ett stort viktorianskt hus med hemkänsla.

Varumärkesstrategin handlar om att behålla kunden och inte släppa i väg henne för att utforska en annan eller kompletterande produkt tvärs över gatan. Och för de märkesmedvetna kunderna finns det tydligen ett värde i själva

Den första Conran Shop öppnade 1973 i London. I början av 80-talet flyttade man in i Michelin House på Fulham Road. Där skapade sir Terence Conran en konceptbutik som har fungerat som förebild för många butiker världen över.

tillhörigheten, annars skulle de nog inte vara så lojala som de tycks vara.

Inom modeindustrin förnyas anrika varumärken och modehus med hjälp av unga designers. Det gäller att satsa på säkra kort och på kreatörer med känsla för marknadsföring och image. Snart ber man väl Tom Ford, mediastrategen bakom Gucci, att komponera en hamburgare för McDonalds.

Att modekoncept, märkesvaror och livsstilsprodukter värderas högt avspeglar sig i världens aktiebörser, där en rad stora modeföretag finns noterade. Franska LVMH (Moët Hennessy Louis Vuitton) med Bernard Arnault som huvudägare har rönt stora ekonomiska framgångar under de senaste tio åren. Stadigt har deras aktier stigit på Parisbörsen. En av anledningarna är säkert deras unika affärsidé. Arnault har byggt upp världens första och största lyxindustri genom att satsa på innovation, talang och kunskap och på prestigefyllda kvalitetsprodukter och företag med lång tradition inom olika hantverk. Hos gruppen återfinns helt enkelt »världens bästa« av allting: champagne och cognac, parfym och kosmetika, lädervaror, klockor, couture och konfektion. Bernard Arnault planerar långsiktigt och hyser stor tillit till sina kreativa designers; han ger dem förtroende och låter dem utvecklas i den takt de behöver. Och om tjugo år är LVMH säkert fortfarande ledande, tack vare Bernard Arnaults passion för kreativitet.

En ny spelplan

På en marknad vid sidan av det internationella modet har sportkläderna levt ett eget liv med egna koder och nycklar till framgång. Företag som Adidas, Nike, Levi Strauss & Co, Reebok, Lee, Wrangler och Tommy Hilfiger representerar en amerikansk, ungdomsinriktad livsstil som hela världen länge varit svag för – genom »american sportswear« har man lätt kunnat klä sig coolt. Dessa företag har visserligen aldrig uppnått lika höga försäljningssiffror som de stora modekonglomeraten LVMH och PPR (Pinault-Printemps-Redoute), Prada och Hermès nu gör, men de har alltid varit högljudda och fräcka i sin marknadsföring. Företagen som säljer sportkläder har länge levt på attityd och gatumode; däremot har de aldrig riktigt tillstått att det är viktigt med design, inte förrän nu. De stora modeföretagen breddar sortimenten inom sina varumärkesfamiljer, och internationella modeskapare designar även sportprodukter. Jil Sander, Donna Karan och Miuccia Prada gör mycket elegantare gymnastikskor än de utstuderade modeller som Nike och Reebok har. Följden har blivit att de företag, till exempel Adidas, som hittills förnekat designens betydelse, fått se de stora modeaktörerna roffa åt sig en allt större del av marknaden. Men i dag satsar Adidas på en creative director som ägnar sig helt åt design och modeskapande enligt en trovärdig strategi. Därmed kommer Adidasmodet att vara lanserat på samma spelplan som Hugo Boss och Armani. Adidas inledde 2002 ett samarbete med en av världens främsta klädformgivare: Yohji Yamamoto.

Modemöbler

Koncepttrenden har också vunnit terräng på de nordiska marknaderna. Även om detaljhandeln här är långsam vad gäller radikala förändringar (»Kundunderlaget är inte tillräckligt stort«, brukar man försvara en icke-förändring samtidigt som man fortsätter att snegla på vad H&M i samma kvarter satsar på och hur de presenterar sina varor), så börjar det nu att se annorlunda ut. Att svenska varumärken som Filippa K, Anna Holtblad och Paul & Friends lyckats skapa tydliga produkter och butikskoncept bland de stora jättarna är bara att applådera. Det visar också att den märkesmedvetna konsumenten inte går på pris utan på tillhörighet. Att stora varumärken som Louis Vuitton, Armani, Gucci, Mulberry, Versace, Kenzo, Max Mara och Hermès öppnar butiker i Norden visar också att det finns både ett intresse och en marknad.

Det verkar vara så att en signerad produkt säljer bättre. Dessutom upplevs produktens värde som högre av konsumenten och betingar därmed ett högre pris. Bakgrunden är naturligtvis att kunden vill handla »rätt« och designerns namn blir ett slags garanti för att så sker.

I och med att modet inom heminredning blivit minst lika viktigt att följa som det senaste klädmodet, utnyttjar också möbelbutikerna detta förhållande. De vill ju åt samma konsumenter. Inspirerad av Conran Shop i London blev Room Stockholms första konceptbutik med allt för hemmet. I dag har man även design under eget namn, butiker i Göteborg och Oslo samt postorderförsäljning. Tidigt ute med att presentera och producera formgivna produkter av kända designernamn var också det unga Malmöföretaget David Design. I sina två butiker, en i Malmö och en i Stockholm, presenterar man ett »varuhusurval«, fast i tilltalande miniskala. Där finns även kläder, böcker och kaffebar. Asplund och Designtorget bygger på liknande koncept. För att nå ut till en större publik satsar möbel- och inredningsföretagen nu också på webbutiker.

Den svenska textildesignern Pia Wallén är en av de formgivare vars arbeten man kan finna i dessa nya butiksmiljöer. Hennes examensarbete från Beckmans skola 1983 utgjordes av en stilren kollektion valkade plagg, och sedan dess har hon enträget fortsatt att arbeta med filt som material – av kärlek till materialets möjligheter och dess historia. Pia Walléns kollektioner innehåller numera både hemtextil, kuddar, kläder, tofflor, skålar, väskor och smycken. Hon har skapat sig en helt egen stil som även uppskattas utomlands. Bland annat är hon mycket populär i Japan, dit hon ständigt inbjuds att ställa ut. Nu senast under »Swedish Style in Tokyo« hösten 2001.

När det driftiga italienska möbelföretaget Cappellini samlade en rad europeiska formgivare kring designprojektet »Progetto Oggetto«, som presenterades 1992 på möbelmässan Salone del Mobile i Milano, deltog Pia Wallén med en kollektion filtar. Men också andra svenska formgivare fick internationell upp-

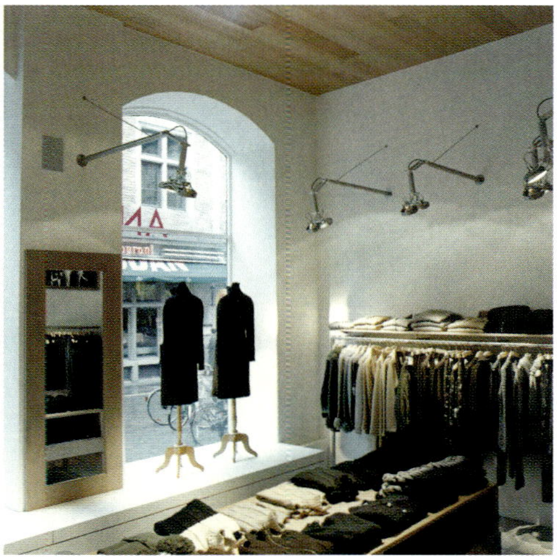
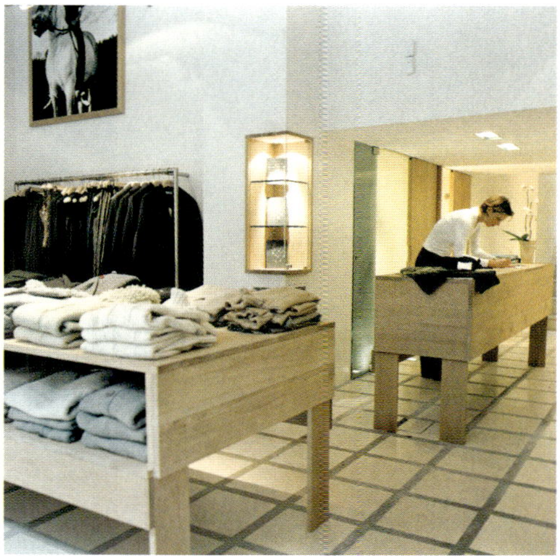

Anna Holtblad började med stickade plagg, men har utvidgat sina kollektioner. Butiken på Grev Turegatan i Stockholm är inredd av arkitekten Thomas Sandell – här man kan uppleva helheten. Foto: Stellan Herner.

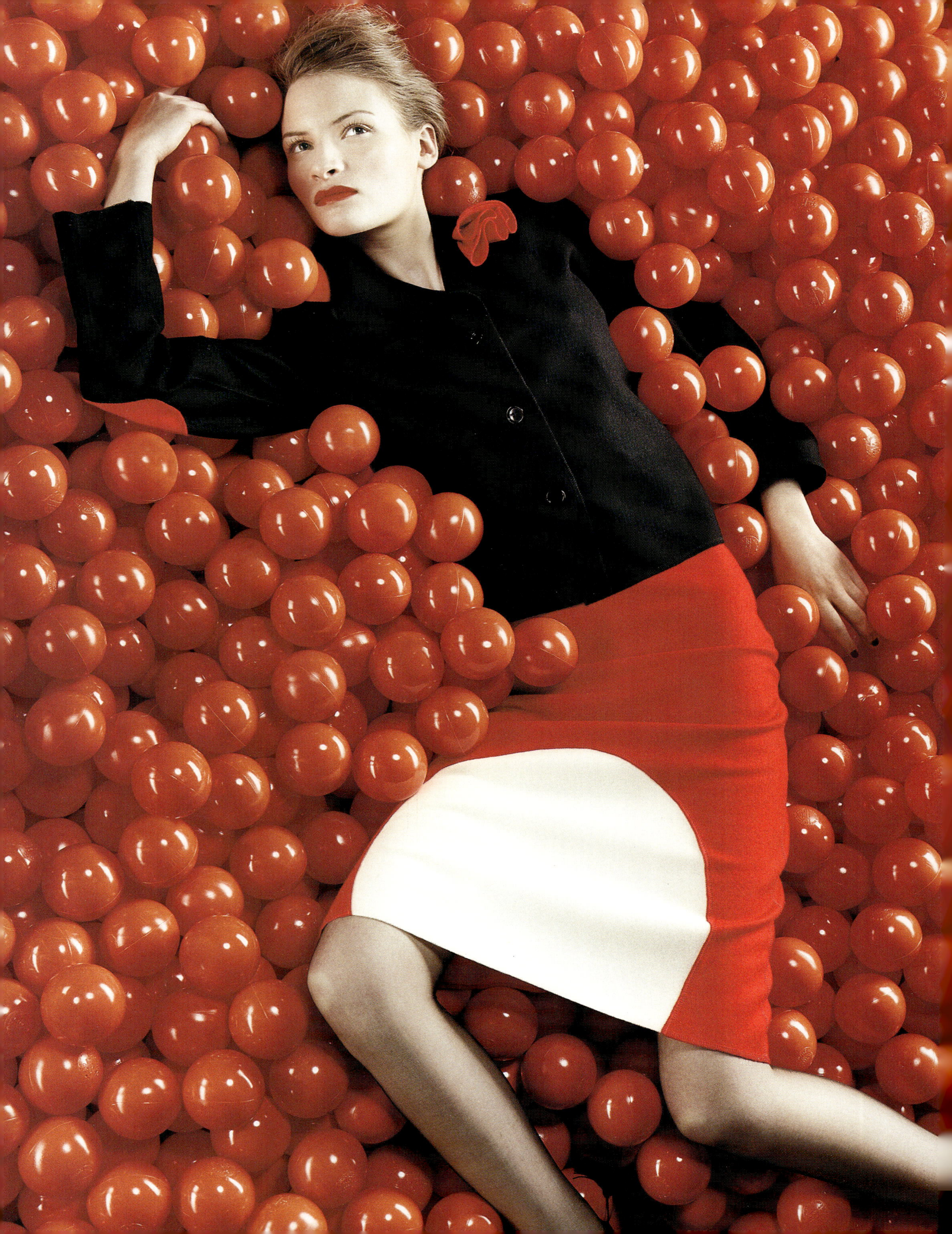

märksamhet i samband med utställningen. Thomas Sandell och Thomas Eriksson tillhörde, i mycket gott sällskap med bland andra Marc Newson, Jasper Morrison, Ross Lovegrove, Shiro Kuramata och James Irvine, den nya vågen av moderna möbelformgivare.

Omvärldens intresse för nordisk livsstil och design är i dag större än på mycket länge. En formgivarelit i Stockholm anger tonen, och många i den nya konsumtionsdugliga generationen leker följa John. Genom den engelska tidningen Wallpaper, som tidigt förälskade sig i det ordningsamma svenska, har den internationella läsekretsen också fått tillgång till en bruksanvisning. Många är de modiga och duktiga producenter som nu exponerar sig utomlands och sätter Sverige på designerkartan. Den svenska möbelindustrin har alla möjligheter att skapa ett starkt fäste utomlands för såväl ny svensk formgivning som för svenska hantverkstraditioner. Dessa möjligheter serveras just nu som på en bricka.

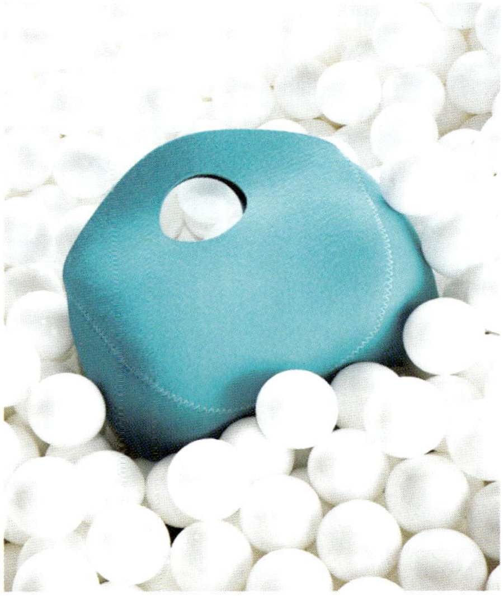

Maximalt minimalt

I motsats till den trend som råder på den internationella marknaden och som handlar om att blanda en mångfald av element från olika kulturer, uppfattas stilen hos det svenska formgivningsmodet som funktionell, konkret och minimalistisk med inspiration hämtad från olika decennier. Oavsett om det gäller 20- och 30-talens funktionalism, det plastiga 60-talet, det nordiskt blommiga 70-talet eller det överdekorerade 80-talet, tolkas dessa epoker som en nordisk förkärlek för det avskalade och enkla. Vissa hävdar på allvar att en intellektuell person väljer en avskalad inredning. Men vari ligger det intellektuella? frågar jag mig. Borde inte intellektualitet snarare hänga ihop med en vig hjärna? Jag tror knappast att en intellektuell person väljer utifrån kontroll och

Pia Wallén, en svensk designer som är unik i sitt slag och ofta kopierad utomlands. Hon är konsekvent i sin design och därför är hennes skapelser lätta att välkomna. Foto: Frederik Lieberath.

begränsning; i stället borde en sådan person välja utifrån kunskap, fantasi och mod, vilket många svenska formgivare i realiteten också gör.

Den italienske modekreatören Giorgio Armani, som enligt vad pressen ständigt hävdar skapar ett minimalistiskt mode, beskriver inte sig själv som minimalist. Minimalistisk design saknar idéer, anser han. Armani har för övrigt nu också designat sin första möbelkollektion, som presenteras i den »megastore« som invigdes hösten 2000 på via Manzoni i Milano. Det är ännu ett exempel på en värld uppbyggd kring en ensam designer. I butiken finns också en restaurang som serverar Giorgio Armanis favoritrecept, minimalistisk italiensk mat! Det vill säga om man med detta avser bästa möjliga resultat med minsta möjliga antal ingredienser.

Minimalistiskt eller ej – ofta presenteras den samtida svenska formgivningen, som enligt medierna har så stort inflytande i världen, som robust och behärskad, lika tillknäppt som det svenska kynnet är vintertid. Om svenska formgivare skapade enbart under årets ljusa månader, när vi svenskar som bekant beter oss helt okontrollerat, skulle svensk design då se helt annorlunda ut, månne?

Det finns förstås några undantag av härliga »galningar« inom svensk formgivning som ständigt verkar ha sommaren inombords, till exempel Jonas Bohlin. Det förefaller mig som om han skapar med huvudet fullt av poesi, vad han än gör. Hans debut med betongstolen »Concrete« 1981 blev mycket uppmärksammad, och denna stol betingar redan i dag ett högt pris på Bukowskis Moderna auktioner. Bland Jonas Bohlins senaste verk utmärker sig en lampskärm i formen av en tyllkjol ur kollektionen LIV, den handtuftade mattan »Trädgård vid havet« för Kasthall med en blommande trädgren som motiv och servisen »Qvint« för Rörstrand i fältspatporslin med blå blomsterdekor. Dit hör också hans senaste tillskott till serien LIV, möbler med 50-talsliknande kurvor. Christian Diors slimmade midja från samma decennium skulle kunna ses som en inspirationskälla. Projektet LIV inleddes med en roddtur! Jonas Bohlin byggde en båt som han tillsammans med 53 vänner 1994 rodde från Stockholm till Paris. Att LIV också står med romerska siffror för 54, alltså antalet roddare inklusive formgivaren själv, upptäckte inte Jonas Bohlin förrän roddturen var

Jonas Bohlins matta »Trädgård vid havet«, för Kasthall.

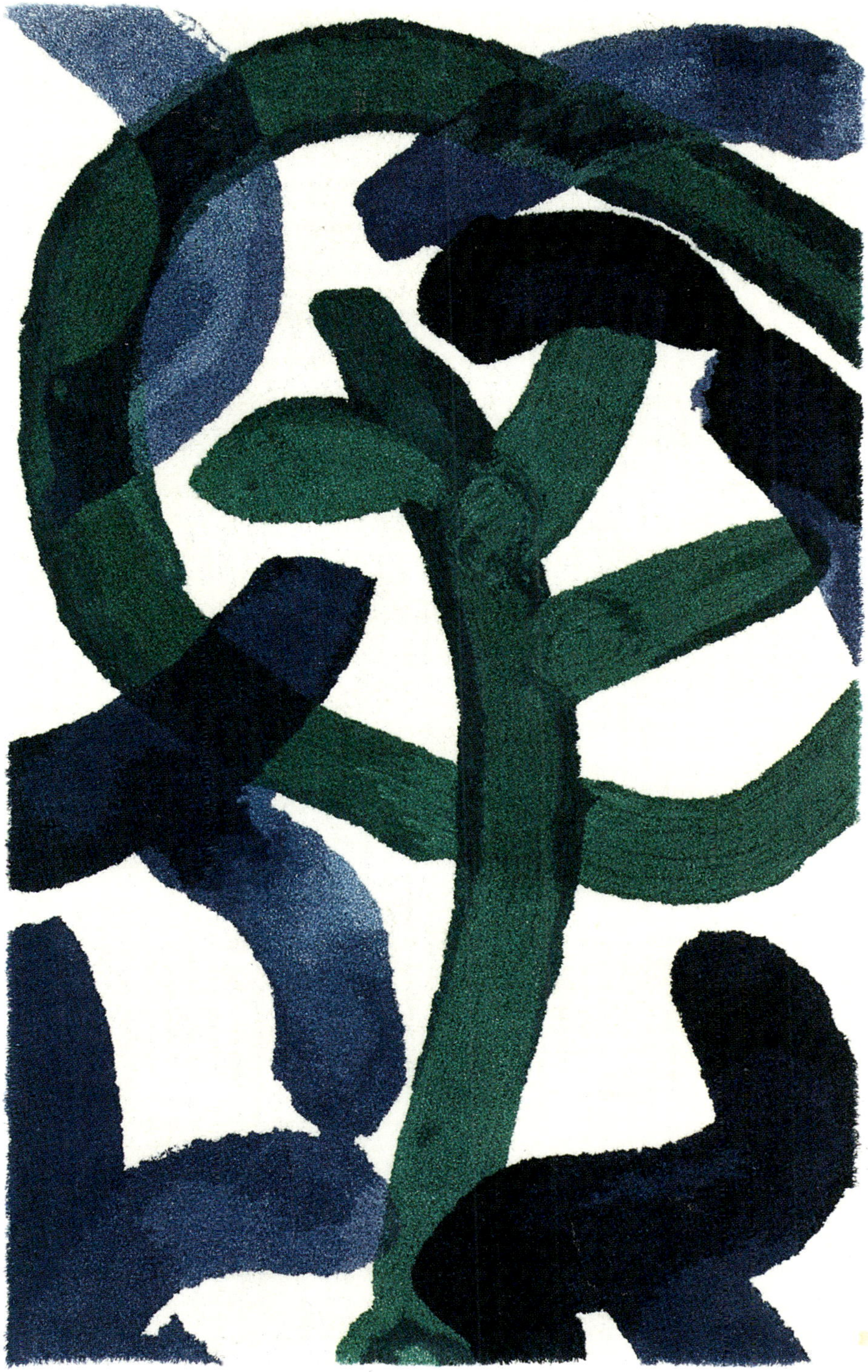

över. År 1997 kom LIV-kollektionen med möbler, lampor med mera. Jonas Bohlins design är subtil och mycket långt ifrån det opportuna. Därför blir hans alster också ganska snabbt värdefulla samlarobjekt.

Ett annat namn är glasformgivaren Ann Wåhlström, som arbetar med spännande organiska former i både bruks- och konstglas tillsammans med glasblåsare på Kosta Boda. Hon hade en retrospektiv utställning på Svensk Form i Stockholm våren 2000 som man skulle önska att världen fick se. Ingegerd Råman är en annan fantastisk glasformgivare som lyckas förmedla en känsla av svensk, skir poesi. Att svensk glasformgivning har ett högt anseende ute i världen märks också på hur den inspirerar glasformgivare i andra länder och hur svenskt glas säljer internationellt. Designen inom området företräds ofta av kvinnliga formgivare, vilket är speciellt glädjande. Gunnel Sahlin, Lena Bergström och Carina Seth-Andersson är bara ytterligare några av de namn-

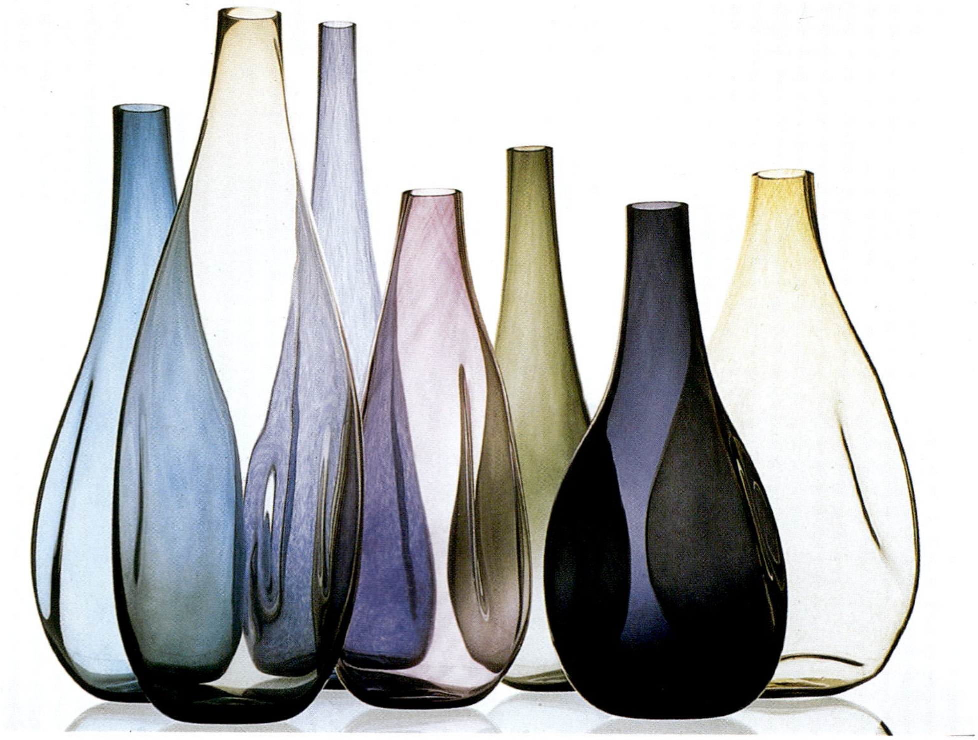

Ann Wåhlström. Soapbubbles/limited edition, 1999. Foto: Michael Förster.

kunniga svenska glaskonstnärer som uppmärksammas internationellt. Kanske blir svensk design också känd för den enkla romantik som i mitt tycke uppstår när en svensk kvinna lägger sin hand vid designen och samarbetar med en glasblåsare.

»Med känsla och närhet till materialet«, skulle kunna vara en beskrivning på hur våra duktiga nordiska formgivare arbetar. Men också med fantasi och fritt fabulerande, som hos Per B. Sundberg. Hans härligt frivola skapelser i glas och keramik är häpnadsväckande annorlunda. Glöm god och dålig smak, Per B. Sundberg tar oss med till ett ingenmansland där man blir på gott humör!

Mats Theselius är ännu en egensinnig formgivare som arbetar kärleksfullt med gamla hantverksmaterial som skinn, järn, silver och trä och skapar nya föreningar mellan materialen. Som i 1700-talsinspirerade kollektionen »Körsbärstjuven« för Move Möbler, där ett skåp med snide av Mats Theselius pappa, konstnären Pär Andersson, utmärker sig som anmärkningsvärt tidlöst. Tillsammans med Källemo som producent har han arbetat fram många uppmärksammade möbler, bland annat den gula bokhyllan »National Geographic« från 1990. Tjugofem årgångar av tidskriften med samma namn får plats i hyllan! Ett annat projekt, »Eremitens koja«, gör han tillsammans med Arvesund Trädesign som kommit på idén att ta tillvara virket från övergivna lador i Norrland. Han har även presenterat en kollektion silverarbeten som han gjort för hovjuvelerare W.A. Bolin.

Som det ser ut i dag har svensk möbelformgivning och industriell design framtiden för sig. Svensk form är efterfrågad i hela världen. Förhållandet mellan design och svensk industri har blivit en viktig ekonomisk fråga, och den svenska staten borde uppmuntra all form av designutbildning, eftersom form spelar en så avgörande roll för vårt samhälle. En designer ska kunna behärska hela processen för att kunna leda formen och materialet in i den industriella produktionen. Och det tar tid att utveckla skicklighet.

Konsthantverkskooperativet Blås & Knåda har länge fyllt en viktig roll som plattform för konstnärers nya formidéer. Som namnet anger har kooperativet samlat keramik- och glasformgivare. En av många begåvade keramiker som jag gärna följer där är Åsa Lindström. Det är med ständig nyfikenhet jag besöker deras utställningslokaler på Hornsgatspuckeln i Stockholm, och närhelst jag får utländska gäster som är intresserade av formgivning skickar jag dem till denna adress.

Även om en designers mål kanske är att nå ut till en stor publik med fabrikstillverkade föremål behöver konstnären i formgivaren ständigt arbeta med det sublima, det oexploaterade, och därtill få ekonomiskt utrymme för experiment. Det är sådana alster man kan följa på utställningarna hos till exempel Blås & Knåda.

Med hopp om framtiden

Medvetenheten hos konsumenten att hon har makt att avstå från vissa produkter som inte förknippas med ett samhällsansvar har ökat avsevärt under senare tid. Konceptföretagens strategier med inriktning på värdeskapande design måste, för att bli trovärdiga hos konsumenten, vara genomtänkta och ge uttryck för företagens etik och moral vad gäller arbetsmiljö, material, form och funktion.

I flera år har jag därför i mina föredrag beskrivit hur viktigt det är att företagen som satsar på god design väljer trovärdiga strategier som innefattar helheten, inte bara formen. I arbetsprocessen måste företaget förutom konstnärlighet och fantasi, presentation och kommunikation se till samhällsansvaret.

Att utgå från helhetstänkande och trovärdighet har emellertid inte alltid stått överst på listan hos företagens dagordning. När ett stort flygbolag för några år sedan skulle uppdatera sin profil, blev jag kontaktad för att se över långflygningarnas övernattningsnecessärer. Jag samarbetade med en väninna, som skulle designa själva etuiet, och tillsammans funderade vi, inte minst utifrån egna erfarenheter, kring format, material, färger, funktion med tanke på de olika behov kvinnor och män har. Vi kom fram till ett praktiskt, elegant och miljömedvetet förslag med produkter från ett världsledande kosmetikaföretag i naturprodukter. I våra ögon var det en oemotståndlig lösning som kunden inte skulle kunna tacka nej till. Det är möjligt att man i dag hade valt att realisera vårt förslag, men då, för bara ett par år sedan, var siktet som vanligt mera in-

Per B. Sundberg har utvecklat fabulatekniken, där mönstrade dekaler innesluts mellan glasskikt. De slipade titthålen blir ingångar till nya världar! Foto: Per Larsson.

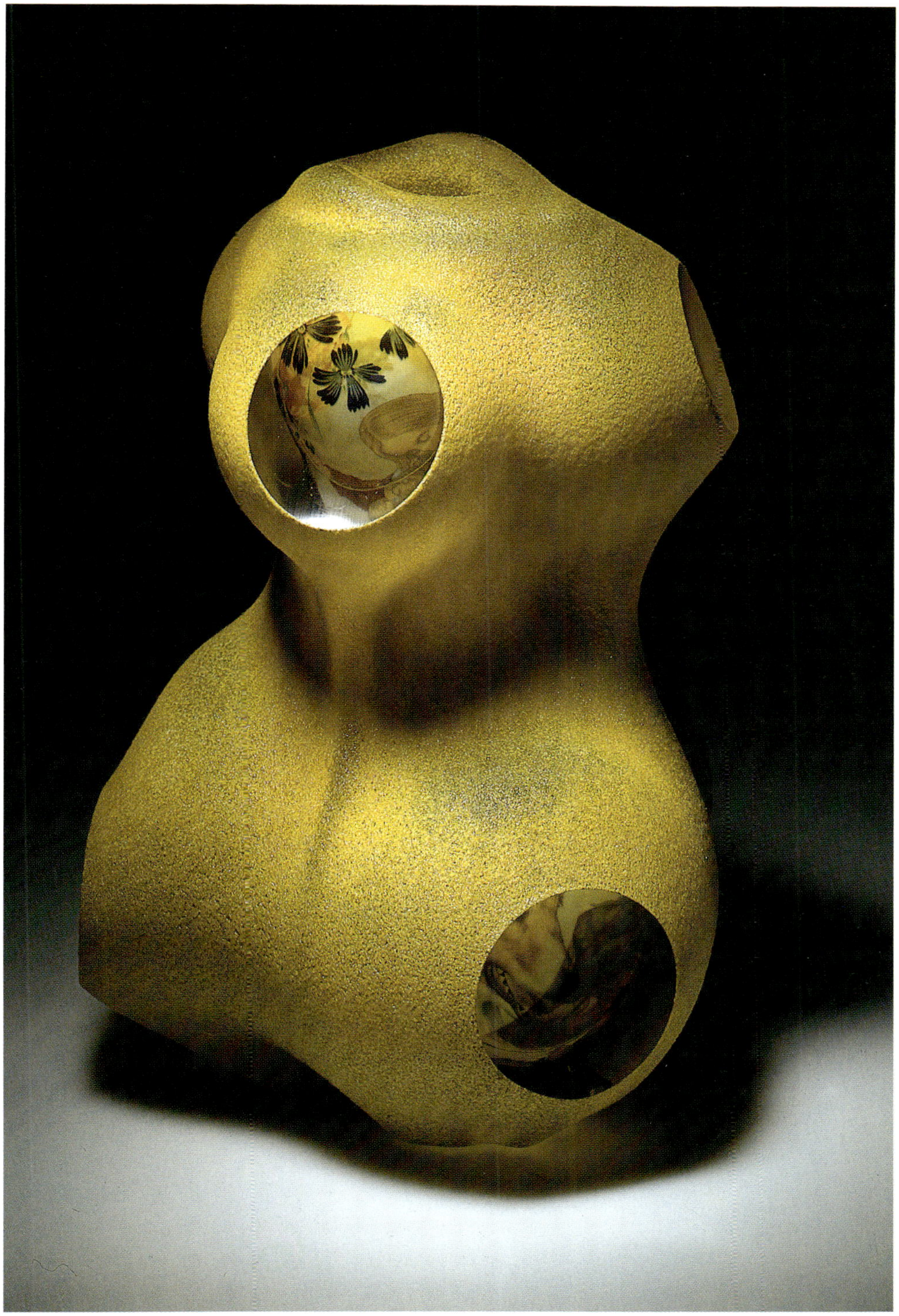

riktat på en rationell, ekonomisk lösning än på att visa omtanke om, i det här fallet, passageraren. Medvetenheten om den goodwill en sådan liten men omtänksam detalj som en tidsenlig och genomtänkt övernattningsnecessär skulle kunna skapa fanns bara inte.

Pierre Guillet de Monthoux är professor i allmän företagsekonomi vid Stockholms universitet och har skrivit flera böcker om företagens handlingsfilosofi, bland annat *Det sublimas konstnärliga ledning* och *Konstföretaget*. Med estetiken och filosofin som utgångspunkt beskriver Pierre Guillet de Monthoux hur före-

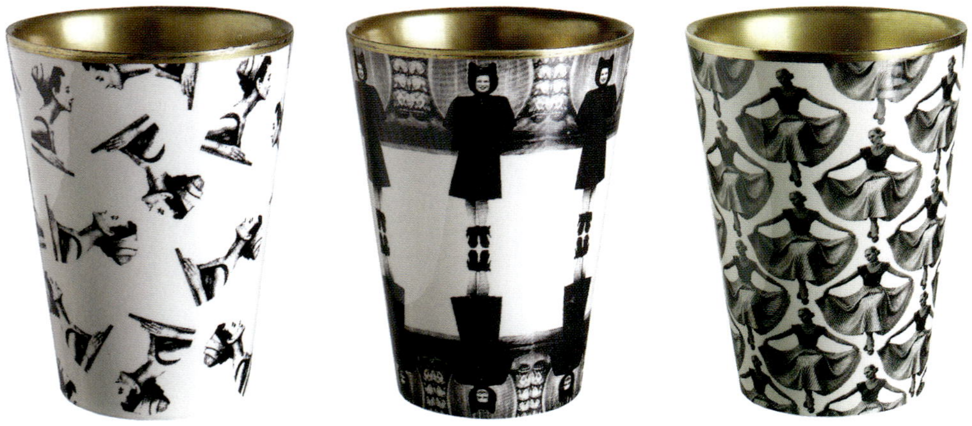

tag kan förhålla sig till konst, form och design och möta en ny konsument som ju oftast handlar utifrån en känsla och därför sällan rationellt. »Vi måste acceptera konsten på dess egna villkor«, skriver han i *Det sublimas konstnärliga ledning.* »Vi når ingen lönsam långsiktig koppling till konstvärlden genom designtrendens kampanjer eller riskkalkyleringens korttidsbedömningar. Genom att studera estetiken kanske vi kan hitta en varaktig väg ur vanlighetens tristess. En väg som inte förväxlar innovation och kreativitet med de snabba klippens nyheter. Något som väcker oss ur arbetslivets sömngångaraktiga tristess till arbetsglädjens verklighet. Det profana, vanliga, triviala och banala behöver skön-

Konsthantverkare Åsa Lindström arbetar ofta med 40- och 50-talsbilder som motiv. Hennes muggar är användbara konstverk som man är rädd om. Foto: Olle Bengtson.

hetens och det sublimas välsignelse för att bli verkligt. Här handlar det inte om illusioner och trick.«

Medvetenheten om att vi kanske borde göra våra val med större omsorg och kanske till och med avstå från vissa saker är inte särskilt stor hos dagens konsumenter, men med en ny generation kommer förmodligen denna medvetenhet att öka. Tecken finns redan bland unga veganer och feminister, i medieböcker som Naomi Kleins *No Logo*, hos den nya »konsumentorganisationen« Attac och säkert många fler. Det handlar om demokrati, miljö, fördelning och rättvisa.

Också i Sveriges förebildsland USA, den än så länge ledande marknaden i världen där allt är möjligt men där man samtidigt har gigantiska sociala problem, kan man i dag hitta nya folkrörelser där människor åter agerar mot våldet och engagerar sig för kunskap, tolerans, gemenskap, miljö, kvinnors och mäns lika rätt, demokrati och folkhälsa. Och kanske kan vi därmed se fram emot »the *we* decade« i stället för »the *me* decade«.

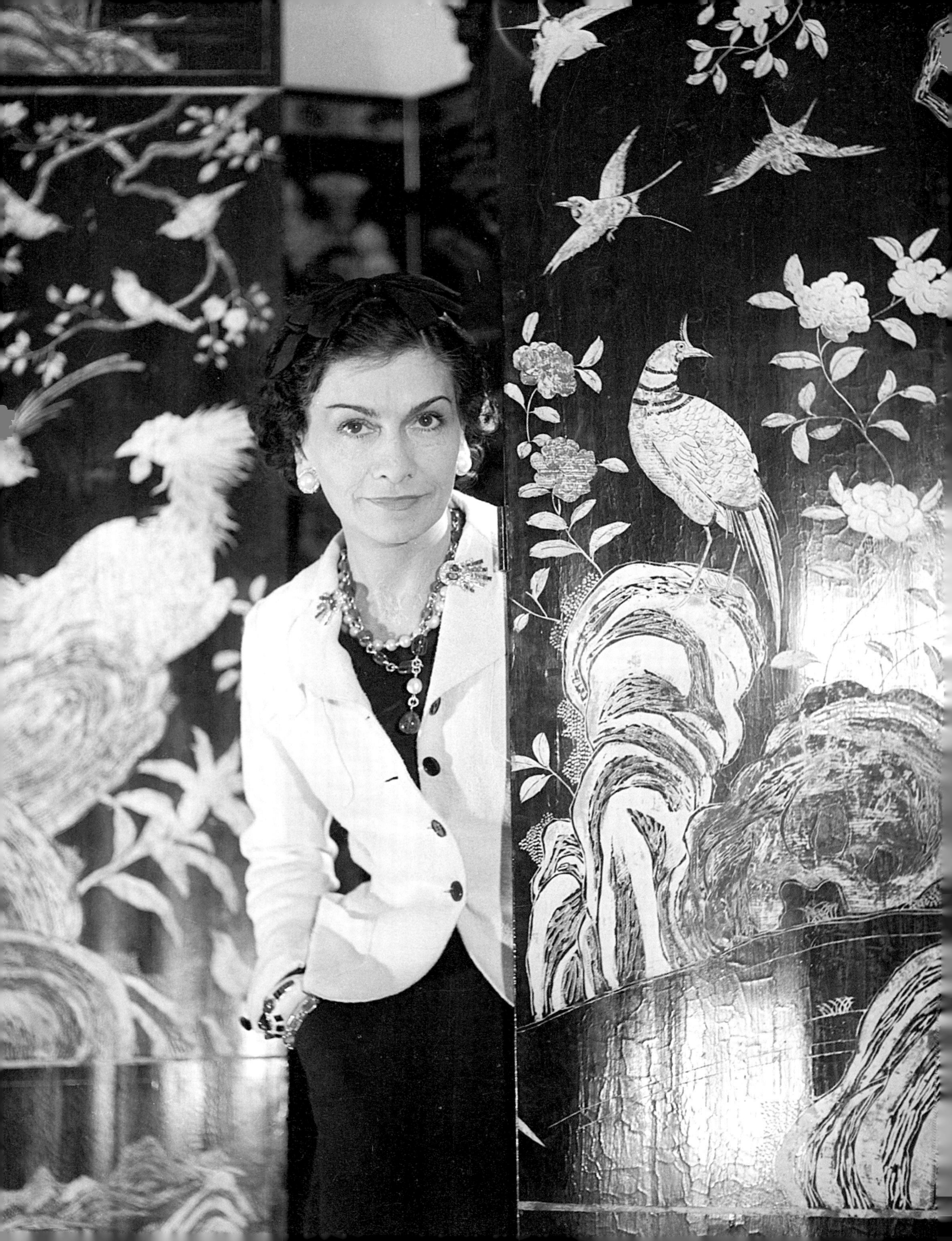

Kvinnligt nytänkande

I dag, när vi återvänder till yrkesstolthet och kunnande, är den kvinnliga influensen i modeskapandet återigen markant, precis som under den tid då Madeleine Vionnet (1876–1975), Coco Chanel (1883–1971) och Elsa Schiaparelli (1890–1973, se s. 113–115) och var verksamma.

Dessa modeskapare med lust för experiment och utveckling slog igenom på 1920-talet, under *les années folles* – de vilda åren. Kvinnorna trädde in på marknaden som de nya konsumenterna och ett nytt kvinnligt ideal skapades, *la garçonne*, en ung och fri kvinna med androgyn framtoning.

Madeleine Vionnet – sensualism och enkelhet

Madeleine Vionnet växte upp under enkla förhållanden och fick sluta skolan redan vid tolv års ålder. Därefter arbetade hon hos en sömmerska i Paris i några år. När hon var sexton for hon till England där hon försörjde sig som tvätterska. Efter ett kort äktenskap – och efter att dessutom ha förlorat en liten dotter – började hon som tjugoåring att arbeta för Kate O'Reilly i dennas Londonateljé.

År 1900 återvände Madeleine Vionnet till Paris där hon kom till Callot Sœurs, ett av den tidens mest omtalade modehus i Paris. Den äldsta systern, Marie Callot Gerber, som också var konstnärlig chef för modehuset, blev hennes lärare och mentor och sin tacksamhet uttryckte Madeleine Vionnet med or-

Coco Chanel i Paris 1937. Hon borde vara den viktigaste förebilden för alla kvinnliga klädskapare. Hon satte mode på kartan och levde som hon lärde, med en passion och en övertygelse. Den vita dräktjackan till den lilla svarta är som gjord för vår tid.

den: »Av henne lärde jag mig hur man gör en Rolls-Royce; utan henne hade jag tillverkat Fordar.«

År 1907 fick Madeleine Vionnet kontakt med Jacques Doucet som ville att hon skulle förnya hans kollektioner och gav henne därför helt fria händer. Eftersom hon ville att plagget skulle få följa kroppen i stället för tvärtom, som ju alltid annars gällde, lät hon korsetterna fara och lät dessutom mannekängerna framträda barfota. Hennes revolt uppskattades dock inte av vare sig kunder eller försäljare, och Madeleine Vionnet insåg att det var dags för henne att öppna ett eget modehus. Så skedde också 1912, på 222 rue de Rivoli.

Med sin revolutionerande enkelhet ville Madeleine Vionnet på alla sätt framhäva kvinnokroppens skönhet. Och det gjorde hon genom att skulptera fram sina skapelser. Hon draperade tygerna kring små modeller av trä och fick därigenom tillgång till kroppens tre dimensioner. Kroppens former fick avgöra tygets fall.

Madeleine Vionnet tycks ha älskat geometrin. Utifrån grundformer som trianglar och rektanglar skar hon tyget på snedden; borta var de intrikata sömmarna och kvar blev ofta bara en enkel söm som tilläts följa kroppens linjer. Detta tillskärningssätt blev något av Madeleine Vionnets kännemärke, och hon fick fabrikanterna att tillverka tyger med extra bredd för hennes räkning.

Hennes följsamma design med likaledes följsamma tyger och material nådde sin höjdpunkt på 30-talet. De tyger hon använde var mjuka och ofta mycket tunna, till exempel sidenkräpp, muslin, siden, sammet och satäng. Dessutom använde hon gärna acetatsiden som var ett av de första syntettygerna. De färger hon helst valde var olika nyanser av vitt, och som utsmyckning hade hon ofta mjuka broderier, gärna med stiliserade rosor.

Också vad gällde själva modehuset med dess stora personal var Vionnet en nytänkare. År 1922 hade hon flyttat sitt modehus till dess slutliga adress: 50 avenue Montaigne. I början av 30-talet hade hon där ett tjugotal ateljéer spridda över fem våningar. I dessa arbetade över 1 200 personer, och alla fick de raster, betald semester och sjuk- och olycksfallsförsäkringar långt innan detta blev lagstadgat.

Klänning av Madeleine Vionnet, 1922. Foto: Freres Seeberger.

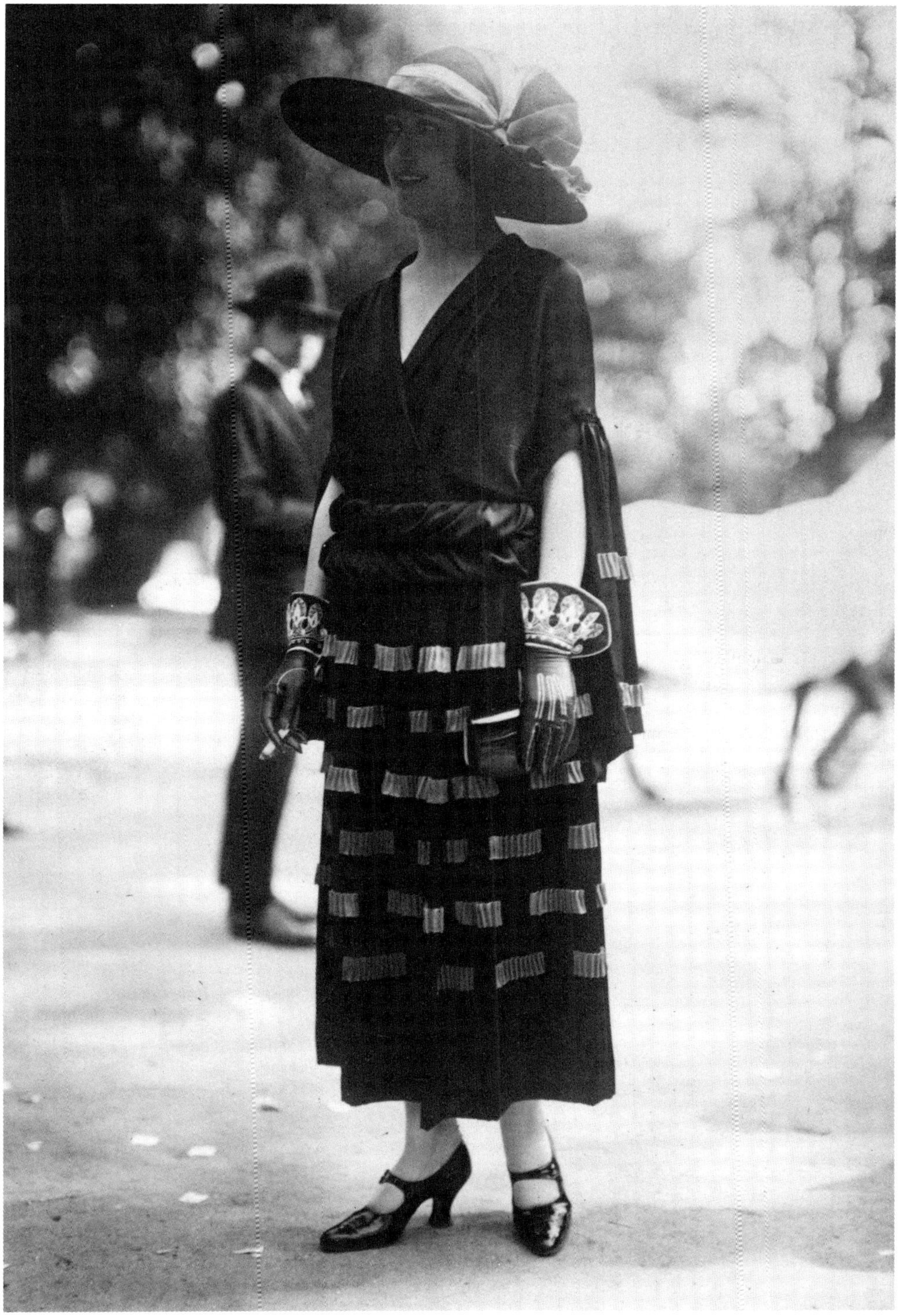

Madeleine Vionnet ville att hennes kläder skulle bli kvinnornas följeslagare, inte bara plagg som de tog på sig. »När en kvinna ler ska också klänningen le«, lär han ha sagt. Hon visste med sig att hennes kreationer var unika, och för att skydda dem mot kopiering lät hon fotografera varje plagg framifrån, bakifrån och från sidan och satte in fotografierna i album. Dessa album – 75 stycken – utgjorde sedan tillsammans med många av hennes originalplagg grunden för samlingarna i Union Française des Arts du Costume i Paris, som öppnade 1996.

Om Madeleine Vionnets privatliv vet man mycket lite, och sedan hennes modehus stängdes 1939 har det varit märkvärdigt tyst om henne.

Coco Chanel – rörelsefrihet och funktion

Coco Chanel sade att män inte borde ägna sig åt att skapa kläder för kvinnor eftersom de i själva verket nedvärderade dem. Själv ville hon avskaffa alla ytliga klasskoder i den hindrande klädsel som var vanlig då. Hon förändrade kvinnors sätt att klä sig och införde en ny elegans i modet som en vidareutveckling av den tidigare mästaren, designern Paul Poiret, som redan tidigare gjort revolution med en ny och ledigare kvinnlig silhuett.

Coco Chanel, som 1910 hade öppnat butik på 21 rue Cambon i Paris, erbjöd sina kunder bekväma och funktionella plagg i stickade material, något som hon var först med. Hon skulle snart bli en av Europas rikaste kvinnor. Och författaren George Bernard Shaw skrev att de två mest inflytelserika kvinnorna under 1900-talet skulle komma att bli madame Curie, som gjorde banbrytande upptäckter inom radioaktivitetens område, och mademoiselle Chanel, som frigjorde kvinnan från hindersamma kläder.

Coco Chanel kom från enkla förhållanden och förstod att det enda sättet för henne att ta sig ur fattigdomen var att arbeta hårt, vilket hon gjorde i hela sitt liv.

Gabrielle Chanel föddes 1883 i en liten by i Loiredalen. Hennes mor dog när Gabrielle var tolv år gammal och fadern, som var gårdfarihandlare, kunde inte ta hand om något av sina fem barn. Tillsammans med sina båda systrar blev Gabrielle placerad på ett barnhem hos en katolsk klosterorden.

Hos nunnorna lärde sig Gabrielle att sy, och sin första anställning fick hon i en affär som sålde trikåunderkläder. Hon arbetade också som ändringssöm-

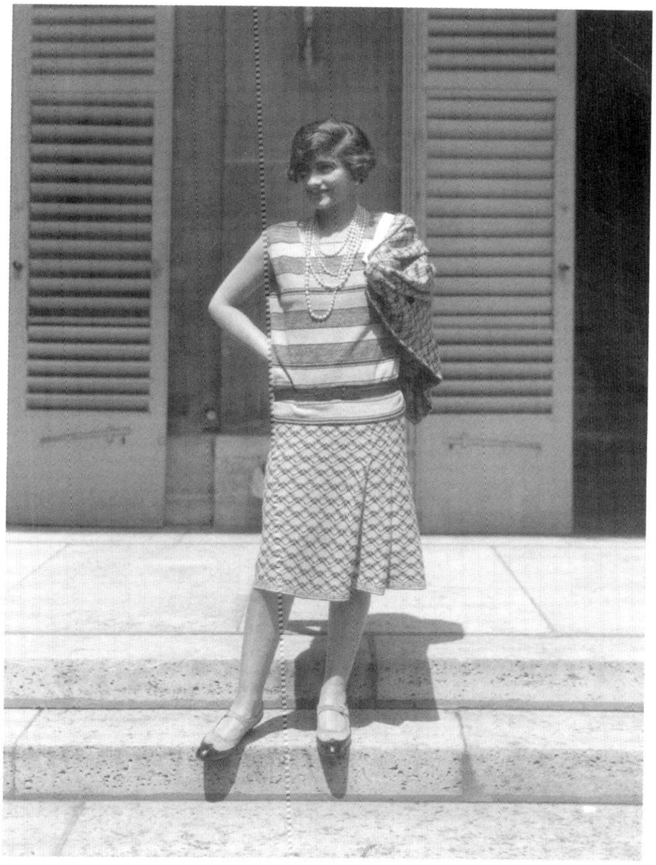

Coco Chanel utanför sitt hem på rue du Faubourg Saint-Honoré i Paris, 1929. Foto: Sasha.

merska hos en skräddare. Under en period försökte hon sig även på en karriär som revysångerska. I en banal sång ur repertoaren fann hon sitt artistnamn: »Qui qu'a vu Coco?«

Det var bland de välbärgade Coco Chanel fann sina första kunder. Hon var svag för den engelska livsstilen och umgicks i aristokratiska kretsar. Ett av sina längre förhållanden hade hon med hertigen av Westminster. Paret tillbringade ett hektiskt socialt liv på resande fot, men Coco Chanel tog med sig sitt arbete vart hon än kom. Hon sökte den långvariga kärleken, men när valet stod mellan mannen och arbetet, valde hon arbetet och blev mycket framgångsrik.

Tillsammans med tygfabrikanten Rodier utvecklade hon lättburna kläder i jersey. Och tillsammans med sina stickerskor lärde hon sig nya tekniker. Om

Elsa Schiaparelli, som var samtida med Coco Chanel, lekte med nya, syntetiska tyger och introducerade fantasi och lekfullhet i haute couturen, så införde Coco Chanel en tillgänglig elegans som demokratiserade modet långt innan konfektion fanns att köpa. Hennes korta kjolar, vida byxor, enkla toppar, dräkter och enkla klänningar gjorde minst sagt succé.

År 1913 öppnade Coco Chanel sin andra butik i den fashionabla badorten Deauville. Det var ett lyckosamt beslut. När första världskriget bröt ut, var det till Deauville societeten flydde.

När Chanel lanserade »den lilla svarta« i New York år 1926 kallade amerikanska Vogue klänningen »en Ford signerad Chanel«. Att klä sig till cocktail i svart *crêpe de chine*, med pärlhalsband och liten hatt, blev ett måste. Hon lade hela den amerikanska societeten för sina fötter och fick uppdrag i Hollywood. Om skillnaden mellan England och Amerika sade hon: »Engelsmännen döljer allting, amerikanarna visar allting!«

År 1935 hade Coco Chanel närmare 4 000 anställda och sålde 28 000 klänningar runtom i världen. Hon var framgångsrik, men inte särskilt lycklig. Hon var en alltför självständig kvinna för sin tid. Hon tillhörde Paris intellektuella och umgicks med artister och konstnärer på restaurangen Bœuf sur le Toit.

Under den tyska ockupationen under andra världskriget valde hon att stänga sin salong på rue Cambon i Paris och dra sig tillbaka till sin sommarbostad. Men 1953, då hon var sjuttio år gammal, beslutade hon sig för att göra comeback. Hon blev kritiserad av pressen redan före presentationen, som ägde rum den 5 februari 1954, men kritikern Roland Barthes har skrivit:

»Chanels skapelser utmanar själva grundtanken med mode. Mode bygger på en intensiv känsla för tiden. Varje år förintar modet det som det så nyss älskade, och älskar det som det snart ska förinta. [---] Chanels arbete tar ingen notis – eller åtminstone minsta möjliga notis – om detta årliga blodbad. Chanel arbetar alltid med en och samma modell som hon bara varierar lite från år till år, precis som man varierar ett tema inom musiken. Hennes arbete visar (liksom hon själv) att det hos kvinnan finns en evig skönhet som kan fortplantas genom konsten. Full av förtrytelse vägrar hon att använda slit-och-släng-material (som papper) som folk i USA ibland använder för att göra kläder. Av det som absolut inte går ihop med mode, nämligen varaktighet, skapar hon kostbara ting.«

Redan när den första mannekängen trädde in på podiet i mörkblå stickad kjol och kort bandkantad jacka med Coco Chanels lyckonummer 5 på, förstod publiken att det skulle bli en jättesuccé. Nästa dag skrev Le Figaro: »Det var rörande. Det var som att komma tillbaka till 1925.«

Gabrielle Chanel slutade arbeta när hon var åttioåtta år gammal. Hon dog i sitt hem, fullt påklädd efter en skön söndagspromenad.

Det var svårt för nästa generation att ta över Coco Chanels verk. Först satsade modehuset på att göra hennes modeller som konfektion, vilket blev lyckosamt ekonomiskt sett. År 1983 blev Karl Lagerfeld tillsatt som designansvarig. Sedan dess är naturligtvis inte Chanel vad det en gång var, men det är annorlunda och de flesta hyllar Lagerfeld.

Isabel Marant – modernt hantverk

Det är spännande att följa den aktuella generationen modekreatörer och se hur de klarar sig i denna djungel av designers. Yrket har en enorm status i dag, men arbetet är minst lika svårt som någonsin och kräver tydlig begåvning.

Fransyskan Isabel Marant är en klädskapare av sin tid med samma energi

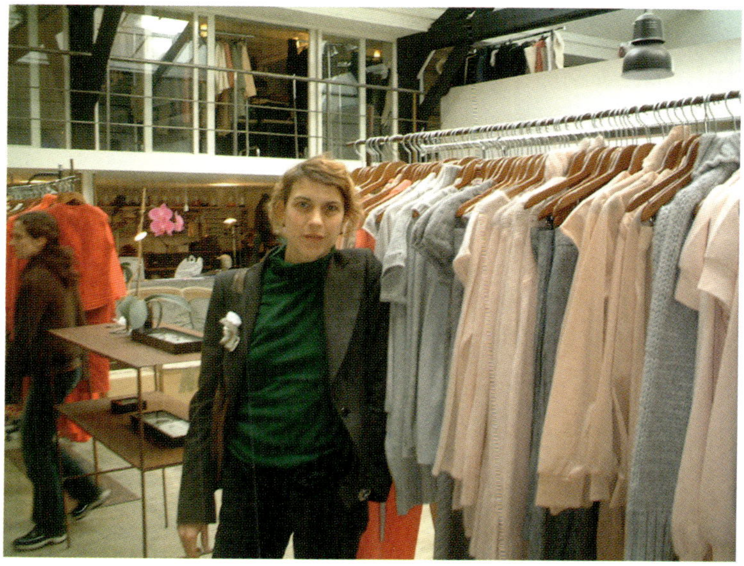

Isabel Marant i sin ateljé framför höstkollektionen 2002. Hon representerar den nya generationen kvinnliga modeskapare som förstår sig på hur vi vill klä oss.

som Coco Chanel. Utan att – ännu så länge – låta sig imponeras av de stora jättarna driver hon sitt eget företag, har nu nått sin sjätte kollektion och anordnar egna visningar varje säsong. Hennes kläder säljs hos de designerinriktade varuhusen och i hennes egna två butiker, en i Saint-Germain och en vid Bastiljen i Paris. Dessutom säljer hennes kläder utomlands. Det går helt enkelt bra för Isabel, och tidningen Elle följer nogsamt vad hon gör.

Ändå är Isabel missnöjd med mediernas förhållningssätt till designers. Reglerna för publicitet sätts av de stora aktörerna som köper upp pressen med reklam: »Köper jag en annonsplats i en tidning får jag automatiskt in mina kläder i ett redaktionellt sammanhang«, säger hon när vi efter hennes modevisning våren 2001 träffas och pratar över en kopp kaffe.

Men Isabel älskar livet och människorna. Hon har stor respekt för allt som redan är gjort men funderar gärna över varför man har gjort det man har gjort. Hon vill ha tid för hantverket, och det hittar hon på sina resor till Indien, där en del av hennes kläder tillverkas. Möten med människor är det som ger henne energi och kraft att arbeta med det hon tycker om. Själva skapandeprocessen är sedan det som får henne att gå vidare, som ger henne självförtroende. Egentligen är hon inte intresserad av mode. Isabelle vill göra schysta kläder, det har hon alltid gjort, ända sedan hon som liten, söt och pojkaktig flicka själv bestämde hur hon skulle klä sig. Hon hämtar influenser från många kulturers hantverk, men hennes stil är alldeles hennes egen.

Isabel tror mycket på de designers som kommer från den belgiska skolan i Antwerpen. Enligt hennes mening utgör de en ny generation intellektuella modeskapare.

Kvinnor som skapar för kvinnor

Visserligen har många fantastiska män skapat vackra kläder för kvinnor, skapelser som vi kvinnor skulle kunna se som mäns fantasier. Alla är vi dock inte benägna att iklä oss männens föreställningar om oss, som kommer till uttryck i deras skapelser. När kvinnor skapar kläder för kvinnor tänker de trots allt annorlunda än män. Coco Chanel tittade på en klänningsmodell, och ställde sig alltid frågan »skulle jag bära denna?« Blev svaret nej lät hon aldrig sy upp plagget. Jag inbillar mig att hon skulle sagt nej flera gånger under Karl Lagerfelds designledarskap i huset Chanel.

Donna Karan, den mest framgångsrika designern i USA, är av samma uppfattning som Coco Chanel. Donna Karan visar aldrig ett plagg hon inte själv skulle vilja bära. »Jag är min egen provdocka och jag är ingen häftig fotomo-

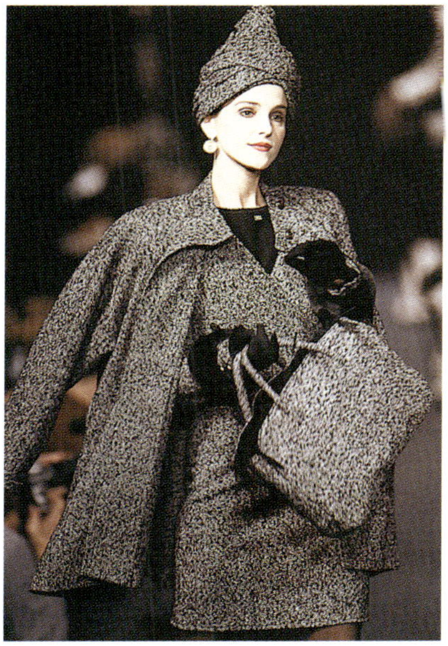

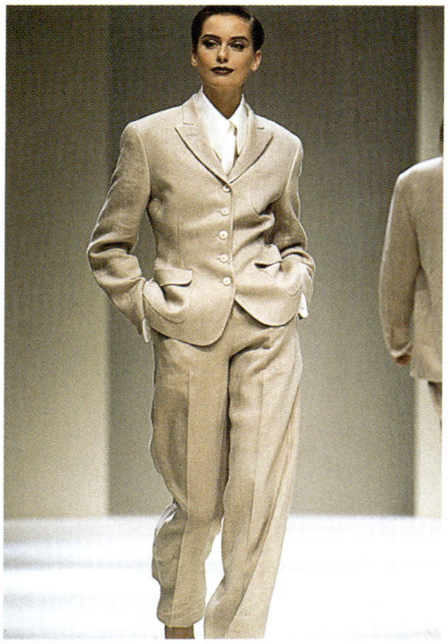

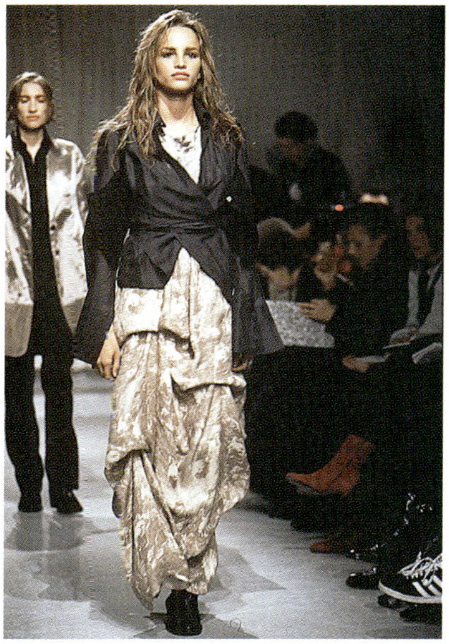

dell.« Sonia Rykiel, som hör till Frankrikes ledande kvinnliga designers säger: »Jag respekterar manliga modeskapare just för att de inte kan ha en bild av sig själva i kläderna de designar för kvinnor. Men jag förstår kvinnor, jag är en av dem.« Listan på framträdande kvinnliga designers vars inflytande på branschen är av stor betydelse kan i dag göras lång: Jil Sander, Ann Demeulemeester, Rei Kawakubo, Martine Sitbon, Odile Lançon, Miuccia Prada med flera.

T.v.: Sonia Rykiel inspireras av intellektuella kvinnor, poesi och litteratur. Denna modell för tankarna till Simone de Beauvoir. Foto: Axel Siebmann. Mitten: Jil Sander skapar kläder för yrkeskvinnor. Denna modell från tidigt 90-tal visar hur kvinnlig den »manliga« kostymen kan bli. Foto: Heinz Angermayr. T.h.: Avantgardedesignern Ann Demeulemeester visar en kombination av kvinnliga och manliga inslag. Foto: Axel Siebmann.

Vivienne Westwood skapade ursprungligen punkmodet som en attack mot massmodet och medias flata upphöjning av detsamma. Tillsammans med Malcolm McLaren skapade hon en modern klädstil med inspiration från den engelska historien i slutet av förra århundradet och början av detta sekel – ett dekadent inslag, fullt av humor och ironi, som sedan dess blivit hennes signum. 1992 blev hon belönad med den brittiska imperieorden (OBE) av drottning Elizabeth för sina insatser inom modet. Vivienne Westwood är i dag, över sextio år gammal, en av de mest inflytelserika klädskaparna och en viktig förebild för många unga designers.

För en medveten konsumtion

Historiskt sett var det inom klädmodet som trender först började avläsas. Tidningar som Harper's Bazaar och Vogue bevakade tidigt modets utvecklingsriktningar och förmedlade dessa till sina läsare. Under de senaste tjugofem åren har denna modets utveckling gått i en rasande takt. I dag influerar klädmodet all annan design, och analysen av de komplexa skeenden som kallas trender har blivit en vetenskap.

Modeindustrin är uppbyggd kring kvinnors yrkesskicklighet och kvinnors behov. Nu när kvinnor varit yrkesverksamma så länge och fått synlig ekonomisk betydelse och därmed inflytande i samhället, börjar också historieskrivningen att förändras. Kvinnor är konsumenter med makt, och som sådana gör de ofta andra val än männen, val där estetik och funktion hör samman.

Också mitt mål är att bidra till förändring av förlegade synsätt. Inte nödvändigtvis genom att skrämma bort männen utan genom att försöka få både kvinnor och män att hantera likheterna såväl som skillnaderna och att sträva mot ett gemensamt mål.

Trots att vi befinner oss i kunskapsåldern och just inträtt i ett nytt millennium, tycks vi ännu inte ha kommit till klarhet beträffande våra gemensamma levnadsvillkor. Trots all kunskap har vi ännu inte lärt oss att efterleva de krav som naturen ställer. Vår överkonsumtion tär hårt på miljön. Hur länge

Nästan som en Grand Old Punk Lady, Vivienne Westwood i London 2001. Hon har betytt oerhört mycket för kvinnors modefrigörelse och är väl en av de få som fortfarande kan provocera utan att publiken gäspar. Foto: Eric Bouvet.

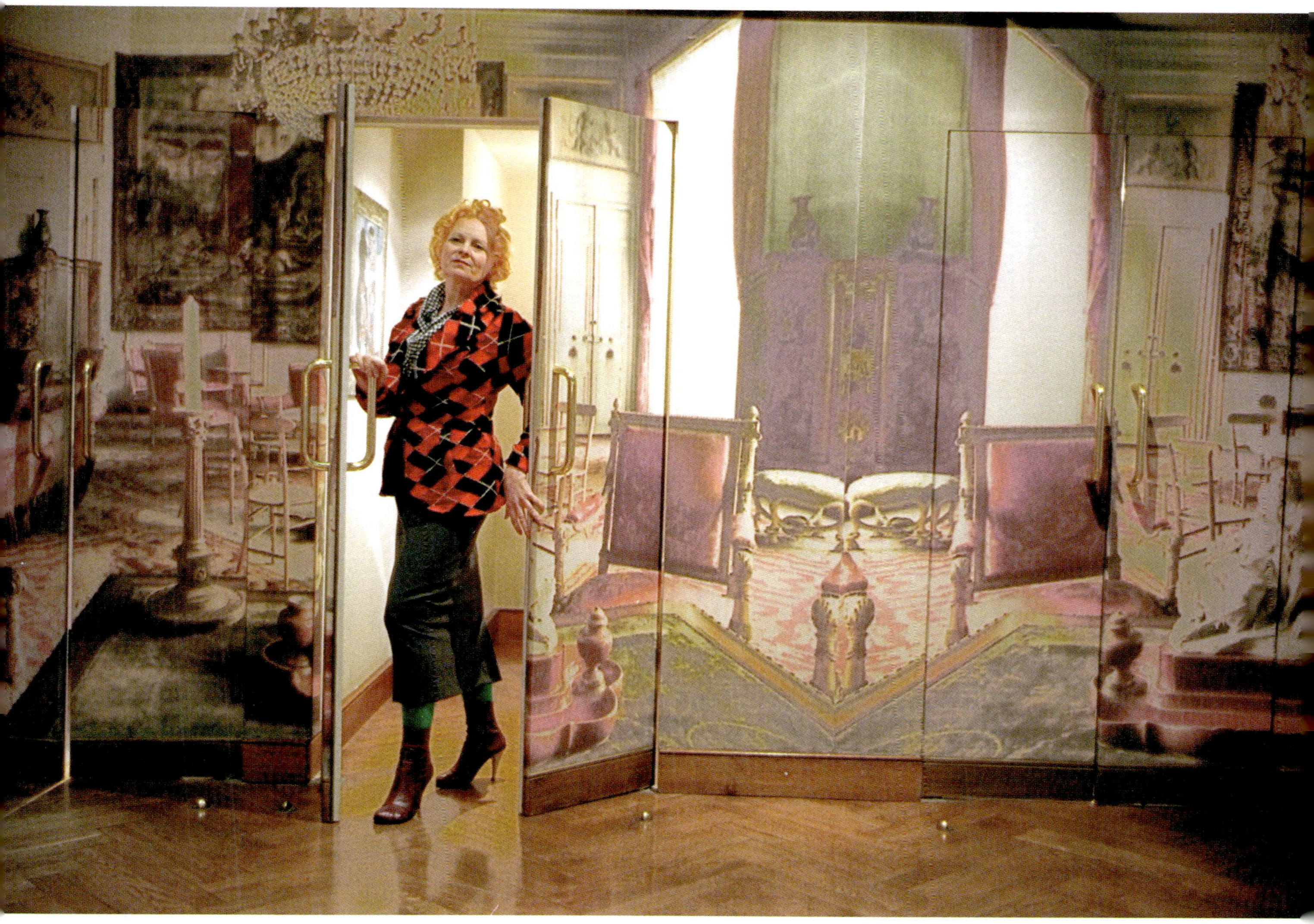

ska vi i västvärlden acceptera den så övervärderade konsumtionen?

Enligt min mening är intresset för ekologiska frågor en oerhört viktig trend att ta fasta på. Jag är själv inte någon skogsmulleaktivist, men jag inser att mycket av vår produktion utgör ett hot mot den naturliga balansen. Och med en dåres envishet vill jag se oändliga möjligheter till förändring när vi förstår att överkonsumtionen har ett pris, att det handlar om hälsa och miljö, etik och moral och mänskliga rättigheter. I ett sådant perspektiv handlar vi inte demokratiskt när vi handlar billigt. Billiga skräpprodukter bidrar till att sopberget växer.

Att återställa balansen

Det projekt som haft störst betydelse för mig är ett utvecklingsarbete för Sida i Vietnam. Anledningen till att jag hamnade där är lite speciell.

När min mor blev äldre drabbades hon av sjukdom, hon blev delvis rörelsehindrad och behövde mig i sin närhet. Hon hade tydligt uttryckt att hon önskade åldras i sitt eget hem och inte på långvårdsanstalt. Därför kämpade jag för att hon skulle få den hjälp hon behövde, i hemmet. Genom sjukdomen förlorade hon sitt svenska språk, och jag blev min mammas tolk i över tre år. Samma dag som min mor gick bort, den 13 juli 1994, dök en vän upp i mitt kök och föreslog att jag skulle åka till Vietnam.

Jag befann mig i ett tillstånd av sorg och smärta, men mitt i detta uppfattade jag ändå en signal, som om min mor pushade mig till att uppleva något nytt. Hon hade ju alltid uppmuntrat mig att resa och se mig om i världen. Asien hade jag ännu inte besökt, så jag resonerade med henne om saken, och ett par månader senare stod jag där, i myllret utanför flygplatsen i Ho Chi Minh.

Det var så exotiskt, så vackert, så grönt, så enkelt och otroligt vänligt. Inte minst kvinnorna i sina sagolikt vackra klädedräkter, *ao dai,* gjorde ett outplånligt intryck på mig. Dessutom blev det snabbt mycket tydligt för mig att det var kvinnorna som styrde det mesta. Kvinnorna med sina öden, sin energi och uthållighet! Det var kvinnorna som bar på Vietnams framtid.

Jag kom att bo i centrum av staden, och nyfiken som jag är utforskade jag vartenda kvarter till fots, med *cyclo* och ibland med tillgång till chaufför.

När jag träffade dåvarande handelskonsuln i Ho Chi Minh, Lars Ellström, numera en mycket god vän, och vi talade om mitt arbete, blev han oerhört entusiastisk och ville att jag skulle leda ett projekt för Sida som handlade om att ge information om den svenska marknaden och att lära vietnamesiska fabrikanter att utveckla och anpassa sina produkter till svenska behov.

Projektet pågick i ett och ett halvt år. Under den tiden besökte jag ett åttiotal fabriker runtom i Vietnam som tillverkade möbler och inredning, textilier och accessoarer. Jag blev oerhört imponerad av arbetarnas kunskaper. Fabrikernas standard var minst sagt varierande, och även om de var maskinellt utrustade var många moment rena hantverket. Jag insåg att vi svenskar i stället för att pracka på vietnameserna våra billiga produkter borde lära oss att uppskatta deras vackra och funktionella föremål. Jag reste med en kvinnlig tolk, och vart vi än kom blev vi oerhört generöst mottagna och ofta inbjudna att delta i olika högtider, även privata. Det verkade alltid finnas något att fira, men så hyllar man också det lilla i livet.

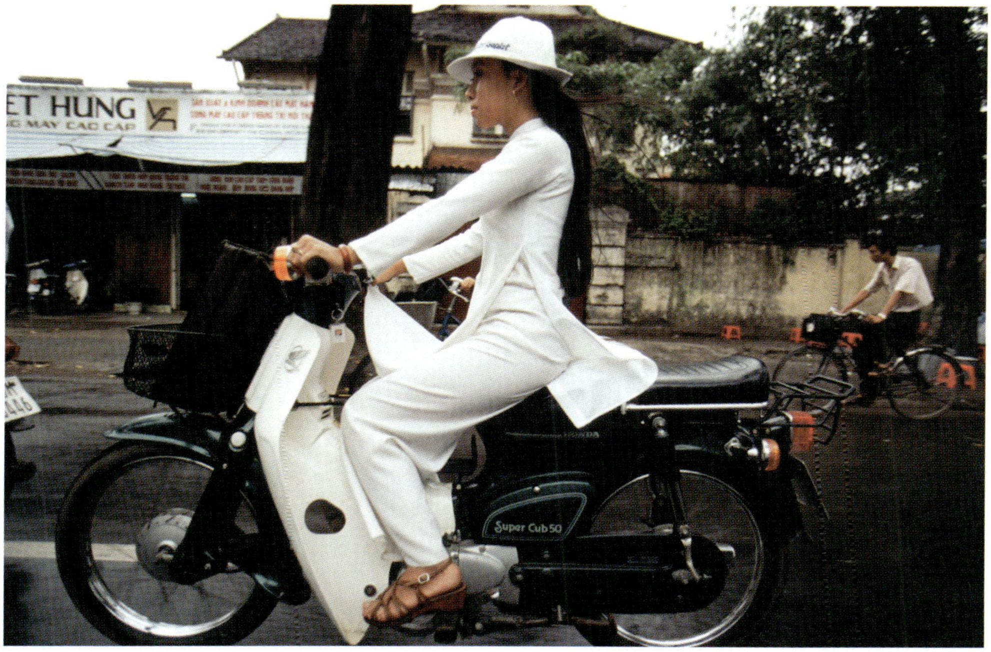

Mitt egentliga favoritplagg: ao dai. Vietnamesisk midjesvängd tunika till byxa, ett plagg som dock passar bättre i varmare klimat.
Foto: Victor Brott.

Genom mitt arbete i Vietnam blev jag medveten om vikten av en fortsatt kamp för miljön och om kvinnors makt att förbättra vår värld. Vi alla, både kvinnor och män, behöver lära oss att bejaka varandras egenskaper, att respektera varandras skillnader och likheter och framför allt att vara generösa och omtänksamma och bli bra föräldrar till det fortsatta livet, barnen.

I respekten för de enkla tingen, för medmänniskan och för kunskapen och erfarenheten ligger visheten. Där finns balansen som kan återställa livet. Där finns framtiden som vi kan vandra mot med tillförsikt – klädda som vi vill.

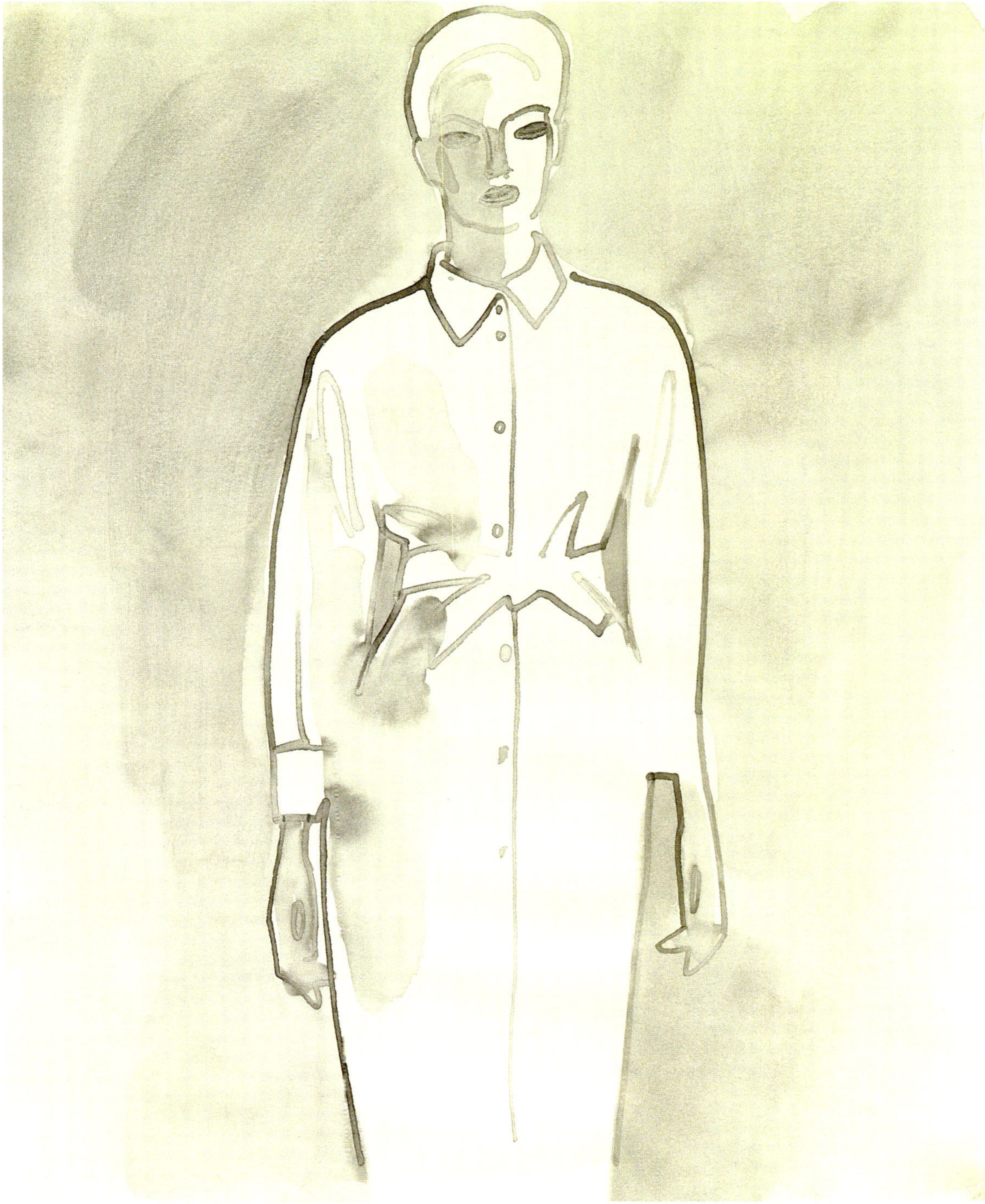

Jil Sander. Illustration av Mats Gustafson, ur italienska *Vogue*, 1996.

Register

Litteratur

Barthes, Roland: *Système de la mode*. Éditions du Seuil, Paris, 1967.

Baudot, François: *Mode du siècle*. Éditions Assouline, Paris, 1999.

Baudot, François: *Chanel*. Éditions Assouline, Paris, 1996.

La Beauté. Flammarion, Paris, 2000.

Benjamin, Walter: *Paris, 1800-talets huvudstad*. B. Östlings bokförlag Symposion, Stockholm/Stehag, 1990–1992. Översättning av Ulf Peter Hallberg. Orig. titel: *Das Passagen-Werk*.

Broby-Johansen, Rudolf: *Kropp och kläder*. Rabén & Sjögren, Stockholm, 1978. Översättning av Herbert Friedländer. Orig. titel: *Krop og klær*. Gyldendal, Köpenhamn, 1953.

Brooks, David: *Bobos in Paradise. The New Upper Class and How They Got There*. Simon & Schuster, New York, 2000.

Céline, Louis-Ferdinand: *Död på krita*. AWE/Gebers, Stockholm, 1977. Översättning av C.G. Bjurström. Orig. titel: *Mort à crédit*. Denoël et Steele, Paris, 1936.

Ewing, William A.: *Blumenfeld. A Fetish for Beauty*. Thames and Hudson, London, 1996.

Fiell, Charlotte & Fiell, Peter: *Designing the 21st Century*. Taschen, Köln, 2001.

Guillet de Monthoux, Pierre: *Det sublimas konstnärliga ledning*. Nerenius & Santérus, Stockholm, 1993.

Guillet de Monthoux, Pierre: *Konstföretaget*. Korpen, Göteborg, 1998.

Heartney, Eleanor: *Postmodernism*. Tate Publishing, London, 2001.

Holman Edelman, Amy: *The Little Black Dress*. Simon & Schuster, New York, 1997.

Jonsson, Marita & Snitt, Ingalill: *Från prästgårdar till strandbodar. Gotländska hus och rum*. Bonnier Alba, Stockholm, 1996.

Klein, Naomi: *No Logo. Märkena, marknaden, motståndet*. Ordfront, Stockholm, 2001. Översättning av Lillemor Ganuza Jonsson & Tor Wennerberg. Orig. titel: *No Logo. Taking Aim at the Brand Bullies*. Knopf Canada, Toronto, 2000.

Les années pop. Centre Pompidou, Paris, 2001.

Madsen, Axel: *Coco Chanel. En modeskapares liv*. Forum, Stockholm, 1993. Översättning av Margareta Eklöf. Orig. titel: *Chanel. A Woman of Her Own*. Henry Holt, New York, 1990.

McDowell, Colin: *The Man of Fashion. Peacock Males and Perfect Gentlemen*. Thames and Hudson, London, 1997.

On The Edge. Images from 100 Years of Vogue. Random House, New York, 1992.

Penn, Irving: *Issey Miyake*. Pont Royal, Paris, 1988.

Petrarca, Francesco: *Kärleksdikter*. Natur och Kultur, Stockholm, 1989. Översättning av Ingvar Björkeson. Orig. titel: *Il Canzoniere*.

Remaury, Bruno: *Dictionnaire de la mode au XXe siècle*. Éditions du Regard, Paris, 1996.

Schiaparelli, Elsa: *Shocking Life*. Dutton, New York, 1954.

Seeling, Charlotte: *Fashion. The Century of Design*. Könemann, Köln, 1999.

Shots of Style. Great Fashion Photographs Chosen by David Bailey. Victoria and Albert Museum, London, 1985.

Sjöberg, Lars, Sjöberg, Ulla & Snitt, Ingalill: *Det svenska rummet*. Bonnier Alba, Stockholm, 1994.

Wharton, Edith: *En skymt av månen*. Trevi, Stockholm, 1996. Översättning av Eva Sjöstrand. Orig. titel: *The Glimpses of the Moon*. D. Appleton & Co, New York, 1922.

Vincent-Ricard, Françoise: *Raison et passion. La mode de 1940 à 1990*. Éditions Textile/Art/Langage, Paris, 1984.

Bildkällor

6 Françoise Huguier/Rapho/IBL 9 Heinz Angermayr 10 Roland Beaufre 12 Philip Mould, Historical Portraits Ltd, London, UK/Bridgeman Art Library 13 Collection Roger-Viollet/IBL 14 The Art Archive/Victoria and Albert Museum, London/Eileen Tweedy 15 Man Ray Trust/ BUS 2002 17 Clifford Coffin/Condé Nast Publications Inc. 18 The Kobal Collection/MGM 22 EPA/Pressens Bild 24 Laurent Rebours/AP/Pressens Bild 26 Hans Jakobsson/Pressens Bild 29 Jessica Gow/Pressens Bild 31 Carl Bengtsson 34 Erwin Blumenfeld/BUS 2002 39 The Kobal Collection/Paramount 40 Martin Dutkovitch/Hulton Archive/Pressens Bild 42 Hennes & Mauritz 43 Olle Karud/Pressens Bild 46 P. Townsend/Hulton Archive/Pressens Bild 50 Mats Gustafson/Art + Commerce 53 Yves Saint Laurent 55, 57 Promostyl 63 Henrik Halvarsson 64 Ingalill Snitt 66 Promostyl 68 Marcel Bovis/Ministère de la Culture, France 70 The Art Archive/Chateau de Blerancourt/Dagli Orti 73 The Art Archive/Victoria and Albert Museum, London/Graham Brandon 74, 75, 77 Au Bon Marché 79 Françoise Huguier/Rapho/IBL 80 Axel Siebmann 82 Axel Siebmann (t.v.) Heinz Angermayr (t.h.) 84, 85 Ladurée 87 Ulla Montan/Pressens Bild 88 Marie Herzog/Philippe Model 90 Axel Siebmann 93 Christian Moser/Agnès B (t.v.) Agnès B (t.h.) 94 Petter Oftedal/Pressens Bild 97 Heinz Angermayr 99 Françoise Huguier/Rapho/IBL 100 Heinz Angermayr 103 Ola Billgren/Galleri Leger 105 Gerard Malanga 106 Courtesy of Gorney Bravin + Lee, New York 108 Courtesy Cindy Sherman and Metro Pictures 112 Rue des Archives: AGIP 115 Schiaparelli Archives 117 Heinz Angermayr 119 Madame Figaro/A. Weinberger 120 ELLE/Pascal Chevallier 122 Christian Lacroix 124 Marcus Tomlinson 127 Robert Doisneau/Rapho/IBL 128 Bengt Wanselius 130 Bernd Hartung 132 Louise Dahl-Wolfe/Fashion Institute of Technology, New York 135 John Chillingworth/Hulton Archive/Pressens Bild 136 Cecil Beaton/Condé Nast Publications Inc. 138 ELLE/P. Knapp (t.v.) ELLE/L. Kazan (t.h.) 141, 142 Heinz Angermayr 143 Oscar Abolafia 147 Mats Gustafson/Art + Commerce 148 Jean-Baptiste Mondino 151 Courtesy: Mary Boone Gallery, New York 153 Benjamin de Diesbach 156 Heinz Angermayr 159 Day Birger et Mikkelsen 161 ELLE/Hervé Lafond 163 Louis Vuitton 164 Conran Shop 167 Anna Holtblad 168, 169 Pia Wallén 171 Kasthall 172 Kosta Boda 174 Per Larsson 176 Olle Bengtson/Olle & dom 178 Collection Roger-Viollet/IBL 181 Freres Seeberger/ Hulton Archive/Pressens Bild 183 Sasha/Hulton Archive/Pressens Bild 185 Cay Bond 187 Axel Siebmann (t.v. och t.h.) Heinz Angermayr (mitten) 189 Eric Bouvet/Gamma/IBL 191 Victor Brott/Global Reporting 193 Mats Gustafson/Art + Commerce